교사를 위한

현장연구의 이론과 실제

김석우 외 공저

학지사

머리말

학교현장에서 직접적으로 학생을 가르치는 교사나 교육대학원에서 교육현장 관련 연구를 하고자 하는 이들은 과학적이고 체계적인 과정을 통해서 여러 가지 교육현상에 대한 문제점을 발견하고 그 해결점을 찾아보려고 끊임없이 시도하고 있다.

그러나 이들은 교육 전문 연구자들과 비교해 볼 때 처음 연구를 하는 경우가 대부분이므로 연구과정의 체계와 절차에 대한 이해가 초보 수준으로, 연구 진행에 어려움을 겪는 경우가 많다.

이 책은 이와 같이 교육현장과 관련한 현상에 대해 관심을 가지고 연구를 시작하려 할 때 겪을 수 있는 초보 연구자의 어려움을 좀 더 쉽게 극복할 수 있도록 하려는 목적으로 만들었다. 또한 기존 교육연구법 책이 교육 전문 연구자에게 포커스를 맞춘 것에 비해 이 책에서는 처음 연구를 시도하는 초보 연구자 및 각종 연구대회를 준비하는 교사, 순수한 교육현장에 대한 관심으로 연구하려는 교사에 이르기까지 연구에 익숙하지 않은 사람이 쉽게 연구를 진행해 갈 수 있도록 만들었다.

이 책은 이론(제1부)과 실제(제2부) 부분으로 구성하였다. 제1부에서는 현장연구의 기초 부분으로 현장연구에 관한 이론적인 내용을 소개하였다. 현장연구의 역사와 목적, 현장연구와 교육연구, 현장연구의 윤리적 근거, 현장연구의 특징과 유형, 현장연구의 방법을 서술하여 현장연구를 시작하려는 일선의 교사와 교육 연구자에게 현장연구에 대한 초보적이며 포괄적인 기초 지식을 제공하였다. 제2부에서는 현장연구의 실제로서 연구 단계별로 서술하여 단계에 따라서 연구를 진행할 수 있도록 하였다.

연구의 초점 잡기와 연구 주제, 문제 선정하기를 통해 막연하고 다소 포괄적인 교육현상에 대한 관심에서 연구의 방향을 잡고 초점화하여 주제로 연결할 수 있는 방법을 초보 연구자도 쉽게 이해할 수 있도록 예를 들어 구성하였다. 다음 단계로 Tip을 통해 현장연구에서 문헌 및 선행연구를 고찰하는 방법을 실제적인 정보와 함께 제시하였다. 이어지는 연구 설계하기 및 연구 대상 선정 및 도구 제작하기 단계는 초보 연구자에겐 다소 생소한 연구 설계 및 도구 선정을 구체적으로 제시하여 다양한 연구 설계 유형을 제시하고, 도구 선정에서 연구자가 유의하여야 할 조건을 설명하였다. 마지막으로 연구 실천하기, 연구 보고서 작성하기, 연구 평가하기는 선행연구 보고서를 중심으로 비교 · 검토할 수 있도록 하였다.

마지막으로 부록에서는 이미 현장연구대회에서 수상한 선생님의 논문을 실어 본문에서 논의된 내용을 중심으로 살펴볼 수 있도록 하였다.

공저자들이 현장교사이면서 현장연구 경험이 있는 관계로 충분한 내부적 검토를 통해 현장연구 진행의 어려움을 해결하려는 목적에서 만들었으나 책 속에 치밀하게 반영하지 못한 부분이 있어 아쉬움이 남는다. 앞으로 계속적인 연구를 통해 이런 미진한 부분을 수정 · 보완할 계획이니 독자의 아낌없는 비평을 바란다.

책을 출판하면서 많은 분께 감사를 드린다. 끝으로 출판을 흔쾌히 허락해 준 학지사 김진환 사장님과 원고가 늦어 바쁜 일정을 재촉함에도 좋은 책을 만들어 주시기에 노력해 주신 편집부의 김순호 과장님께도 진심으로 감사의 마음을 전한다.

2007년 2월

저자 일동

차 례

제2부 현장연구의 실제

제 1 부

현장연구의 기초

교육연구는 교육현상을 대상으로 이론을 정립하는 것이다. 현장연구의 주된 목적은 사회에서 제시하는 올바른 가치관과 요구를 능동적으로 반영하여 효과적, 효율적으로 교육활동이 운영되는가에 대한 시사점을 얻고 또한 교육현장의 실제적인 문제를 인식, 파악하여 그 해결방안을 제시하는 데 있다고 할 수 있다.

제1부에서는 현장연구의 주제에 부합되는 연구문제의 선정 및 기술, 연구가설, 실행목표의 선정 및 진술, 연구계획 및 실행을 통해 얻은 결과를 검증, 분석, 종합하여 보고서를 작성하는, 형식에 따른 절차적 단계를 제공해 줄 것이다.

따라서 현장에서 교육문제를 연구하는 데 있어 현장연구의 특징 및 개념을 이해하고, 현장연구와 교육연구를 비교할 수 있는 이해를 도와줄 수 있을 뿐 아니라, 사례조사와 실험연구의 개념과 특징, 윤리적 문제 및 현장연구 전 과정에서 발생할 수 있는 문제의 해결에 대한 방안을 제시한다.

교육과 관련된 사람들이 다양한 목적을 가지고 교육이 일어나고 있는 곳인 학교현장, 교실 등에서 현장연구를 실행하고, 그 결과를 바탕으로 새롭게 교육의 질적 개선을 위해 적용하려는 노력을 쉽게 찾아볼 수 있다. 예를 들어, 교육청이나 정부 주도의 연구학교, 시범학교 등을 통한 실천적인 실행연구나 연구에 열의를 가진 교사들이 실천 사례 발표, 교실 수업 개선, 인성교육 등 각종 연구 대회에 참여하여 현장연구를 실행하는 경우를 볼 수 있다. 이러한 현장연구를 하게 되는 가장 중요한 목적은 우리 사회에서 제시하는 올바른 가치관과 요구를 능동적으로 반영하여 효과적 · 효율적으로 교육활동이 운영되는가를 판단하고 시사점을 얻는 데 있다. 또한 교육현장에서 실제 접하게 되는 문제를 파악하여 그 해결방안을 제시하는 데 있다.

그런데 현장연구를 실행하여 긍정적인 결과를 얻고자 할 때는 일정하게 서로 약속한 형식과 절차가 있다. 즉, 연구를 시작하기에 앞서 현장에서 발생하는 여러 문제, 문헌이나 자료 분석을 통해서 얻은 연구 주제, 교사가 직접 가르치고 생활하면서 느끼는 문제 등을 바탕으로 연구 주제를 선정하게 된다. 이 연구 주제에 따라 연구문제 선정 및 진술, 그에 따른 해결방안으로 연구 가설이나 실행 목표 선정 및 진술, 그리고 연구 계획 및 실행을 통해서 얻은 결과를 검증하여 실제 연구 보고서를 작성하여 발표하는 단계까지 현장연구를 위해서는 정해진 일정한 형식의 절차와 단계가 있다.

교육과정이 시대의 흐름과 사회의 가치관 및 요구 등을 반영하여 구성되는 것과 같이, 현장연구의 역사와 목적도 이러한 급변하는 상황에서 발생하는 많은 문제점과 상황을 반영한다. 즉, 사

제1장 현장연구의 역사와 목적

회 발전과 변화에 따라 현장연구의 역사와 목적도 변해 왔다. 그리고 현장연구를 하고 있거나 하고자 하는 교사들은 교육적인 현실 상황을 있는 그대로 받아들이면서, 한편으로는 그 상황에서 어떠한 문제가 있는지를 찾아보고 개선하기 위해 보다 나은 방안을 생각하는 적극적인 태도로 교육에 임하게 된다. 이러한 점에서 현장연구자로서 교사는 과학적이고 분석적인 사고와 문제해결능력을 갖춘 연구자이자 전문가라 할 수 있다. 끊임없는 자기 계발을 통해서 스스로의 발전과 성장은 물론 자신이 속한 학급과 학교, 나아가 우리나라 전체 교육에 기여할 수 있을 것이다.

현장연구에는 일정한 형식적인 절차와 단계가 세워지기까지 나름의 역사가 존재하며, 이 역사는 일반적으로 현장연구를 실행하는 목적에 따라 변해 왔다. 그리고 학문적 · 이론적 근거가 현장연구의 시작과 변해 오는 과정에 바탕을 제공하였는데, 이는 현장연구가 공통적으로 가지는 일반적인 특징으로 설명할 수 있다. 우리가 현장연구의 역사와 목적, 개념과 특징 등을 살펴보는 것은 실제 현장연구를 계획하고 실행함에 앞서 기본적인 바탕이 된다. 현장연구를 계획하고 실행하기에 앞서 현장연구의 역사와 목적, 개념과 특징을 이해하지 않고서는 올바르게 현장연구를 실행하고 좋은 결과물을 얻기 힘들다.

학습 과제

1. 현장연구의 국내외 역사에 대하여 알아본다.
2. 현장연구의 목적을 개인적 차원, 전문적 차원, 정치적 차원에서 알아본다.

1. 현장연구의 역사

현장연구의 역사는 뚜렷한 세 단계를 거쳤다고 할 수 있다. 1단계는 사회적인 문제를 설명하기 위한 과정에서 연구가 시작되었다. 2단계는 연구자, 교사들이 자신의 문제를 해결하는 사람들로서 직접 참여하는 실행연구 형태의 변화다. 그리고 3단계는 최근의 경향으로 현장에 직접 참여하거나 관찰하고 현장 변화에 책임을 가진 집단에 의한 공동현장연구 형태의 변화다.

사회심리학자인 Lewin은 1930년대에 '현장연구' 라는 개념을 도입하였다(Mills, 2000). 그는 1940년대의 제2차 세계대전 동안 식량 부족, 공중 정찰을 위한 필요성, 전쟁 후 상호 문화관계 개선 등의 사회적 상황에 대한 집단토론 연구 과정을 통하여 현장연구를 강화할 필요를 느끼게 되었다. 이러한 집단연구 과정은 계획, 활동, 관찰, 반성의 네 단계로 이루어졌는데, 그 초점은 현장을 명확하게 분석하는 데 있었다. Lewin의 접근은 현장연구에 많은 아이디어를 제공하였으며, 현장연구 단계의 과정, 자발적 참여, 사회 변화에 공헌한 바가 크다(Kemmis, 1994).

이렇게 사회 영역에서 교육으로 전파된 Lewin의 아이디어는 호라스-만-링컨(Horace-Mann-Lincoln)연구소, 교육대학, 컬럼비아(Columbia) 대학교, 영국 타비스톡(Tavistock)연구소에서 채택하게 되었다. 그리하여 현장연구는 1950년대 중반에서 후반 동안 다소 관심이 줄어들고 많은 문제점이 지적되었다. 이는 이론과 실제의 차가 점점 커지면서 현장연구 퇴보에 대한 원인을 현장 경험과 체계적인 연구가 이루어지지 않는 데 있다고 본 것이다.

그러나 1970년대 영국과 미국, 호주에서 현장연구 프로젝트가 수행되면서 다시 관심이 일기 시작하였다. 영국에서 수행된 Fort Teaching 프로젝트는 실천중심의 교사들이 연구의 초점이 되었으며, 케임브리지 교육연구소에서 수행한 '교실현장연구 네트워크(The Classroom Action Research Network)' 프로젝트는 교사와 학생 사이의 실질적인 문제를 다루었다. 또한 미국의 컬럼비아 대학교에서는 연구자와 학교의 팀중심 연구가 이루어졌으며, 호주의 Stephen Kemmis와 그의 동료에 의해서는 독일 작가 Habermas의 작품에 바탕을 둔 인간 해방에 초점을 맞추어 연구가 이루어졌다(Kemmis & McTaggart, 2000).

그 이후에는 교사들이 교실 문제와 논쟁거리를 연구하면서 오늘날 새로운 학교를 위한 방향을 제시하기 시작하였다. [그림 1-1]에서 보여 주듯이 현장연구를 향한 움직임은 1970년대 현직교육(in-service) 시기에서 발전하여 1980년대에 학교기반 조직 발전을 위한 현장중심연구를 거쳐서 1990년대에는 교사에 의한 전문적 연구로 나타났다(Schmuck, 1997). 오늘날 이러한 흐름의 강화는 현장연구의 중요성을 더욱 부각시켜 교사의 학교 연구로도 확대되었다.

우리나라의 현장연구 역사는 어떠하였는가? 우리나라에서 현장연구는

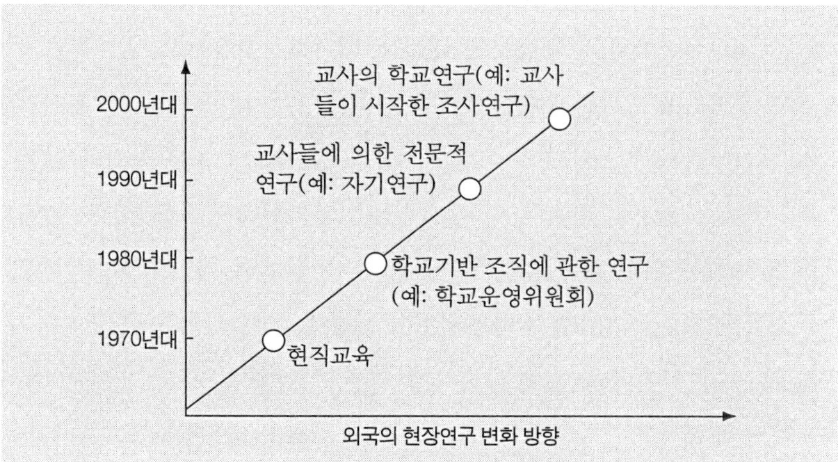

[그림 1-1] 현장연구 변화의 방향

교육연구로 해석되거나 교육연구의 한 종류로 다루어 왔다. 김종서(1968)는 현장연구를 진단형 현장연구, 경험형 현장연구, 실험형 현장연구 등으로 구분하면서 교육연구를 현장연구로 해석하고 그 필요성과 의미를 설명하였다. 그리고 황정규(1985)는 교육연구를 경험적 탐구, 해석적 탐구, 비판적 탐구의 세 가지 탐구 양식으로 분류하였다. 경험적 탐구(empirical inquiry)는 교육현상이나 교육문제를 과학적, 실증적, 경험적 대상으로 간주하고 해결하는 방법으로 양적 연구의 특징을 가지고 있다. 이 연구방법은 1950년대부터 우리나라의 교육연구를 정착시키는 데 가장 중요하게 다루었던 방법이라고 할 수 있다. 해석적 탐구(interpretative inquiry)는 양적 연구의 단점을 보완하려는 데에서 출발한 연구방법으로 양적 연구의 실증 가능한 부분뿐만 아니라 총체적인 관점에서 연구하고자 하는 방법이다. 이 연구방법은 인류사회학, 해석학 등과 같은 사회과학 연구방법을 교육연구에 적용하고자 하는 노력에서 시작하였으며, 후기실증주의에 기초한 질적 연구방법이라고 할 수 있다. 이는 오늘날 사례연구 등의 형태로 현장연구에서 많이 다루고 있다. 끝으로 비판적 탐구(critical inquiry)는 교육에서 현존하고 있는 질서, 사고방식, 가치관에 대한 비판적인 반성과 안목에서 출발한 연구방법으로 교육현상에 대하여 역사적이고 이데올로기적인 의미에서 해석하고 교육문제를 해결하고자 하였다. 이러한 비판적인 탐구방법은 우리나라에서 1980년대 이후 Apple과 Giroux의 영향을 받아 많은 교육연구에서 활용하였다. 또한 정선심(1997)은 현장연구를 크게 문헌연구와 조사연구로 구분하고, 조사연구를 다시 실험적 조사연구(실험연구)와 기술적 조사연구(기술적 실태조사연구, 설명적 실태조사연구)로 구분하기도 하였다. 이 외에 조주행(2000)은 문헌연구, 실험연구, 조사연구 등으로 나누기도 하였다.

이상에서 알 수 있듯이 우리나라의 현장연구는 교육연구와 같은 의미 혹은 하나의 연구 종류로 간주된다. 초기에는 경험적인 탐구방법을 적용해 오다가 최근에는 해석적 탐구와 비판적 탐구방법을 적용하여 교육현장에서 발생하는 다양한 교육현상을 설명하고 교육문제를 해결하고자 하는 연구 동향을 보이고 있다.

2. 현장연구의 목적

현장연구가 시작된 역사와 변해 온 과정을 살펴보면, 그 역사적 변화는 현장연구의 목적과 밀접한 관련이 있음을 찾아볼 수 있다. 즉, 현장연구의 필요성에 바탕을 둔 현장연구의 목적이 변함에 따라 현장연구의 형태도 변하게 된다. 그러므로 현장연구를 착수하기 위한 연구 목적을 어디에 두느냐가 가장 중요한 부분이 된다.

Kenneth Zeichner와 Susan Noffke(2001)는 현장연구를 시작하게 되는 다양한 목적을 세 가지 차원으로 나누었다. 즉, 개인적(personal), 전문적(professional), 정치적(political) 차원의 목적이다. 이 세 가지 차원을 바탕으로 현장연구의 목적을 분류하여 왜 우리에게 현장연구가 필요한지를 살펴보자.

1) 개인적 차원

개인적 차원의 현장연구는 연구자의 실천적 개선을 주된 목적으로 하고 연구의 초점을 교사와 학생에게 두고 있다. 그 구체적 목적은 다음과 같다.

- 학생의 사고와 활동에 대한 보다 깊이 있는 이해와 발달을 도와주기 위해서
- 교사의 경험에 대한 더 깊이 있는 이해와 발달을 도와주기 위해서
- 교사에게 개인적인 자료 조사와 이론의 일반화를 위한 기회를 제공하기 위해서
- 연구자가 가지고 있는 아이디어와 실제 교실현장 사이에 모순을 발견하고 해결함으로써 보다 높은 수준의 자기 인식을 위해서
- 연구자들이 연구과정 및 결과에 대하여 조사하고 검토하기 위해서
- 개인적 학습 과정과 경험적 지식의 가치에 대한 연구를 수행하기 위해서

이상에서 밝힌 개인적 차원의 목적을 통해서 얻을 수 있는 현장연구는 교사나 교육연구자의 지식 획득, 자기 성취, 전문적 이해를 통해서 전문성을 보다 신장시키는 데 있다. 이는 교육적 행위의 질을 높이고, 교육문제의 해결 능력을 가질 수 있으며, 이를 통해 교사의 전문성 신장과 함께 권위도 함께 높일 수 있을 것이다.

2) 전문적 차원

전문적 차원의 동기를 가진 현장연구는 교육현장을 세밀하게 관찰하여 교육과정, 교수-학습, 교사 관련 연구, 인성교육 등과 같은 교육을 구성하고 있는 전문적인 분야에 대한 연구를 목적으로 한다.

일반적으로 현장연구가 전문적 목적을 위해 실행하게 되면 현장 교실이 실험실과 같은 장소가 되어 실험연구로 확장될 수밖에 없다. 이것은 연구를 시작하고자 할 때 처음 참가자를 누구로 할 것인지를 결정하도록 하는 데 직접적인 영향을 미칠 수 있으며, 사회 제도적 상황을 포함시키게 되어 외부 연구자나 전문가에 의해 현장연구 분석이 이루어지게 된다. Zeichner와 Noffke(2001)에 의하면 이러한 현장연구는 교육 이론과 실천 사이에 존재하는 차이점을 연결하는 데 공헌하게 되지만 연구를 통해서 얻은 결과와

- 교육과정 관련 연구
  - 교육과정에서 나타난 핵심 요소를 학생의 입장에서 효율적으로 구조화하여 가르치기 위해서
  - 교육과정으로는 충족시킬 수 없는 부분과 교육과정에서 제시한 내용이 교실 상황에 적용하기에는 너무 크거나 복잡하여 재구조화하기 위해서

- 교수-학습 관련 연구
  - 교과와 과목별로 교수-학습에 관련된 이론에 대한 적용을 위해서
  - 교수-학습 과정인 도입, 전개, 정리 단계와 관련된 활동을 통해 보다 효과적이고 효율적인 프로그램 개발을 위해서

- 교사 관련 연구
  - 교원 인사와 행정, 후생과 복지, 교권 및 책무, 교직 사회의 조직 건강, 교원 양성 관련 연구과제 등의 개선과 적용을 위해서
  - 교육연구와 이론을 바탕으로 보고서를 쓰기 위한 것과 지식 생산자로서 역할을 정당화하기 위한 탐구를 위해서
  - 전문성을 신장시키기 위한 현장연구에 참여함으로써 연구자의 네트워크 형성을 위해서

- 인성교육 관련 연구 및 기타 분야 연구
  - 학생의 인성과 관련된 생활지도, 진학지도를 포함한 진로상담에 관한 연구과제 개발과 적용을 위해서
  - 학생의 특기 계발과 특기 · 적성지도, 예능교육과 관련된 연구과제 개발과 적용을 위해서
  - 컴퓨터 및 시청각 교육과 관련된 연구과제, 보건 및 위생과 관련된 연구과제 등의 개발과 적용을 위해서

실천 사이의 공동체적 상호관계와 의사소통 없이는 근본적인 교육적 변화를 가져오는 것은 힘들 수 있다. 이는 각종 연구학교나 실험학교를 통해서 많은 현장교사와 전문가가 참여하여 얻은 긍정적이고 효과적인 연구 결과를 실제 학교현장에 적용하는 데 어려움이 있음을 의미한다. 이와 같은 현상은 개인 연구자인 교사에 의한 연구도 마찬가지 결과를 낳고 있다. 결국, 현장연구의 전문적인 목적을 달성하는 것보다 교육현장에 대한 실천적 적용에 초점을 맞추어야 한다.

3) 정치적 차원

정치적 차원을 가진 현장연구는 교육현장에 사회적 환경과 상황에 대한 영향이 반영되는 것을 의미한다. 이 정치적 목적을 구체적으로 설명하면 다음과 같다.

- 인도적 · 정의적 교사로서 교육 실천을 강화하기 위해서
- 협력적인 노력을 통하여 경제적 · 사회적 정의를 실현하기 위해서
- 성(性) 문제, 문화 동질성, 수업에 관련된 교육현장의 목소리를 설명하기 위해서

Zeichner와 Noffke(2001)는 '교육적 연구의 모든 형태는 특별한(정치적) 입장을 구체적으로 표현하며, 권력과 특권을 유지하고자 하는 특징을 가지고 있다.' 고 주장한다. 현장연구는 정치적인 목적을 가지면서 수행하게 되는데, 이 정치적 목적은 모든 사람을 위한 보다 큰 사회적 정의라는 목표를 향해 근본적인 사회적 변화를 이끄는 경향이 있다. 이는 현장연구의 주제 선정에 결정적인 영향을 미친다. 예를 들어, 각종 현장연구대회에서 일정한 주제와 관련된 연구에 높은 점수와 등급을 부여할 것이라는 것을 제시하고 있는데, 그 주제의 성격이 다분히 정치적인 성격을 가지고 있다. 즉,

주로 새로운 교육과정이나 정부에서 주장하고 있는 교육 방향이나 방침에 초점이 맞추어져 있다.

지금까지 현장연구의 세 가지 목적(개인적, 전문적, 정치적)을 살펴보았다. 현장연구를 시작할 때는 자신이 어떠한 목적에서 현장연구를 하고자 하는지에 대해 분명히 하는 것이 필요하다. 연구자의 연구 목적이 분명한 경우 연구 주제의 선정, 연구의 진행, 그리고 연구의 결과는 보다 분명하게 될 것이다. 지금 현장연구를 하려는 계획을 가지고 있다면 계획 초기에 자신의 목적을 분명하게 반영하고 확인하는 것이 필요하다.

Tip 현장연구의 목적 분명히 하기

다음 내용과 자신의 생각이 일치하는지 체크(V)해 보면서 현장연구의 목적을 분명히 하도록 하자.

▷ 개인적 차원의 목적

- □ 학생들의 사고와 활동에 대한 보다 깊이 있는 이해와 발달을 도와주기 위해서
- □ 교사의 경험에 대한 더 깊이 있는 이해와 발달을 도와주기 위해서
- □ 교사들에게 개인적인 자료 조사와 이론의 일반화를 위한 기회를 제공하기 위해서
- □ 연구자가 가지고 있는 아이디어와 실제 교실현장 사이에 모순을 발견하고 해결함으로써 보다 높은 수준의 자기 인식을 위해서
- □ 연구자들이 연구 과정 및 결과에 대하여 조사하고 검토하기 위해서
- □ 개인적 학습 과정과 경험적 지식의 가치에 대한 연구를 수행하기 위해서

▷ **전문적 차원의 목적**

• **교육과정 관련 연구**

□ 교육과정에서 나타난 핵심 요소를 학생의 입장에서 효율적으로 구조화하여 가르치기 위해서

□ 교육과정으로는 충족시킬 수 없는 부분과 교육과정에서 제시한 내용이 교실 상황에 적용하기에는 너무 크거나 복잡하여 재구조화하기 위해서

• **교수-학습 관련 연구**

□ 교과와 과목별로 교수-학습에 관련된 이론에 대한 적용을 위해서

□ 교수-학습 과정인 도입, 전개, 정리 단계와 관련된 활동을 통해 보다 효과적이고 효율적인 프로그램 개발을 위해서

• **교사 관련 연구**

□ 교원 인사와 행정, 후생과 복지, 교권 및 책무, 교직 사회의 조직 건강, 교원 양성 관련 연구과제 등의 개선과 적용을 위해서

□ 교육연구와 이론을 바탕으로 보고서를 쓰기 위한 것과 지식 생산자로서 역할을 정당화하기 위한 탐구를 위해서

□ 전문성을 신장시키기 위한 현장연구에 참여함으로써 연구자의 네트워크 형성을 위해서

• **인성교육 관련 및 기타 분야 연구**

□ 학생들의 인성과 관련된 생활지도, 진학지도를 포함한 진로상담에 관한 연구과제의 개발과 적용을 위해서

□ 학생들의 특기 계발과 특기 · 적성지도, 예능교육과 관련된 연구과제의 개발과 적용을 위해서

□ 컴퓨터 및 시청각 교육과 관련된 연구과제, 보건 및 위생과 관련된 연구과제 등의 개발과 적용을 위해서

▷ **정치적 차원의 목적**

□ 인도적 · 정의적 교사로서 교육 실천을 강화하기 위해서

□ 협력적인 노력을 통하여 경제적 · 사회적 정의를 실현하기 위해서

□ 성(性)문제, 문화 동질성, 수업에 관련된 교육현장의 목소리를 설명하기 위해서

일반적으로 연구는 없는 것에서 새로운 것을 만들어 내는 것이 아니라 기존에 있는 것에서 새로운 것을 찾아내는 활동이다. 즉, 연구는 선행 이론이나 연구를 바탕으로 하여 새로운 것을 찾아내는 과정이다. 일반적인 학문적 연구는 자연과 사회에 존재하는 현상을 연구하게 되는데, 교육연구에서는 교육현상을 연구하게 된다. 그런데 우리가 교육을 인간을 가르치는 행위라고 정의한다면 교육연구의 대상은 무한하다고 할 수 있다. 실제 교육연구는 교육철학, 교육사, 교육사회, 교육심리, 교육과정, 교수-학습 이론, 교육제도, 학교행정, 교육평가, 교육공학 등 다양한 분야에서 활발하게 이루어지고 있다. 현재는 연구 영역이 확대되어 각 교과교육 영역도 교육연구의 한 영역으로 중요하게 다루고 있다. 이처럼 교육연구는 넓은 의미에서 교육현상을 대상으로 연구하여 이론을 정립하는 데 그 목적이 있으며, 연구를 통하여 교육현장에서 일어나는 사실을 서술하고 묘사할 수 있도록 하고, 더 나아가서는 숨어 있는 사실을 가지고 교육현상을 설명할 수 있도록 한다. 그리고 교육연구를 통하여 정립된 이론에 의하여 어떤 사실을 예언할 수도 있으며, 교육의 질을 향상시킬 수도 있다. 또한 어떤 이론에 근거하여 바람직한 교육결과를 얻기 위해 노력하거나 바람직하지 않은 결과를 미연에 방지하기 위해 통제나 처치를 가할 수도 있다(김종서, 1968; 성태제, 2002; Schmuck, 1997; Mills, 2000).

이렇게 교육연구를 어떻게 정의할 것이냐에 관해서는 다양한 의미로 해석해 볼 수 있으며, 교육연구를 분류하는 절대적인 기준이 없기 때문에 연구 목적, 연구방법, 연구 형태에 따라 다양하게 구분할 수 있다. 그렇다면 현장연구와 교육연구는 어떠한 차이를 가지고 있는가? 일부

제2장 현장연구와 교육연구

에서는 교육연구가 현장연구로 이해되기도 하지만 교육연구의 한 부분으로 현장연구를 보는 견해가 더 일반적이다. 따라서 교육연구가 현장연구를 포함하는 상위 개념이라고 이해할 수 있다. 다음 장에서 다루겠지만 교육연구를 어떤 기준에 따라 분류하느냐에 따라 현장연구의 개념이 달라질 수 있다.

따라서 현장연구를 교육연구의 한 종류로 분류하면서, 교육연구는 교육과 관련된 모든 행위나 현상을 대상으로 교육적 이론을 정립하는 연구고, 현장연구는 교육실천가들이 학교교육 현장에서 발생하는 문제의 해결을 위해서 수행하는 연구라고 비교해 볼 수 있다. 이제 보다 구체적으로 현장연구의 개념을 살펴보고 현장연구와 교육연구를 비교해 봄으로써 현장연구에 대한 깊이 있는 이해를 돕고자 한다.

학습과제

1. 현장연구 개념의 넓은 의미와 좁은 의미를 알아본다.
2. 현장연구와 교육연구를 비교하여 본다.

1. 현장연구의 개념

앞에서 현장연구의 역사와 목적을 살펴보았다. 현장연구의 역사에서 현장연구가 어떻게 시작되었으며, 어떠한 목적에서 출발하였는지를 알 수 있었다. 이 장에서는 현장연구의 개념을 정의할 필요가 있다. 현장연구(action research)에 대한 정의는 학술연구에 대한 정의만큼 다양하지만, 현장연구의 역사와 목적에 바탕을 두고 〈표 2-1〉과 같이 넓은 의미와 좁은 의미로 개념을 정의할 수 있다. 먼저 넓은 의미에서 현장연구는 실제 생활하고 있는 사회나 집단에서 일어나는 문제를 과학적인 방법으로 알아내고 설명하기 위해 해결방안을 찾아내어 그 결과를 사회현상에 활용할 수 있도록 하는 연구라고 정의할 수 있다. 이는 교육에서 현장연구는 교육 전문성 및 자기 실천을 가장 중요한 목적으로 하는 적용연구의 형태로서, 그 개념이 참여연구, 교사연구, 내부관찰연구, 실행연구라는 개념을 포함하여 사용된다고 할 수 있다.

그리고 좁은 의미에서 현장연구는 교육실천가들이 교실이나 학교교육 현장에서 실제적으로 부딪히는 문제를 해결하기 위해서 개인적 · 협동적 · 과학적으로 해결방안을 찾고, 그 결과를 교육이나 사회현장에 활용할 수 있도록 하는 연구로 현장교육연구라고 할 수 있다. 이 책에서 다루고자 하는 현장연구는 바로 현장교육연구를 의미한다. 이 현장교육연구는 교육을 담당하는 교사가 교육적인 임무를 수행하면서 일어나는 여러 현상이나 문제를 연구자의 눈으로 살피고 기록하여 문제점을 확인하고 그 해결방안을 연구하여 찾아내는 실천적인 연구라고 할 수 있다. 현장연구는 이 책의 다른 장에서 설명되는 여러 연구방법을 이용할 수 있으며, 동료 교사, 전문연구자(대학 교수) 등을 포함하여 개인적 · 협동적으로 이루어질 수 있다.

〈표 2-1〉 현장연구의 개념

넓은 의미의 현장연구	좁은 의미의 현장연구
실제 생활하고 있는 사회나 집단에서 일어나는 문제를 과학적인 방법으로 알아내고 해결방안을 찾아내어 그 결과를 사회현상에 활용할 수 있도록 하는 연구	교육실천가(교사, 연구사, 현장전문가 등)들이 학교교육 현장에서 실제적으로 부딪히는 문제를 해결하기 위해 개인적·협동적·과학적으로 해결방안을 찾고, 그 결과를 교육이나 사회현장에 활용할 수 있도록 하는 연구

이러한 현장연구의 개념을 정리하면 〈표 2-1〉과 같다.

이와 같이 현장연구의 개념을 정의함으로써 다음과 같은 특징을 찾을 수 있다. 박완희(1999)는 현장연구의 특징을 연구 목적, 연구 내용, 연구방법 등으로 나누어서 설명하고 있다. 먼저, 연구 목적은 학교교육의 여건 개선이나 질 제고를 위한 사실 또는 관계의 발견에 있으며, 연구 내용은 현장연구의 대상이 교육현상 또는 교육 행위이기 때문에 학교교육의 실천 과정에서 제기되는 문제를 연구의 내용으로 삼게 된다고 하였다. 연구방법 측면에서 보면 보통 특정 학교나 학급, 사례 수가 적거나 표집에 의한 연구 대상으로 한정하고, 타당도나 신뢰도가 검증되지 않은 자작 설문지도 연구 도구로 사용하는 경우가 있으며, 실행 목표별로 연구를 추진하게 되거나 조건 통제가 완전하게 이루어지지 않는 특징을 가지고 있다. 또한 통계기법에서는 주로 퍼센트(%)나 빈도, t-검증 수준에서 이루어지고 있으며, 논문의 형식으로 작성되는 특징을 가지고 있다.

2. 현장연구와 교육연구의 비교

일부 학자들은 교육연구를 기초연구와 응용연구 이외에 실행연구로 분류하고, 이 실행연구를 현장연구로 해석하는 경우가 있다. 실행연구는 1930년대 말 교육학 분야에서 관심을 모았던 연구로서 교육적인 상황에서 발생하는 문제를 해결하기 위하여 이루어진 연구다. 이는 앞에서 언급한, 이 책에서 다루고자 하는 현장연구의 좁은 의미의 현장교육연구와 같은 의미를 가진다고 할 수 있다. 현장연구는 교사, 교육행정가, 현장전문가에 의하여 공동으로 연구가 이루어지며, 지역단위 학교에서 발생하는 교육문제에 대한 해결방안을 제시하거나 의사결정을 하기 위하여 실시되는 연구라고 할 수 있다. 이러한 현장연구는 이론의 전개나 응용이 아닌 교육현장에의 즉각적인 적용에 관심을 두고 있다고 할 수 있다. 따라서 현장연구는 연구 결과를 일반화하여 이론으로 정립하는 데 한계점을 가지고 있으며, 연구 결과의 해석도 연구 대상에 제한되거나 한 학급이나 특정한 지역 상황에 적용 가능한 특징을 가지고 있다.

반면에 교육연구는 교육이 일어나는 모든 장소에서 교육현상을 파악하여 이론을 정립하는 데 본질적인 목적이 있기 때문에 현상을 기술하고 관계, 원리, 법칙을 찾아내기 위해서 이유와 근거를 들어 설명하고 결과를 예측하거나 조건을 통제한다. 또한 연구활동은 변인을 대상으로 체계적이고 과학적으로 추진되므로 이를 통해서 얻은 결과인 이론은 다른 집단과 현상에 적용하여 일반화할 수 있는 특징이 있다. 이러한 특징을 현장연구와 교육연구 사이의 차이점으로 설명하여 요약하면 〈표 2-2〉와 같다.

〈표 2-2〉에서 알 수 있듯이 교육연구는 학술지 등에 보고되어 일반화할 수 있는 개념을 산출하기 위해 설계된 연구다. 비록, 초기 연구자들에게 실

〈표 2-2〉 교육연구와 현장연구의 차이

구 분	교육연구	현장연구
연구 목표	교육현장에 적용되는 지식	지역 및 학급 상황에 적용되는 지식
연구문제 구체화 방법	선행연구의 고찰	현재 직면하는 문제
문헌 고찰	광범위한 고찰	좁은 범위의 고찰
표집방법	무선표집(체계적인 방법으로 확률에 의한 표집방법)	임의표집(연구자의 임의에 의한 의도적 표집방법)
연구 설계	엄격한 절차 및 장시간	느슨한 절차 및 단시간
측정 절차	검사도구 검증 후 측정	기존의 표준화된 검사도구로 측정
자료 분석	다양한 통계적 기법을 이용	기초적 통계적 기법을 이용
결과 적용	이론적 측면 강조, 일반적 교육 상황에 적용	실제적 측면 강조, 특별한 교실 상황에 적용
결과 보고	공식적인 보고서, 학술지 등	동료들과 비형식적인 공유, 짧은 보고서 등

행되었을지라도 일부 현장연구는 일반적인 교육연구의 특징을 가질 수도 있다. 이러한 현장연구는 쉽게 온라인 현장연구 학술지, 다양한 현장연구 웹사이트에 보고되어 있다. 이런 보고서는 새로운 현장연구자들에게 현장연구에 대한 지식과 개념을 제공할 수 있다.

이러한 현장연구에 대하여 Mills(2000)는 학교현장의 변화를 강화하며, 교육에서 민주적인 접근으로 많은 다양한 시각을 제시해 줄 수 있다고 하였다. 또한 프로젝트를 수행하면서 협력을 통하여 개인 연구자들에게 힘을 제공하며, 교육의 비전과 실천 사이의 차이를 좁히기 위해 노력하는 연구자로서 교육자와 교사들이 활동하도록 한다. 그리고 현장연구는 교육자들이 실천하도록 강화하며, 새로운 아이디어를 적용하는 과정을 만들어 낸다고 강조하였다.

비록, 현장연구가 교육계에서 지지를 얻고 있지만 이를 연구의 합법적인 형식으로 보는 것을 꺼리는 비평도 없지는 않다. 즉, 현장연구를 일반적인 학문연구자가 아닌 교사나 교육자에 의해 수행되는 비형식적인 연구 과정으로 보는 것이다. 어떤 연구는 비과학적이어서 보고서가 교육 학술지에 게재되지 않고 온라인 잡지나 웹사이트, 지역학교 집단에서 보고되는 경우도 있다. 이러한 방법은 실천적인 문제를 이해하기 위한 초기 연구자의 목적에 부합되므로 현장에 적용할 수 있고, 발전적인 변화를 가져올 수 있다. 그러므로 현장연구의 설계는 다른 연구 설계에서 발견할 수 있는 엄격하고 체계적인 접근을 꼭 가질 필요는 없다고 할 수 있다.

이러한 문제점에도 불구하고 교실과 지역학교 문제를 연구하기 위한 학교 중심의 현장연구자는 중요한 역할을 한다. 그리고 교실과 학교 변화를 돕고 교육 실천을 돕기 위한 참여자 사이에는 협력을 돕는 분위기를 제공할 수 있다.

제3장 현장연구의 연구 윤리

연구자가 연구 실행에 집중하다 보면 연구에서 발생하는 윤리적 문제에 소홀할 수 있다. 물론 연구자는 연구문제를 해결하기 위해서 좋은 의도와 계획으로 연구를 진행하지만 자신의 연구가 피험자인 학습자를 위험이나 비윤리적인 상황에 빠지게 하지는 않는지 항상 주의를 기울이는 자세가 필요하다. 이에 연구자는 언제나 자신의 연구가 학습자들에게 심각한 부정적 영향을 끼치지는 않는지, 또는 학습자의 개인적인 권리나 사생활을 침해하는 것은 아닌지 충분히 고려하여 연구를 진행해야 한다.

무엇보다 인간을 대상으로 연구를 수행하는 경우, 특히 실험연구에서 인간을 실험 대상으로 연구하는 경우에는 연구자가 꼭 지켜야 할 윤리 및 도덕적 규범이 존재한다. 이에 현장연구에서 발생할 수 있는 윤리적 문제를 살펴보고, 이를 해결할 수 있는 해결책을 간단히 알아보도록 한다.

학습과제

1. 현장연구 시 인간을 대상으로 하는 연구의 윤리적 문제와 대책에 대하여 알아본다.
2. 현장연구 과정에서 발생하는 문제와 대책에 대하여 알아본다.

1. 연구의 윤리적 문제

인간을 연구 대상으로 하는 연구에서는 항상 연구를 수행할 때 윤리적 문제를 고려해야 한다. 특히, 연구 대상이 주로 학습자를 대상으로 하는 현장연구의 경우에는 더욱더 민감하게 학습자를 보호하는 절차와 연구와 관련해서 발생하는 문제를 이해하고 문제가 발생하지 않도록 하는 대책이 필요하다.

1) 피험자의 선발에 따른 문제

연구자는 특정 학생만을 피험자로 선발함으로써 피험자나 선발되지 않은 학생들에게 불이익이나 심리 · 사회적인 문제를 초래하지는 않는지 고민해야 한다. 그리고 어떤 경우든 학생이나 보호자의 동의를 구해야 한다. 그리고 피험자로 선발될 기회가 학생들에게 공평하게 주어져야 한다. 피험자의 선발에 공정성을 기하는 노력 중 하나는 피험자를 무작위로 선발하는 것이다.

2) 사전 동의를 구하는 문제

연구자는 먼저 연구 기간 동안 무엇을 할 것인지, 연구에 참여함으로써 어떤 결과가 올 것인지, 연구에 참여한다는 것 자체가 무엇을 의미하는지, 연구 수행 중 수집되는 자료는 어떻게 사용되는지 등을 피험자에게 알려줄 의무가 있다. 즉, 피험자에게 연구와 관련된 정보를 정직하게 제공하여야 한다. 피험자는 자유로운 상태에서 연구에 참여할 것인지 심사숙고하여, 어떠한 강요도 받지 않고 연구에 참여 여부를 결정해야 한다. 개인은 자신의 자유 선택에 의해서만 실험에 참여해야 하는데, 이를 '자발적 참여의 원리' 라고 한다. 이 원리는 실험이 끝났건 끝나지 않았건 간에 피험자가 언제든지 중도에 포기할 자유가 있어야 한다는 것을 의미한다.

피험자가 성인이라면 본인의 동의를 얻으면 되지만 미성년자인 경우는 본인의 동의가 법적인 효력이 없으므로 보호자(대개는 부모)의 동의를 얻어야 한다. 만일 학교에서 연구가 수행될 때는 학교 당국의 동의를 얻어야 한다.

3) 사생활 보호와 비밀보장 문제

피험자가 가지고 있는 사생활의 권리와 자유가 침해되지 않도록 보호하는 방법으로는 익명의 원리와 비밀보장의 원리를 들 수 있다. 익명의 원리는 처음부터 누구의 응답인지 또는 누구에 대한 관찰인지 문서에 언급하지 않고 자료 분석도 응답자 전체를 집계하여 통계 처리함으로써 개개인의 정보가 드러나지 않게 하는 것을 말한다. 익명을 지키는 손쉬운 방법은 처음부터 피험자의 성명을 묻지 않는 것이다. 그러나 부득이 성명이 필요할 때에는 차선책으로 피험자의 성명 대신 코드명을 사용하는 것이 좋다.

비밀보장의 원리는 연구자가 피험자의 동의 없이 개인에 관한 자료를 다른 연구자나 연구 집단에 주지 않아야 한다는 것이다. 비밀보장이란 정보나 신분을 알 수 있는 자료를 가졌지만 그것을 아무에게나 보이지 않는 것이다. 특히, 피험자가 허용하는 경우를 제외하고는 개인에 대한 정보가 누설되지 않도록 철저히 비밀을 보장해야 한다.

2. 연구 과정에서 윤리적 문제

전체적인 현장연구를 하는 과정에서 발생할 수 있는 여러 가지 윤리적 문제에 더욱 집중할 필요가 있으며, 연구를 설계하는 단계부터 연구를 진행하고 그 결과를 보고서로 작성하여 발표하는 단계까지 전체적 연구 과정에서 발생할 수 있는 윤리적 문제와 그 대책을 이해할 필요가 있다.

1) 연구 설계 단계

연구를 설계하는 단계에서 가장 기본적으로 문제가 되는 것은 연구자의 자질이다. 연구자는 자신의 능력 범위 안에서 연구를 수행해야 하며, 자신의 가치관이나 편견이 연구 설계에 영향을 미치고 있지는 않는지, 학습자의 복지와 관련된 문제를 소홀히 하지는 않는지에 관해서 동료의 조언을 들을 필요가 있다.

그리고 장애를 가진 사람들을 피험자로 선택하여 연구할 경우 윤리적 문제를 고려해야 한다. 장애문제를 최소화하는 방법으로 전문가와 상담을 하거나 연구 설계의 과정에 공동으로 참여하는 방법 등이 있다. 또한 이해관계의 문제와 연구자들이 연구 결과를 이해하는 데 영향을 줄 수 있는 특별한 요인을 무시함으로써 일어날 수 있는 윤리적인 문제가 있다. 이를 해결하기 위해서는 이해관계에서 상충하는 문제가 발생할 경우 대화로 문제를 해결하고, 연구 결과에 특별하게 영향을 미칠 수 있는 요인을 찾아 고려하는 자세를 가져야 한다. 예를 들어, 지능과 학업성취도 사이의 관계 연구에서 부모의 사회적인 지위가 분명 학업성취도 점수에 영향을 미쳤는데도 부모의 사회적 지위 변인을 무시하고 연구 결과를 일반화하는 것은 문제가 될 수 있다.

2) 연구 수행 단계

연구를 수행하는 단계에서 발생할 수 있는 윤리적 문제는 다음과 같이 제시할 수 있다.

첫째, 실험연구의 경우 실험 처치를 받는 실험집단과 통제집단 사이에 발생할 수 있는 문제다. 실험집단의 경우는 특별한 훈련이나 프로그램의 혜택을 받게 되지만, 통제집단의 경우는 아무런 혜택을 받지 못하는 불평등한 대우를 받게 되는 문제가 발생한다. 이는 연구가 끝난 후 같은 프로그램을 통제집단 학습자에게 적용하여 가르칠 필요가 있다.

둘째, 실험 처치의 종료 시기 문제다. 이 문제는 실험 처치에 적용하게 되는 프로그램을 끝내고자 하는 마음의 준비가 되어 있지 않는 학습자에게 실험자가 일방적으로 프로그램의 종료 시기를 정하여 끝내는 경우다. 이러한 문제는 학습자에게 사전에 프로그램의 시작과 종료에 대한 계획을 충분히 안내할 필요가 있다.

셋째, 연구에서 사용하는 검사도구에 발생하는 문제다. 학습자는 검사를 실시한다는 것 자체에 불안과 부담감을 가지게 된다. 이러한 불안과 부담감의 요소를 해소할 수 있도록 성취도 점수에 반영하지 않거나 비밀을 보장하는 대책이 필요하다.

3) 연구 결과 발표 단계

연구자가 피험자에게 연구에 참여한 대가로 금전의 지급이나 기타 보상을 사전에 약속했다면 피험자가 중도에 연구 참여를 철회하더라도 그 약속을 지켜야 한다. 연구를 진행하는 과정에서는 알게 모르게 피험자에게 불필요할 뿐 아니라 감내하기 어려운 위험이나 폐해를 줄 수 있다. 요컨대,

피험자가 연구과제에 참여함으로써 얻을 수 있는 혜택보다 불이익이 더 커서는 안 된다는 점을 명심해야 한다.

그리고 자신의 연구 결과를 전문 학술지나 일반인을 대상으로 한 매체에 발표하는 경우 그 결과를 왜곡해서는 안 된다. 다시 말해, 검증이 안 된 내용을 검증하였다고 한다든지 연구방법을 결정할 때 연구자 자신이 원하는 결과가 나오도록 연구방법을 선택 · 조작하는 것은 윤리에 어긋난다. 특히, 연구 자금이 특정 회사나 이익단체에서 나오는 경우 연구방법에 공정성을 기하여 연구 결과가 편파되지 않도록 해야 한다.

4) 전문가 공동체의 윤리 강령

연구자는 자기가 속한 전문가 공동체의 일원으로서 자신의 연구 근거와 배경, 과정과 결과를 자세하고 정직하게 보고할 의무가 있다. 그리고 연구와 관련 있는 모든 사항과 피험자나 협력자에 대한 공적인 인증을 하고, 그 밖에 인용한 문헌 등은 관련 문헌과 각주에서 명시하며, 도움을 입은 기관, 인사들을 모두 밝히고 감사의 뜻을 전해야 한다.

Tip 미국교육연구학회(AERA) 윤리 기준

▷연구 분야에 대한 책무성

- 연구자는 연구의 통합성을 유지하기 위해서 자신의 이론적 · 방법론적 관점과 일치하도록 결론을 내려야 한다. 연구자는 자신이 지지하는 패러다임은 물론 반대하는 패러다임도 잘 알아야 한다. 또한 연구자는 연구의 질을 판단하는 적합성 준거를 지속적으로 평가해야 한다.
- 연구자는 연구 결과를 모든 이해 당사자에게 보고해야 하며, 연구 결과를 비밀에 붙이거나 결과의 일부만을 취사 선택하여 공개해서는 안 된다.

▷**연구 대상자, 연구 대상 기관**

- 연구자는 학교, 대학, 병원, 교도소 등 다양한 기관이나 환경에서 연구를 수행한다. 연구자는 연구 대상자의 권리, 사생활, 존엄성, 감수성을 존중해 주어야 한다. 이는 연구 대상이 되는 기관에 대해서도 마찬가지다. 연구자는 아동이나 노약자를 대상으로 연구를 수행할 때에는 특별히 주의를 기울여야 한다.
- 연구자는 연구 대상 기관이 정상적인 활동을 하는 데 지장을 주지 않도록 주의해야 한다.

▷**지적 소유권**

- 지적 소유권은 노력보다는 창의적인 활동에 의해 얻을 수 있다.
- 지적 산출물의 생성에 상당한 정도로 창의적인 기여를 한 사람은 누구나 지위와 상관없이 그 산출물의 저자가 될 자격이 있다.

▷**연구의 편집 및 검토**

- 편집자와 검토자는 어떤 연구든 간에 연구에 이론적 · 방법론적으로 다양한 관점이 존재함을 인식해야 한다. 편집자와 검토자는 또한 원고의 수준이 정해진 상당한 정도의 기준에 부합되게 할 책임이 있다.
- 편집자는 자신이 선호하는 내용의 원고가 아니라고 해서 편견을 가지거나 불공평하게 다루어서는 안 된다. 또한 저자는 자신의 글이 왜 실리지 않았는지 그 이유를 알 권리가 있다.

▷**후원자, 정책 결정자, 기타 연구 사용자**

- 연구자와 연구 기관, 그리고 후원자는 연구가 윤리적 기준을 지키면서 수행되도록 해야 할 공동의 책임이 있다. 연구자를 포함한 이들은 각자의 목적이 상치될 수 있다는 점을 인식해야 한다. 이들은 연구 공동체, 피험자, 연구 사용자 등을 보호할 의무가 있다. 또한 연구 결과를 가능한 널리 유포하고 출판하는 일에 적극적으로 후원해야 한다.
- 연구자는 후원자가 연구 결과를 왜곡하여 궁극적으로 독자를 오도하는 내용의 보고서를 의뢰할 경우에 이를 받아들여서는 안 된다.

▷**연구생**

- 연구자는 자신의 연구 분야에 대해 공부하려는 연구생에게 필요한 도움을 주거나 전문적인 충고를 해 주어야 한다.
- 연구자는 사적 경쟁심이나 지적 열등감 때문에 연구생이 다른 연구자에게 가지 못하게 하거나 일자리를 빼앗아서는 안 된다.

현장연구는 학교나 교실과 같은 교육이 일어나는 장소에서 발생하는 교육현상을 연구 대상으로 다루고 있다. 교육현상은 교육을 하는 교사와 교육을 받는 학습자가 주체가 되어 상호작용을 통해서 발생하는 것이므로 다양성과 특수성을 가지고 있다. 이러한 특징은 현장연구를 실행하는 데서 여러 가지 독특한 특징을 낳게 되므로 현장연구의 핵심적인 특징이 될 수 있다.

현장연구는 학교나 학급에서 발생하는 교육현상을 연구하게 되는데, 이러한 교육현상의 다양성과 특수성 때문에 연구의 유형과 방법도 다양하다. 김석우(1997)는 일반적으로 교육연구의 유형을 양적 연구와 질적 연구로 나누는데, 양적 연구에는 기술적 연구, 인과-비교연구, 상관연구, 실험연구가 포함되고, 질적 연구에는 사례연구, 역사연구가 포함된다. Crowl(1995)는 교육연구를 질적 연구와 양적 연구로 나누면서, 질적 연구에는 문화기술연구, 역사연구를 포함시키고, 양적 연구에는 서술연구, 상관연구, 비교연구를 포함시켰다. 또한 김종서(1968)는 현장연구를 진단형 현장연구, 경험형 현장연구, 실험형 현장연구 등으로 분류하였으며, Creswell(2002)은 실질적 현장연구와 참여적 현장연구로 구분하여 각각의 특징을 설명하였다. 이처럼 일반적으로 현장연구의 유형은 연구 목적, 연구 장소, 연구 내용, 결과 활용 등의 다양한 기준에 따라 나눌 수 있다. 그리고 이러한 유형에 따라 연구를 위해 사용되는 연구방법도 다양하게 된다.

따라서 이 책에서는 교육연구의 여러 유형에서 기본적인 바탕을 제공받아 현장연구를 실질적 현장연구와 참여적 현장연구로 나누고, 실질적 현장연구에 진단형 현장연구, 실험형 현장연구, 실천형 현장연구를 포함시키고자 한다. 여기서 실질적 현장연구는 작은 크기의 현장 프로

제4장 현장연구의 특징 및 유형

젝트나 특별한 문제 및 사건에 초점을 맞추고 학교나 지역 교육청 안의 개별 교사나 팀에 의해서 수행되는 연구를 말한다. 그리고 참여적 현장연구는 즉각적으로 교실문제를 해결하는 개별 교사에 초점을 맞추기보다는 사회적 공동체를 지향하고 우리 사회의 개방과 변화에 기여하는 연구에 초점을 맞추고 있다고 할 수 있다.

또한 일반적으로 현장연구에서 사용되는 연구방법을 질적 연구와 양적 연구방법으로 크게 나누고, 질적 연구방법에는 문화기술연구와 역사연구를 포함시키고, 양적 연구방법에는 조사연구, 관찰연구, 인과연구(상관연구), 실험연구, 준실험연구를 포함시킬 수 있다. 이들 여러 연구방법 중에서 현장연구에서 대표적으로 사용되는 연구방법을 중심으로 자세하게 살펴보자.

학습과제

1. 현장연구의 특징에 대하여 알아본다.
2. 현장연구의 유형 중에서 실질적 · 참여적 현장연구에 대하여 알아본다.

1. 현장연구의 특징

현장연구의 특징을 요약하면, 현장연구는 실제적인 교육문제를 다루는 연구로 자신의 교육적 실행을 평가하며 타인과의 협력을 통한 연구를 실행한다. 그리고 역동적 과정, 연구활동의 계획을 통하여 얻게 되는 결과를 보고서로 작성하여 공유하는 특징을 가지고 있다. 이러한 특징을 구체적으로 정리하면 다음과 같다.

1) 실제적인 문제의 연구

현장연구의 목표는 현재 실시하고 있는 현실적인 교육에 즉각적인 관심을 가질 수 있는 실제적인 문제를 대상으로 연구를 하는 것이다. 이러한 교육적인 문제는 교실 안의 한 교사를 위한 것일 수도 있고, 많은 교육자를 위한 것일 수도 있다. 또한 그것은 개인의 자유와 행동을 제한하는 학교 정책과 구조에 대한 문제일 수도 있고, 마을과 도시에 있는 개인들의 문제일 수도 있다. 여기서 말하는 현장연구는 일반적인 학술적 연구를 통해서 지식을 쌓기 위한 것이 아니라 교육현장에 즉각적으로 응용하는 데 그 목적이 있다.

2) 참여를 통한 실행 평가

현장연구자는 다른 사람의 실행을 연구하기보다는 자신의 실행을 평가하는 데 관심을 가진다. 이런 의미에서 현장연구자는 교실과 학교에서의 교육적인 실행에 눈을 돌림으로써 참여적인 성격을 가지며, 연구자 자신이 연구에 실제적으로 참여하여 자기 반성적인 연구가 이루어진다. 연구자가 교사일 경우에는 자신이 현재 처한 상황을 연구함으로써 교육적 상황을 보다 질적으로 향상시키기 위하여 할 수 있는 것과 학습자에 대하여 반성적 성찰을 하게 된다.

따라서 현장연구자는 신중하게 자신의 교육적 행동을 평가하고, 자신의 교육적인 행동에 따른 학습자의 행동과 상황을 점검하고 평가한다. 그리고 보다 나은 교육적인 활동을 위한 기초로 새로운 교육적 활동에 대한 해석과 재구조화를 통해서 실제 교육 상황에 적용한다. 이러한 참여적인 자기 반성 속에서 현장연구자는 자신의 문제에 대한 새로운 해결책을 생각하게 되고, 이를 검증함으로써 많은 긍정적인 결과를 얻을 수 있다.

3) 타인(동료)과의 협력을 통한 연구 실행

현장연구자는 다른 사람과 협력하고 종종 연구에 협력자를 포함시킨다. 이런 협력자는 학교 안의 내부 인사(교사)일 수도 있고, 대학 연구자나 전문적인 협력 단체인 외부 인사일 수도 있다. 그런데 외부 인사가 수동적으로 참여하지 않도록 하기 위하여 현장연구자와 서로의 참여 정도를 조정하고, 하고자 하는 프로젝트에 대해 참가자들이 모두 모여 서로 대화하고 의논할 필요가 있다. 이는 수용적이고 협력적인 관계를 정착하며 적절하고 신중하게 의사를 교환하는 것을 의미한다. [그림 4-1]에서 보는 것처럼 많은 개인과 그룹이 현장연구 프로젝트에 참여한다. 이때 개인은 연구자의 결과물을 재검토할 수 있고 자료 수집을 돕거나 마지막 보고서의 발표를 도울 수 있다. 이렇게 많은 연구 과정에서 협력할 수 있도록 연구 분위기를 협력적인 분위기로 만들어야 한다. 이런 협력하는 과정을 통해서 참여자 각자의 역할은 변할 수 있으며, 상호작용이라는 필수적인 요소를 극대화하여 기대하는 결과를 얻을 수 있다.

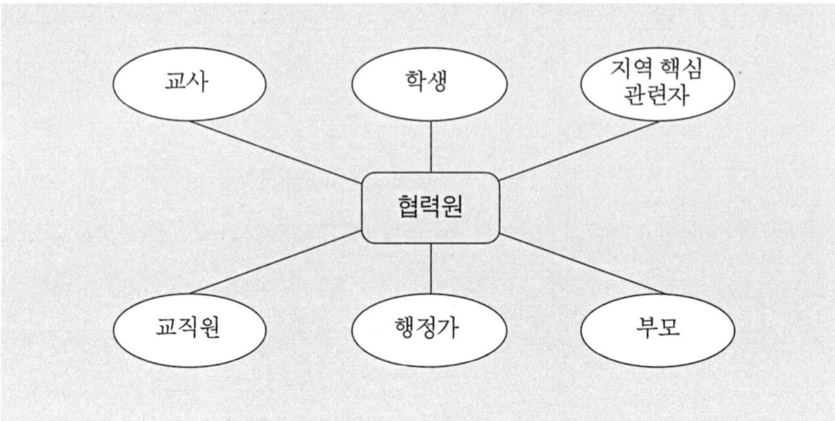

[그림 4-1] 개인과 그룹의 현장연구 프로젝트

4) 역동적 과정

현장연구자는 활동의 반복을 포함하는 역동적인 과정에 참여하여 나선적인 활동을 이루게 된다. 연구자들은 관찰, 사고, 행동 사이에서 발생하는 역동적 과정을 통해서 나선형을 그리는 것이 중요하다. 예를 들어, 고등학교 교사 팀은 고등학교 수업을 시작하기 위한 가장 적절한 시간을 고려한 후 여러 행동을 시작할 것이다. 다음 활동으로 관찰, 사고, 행동, 그리고 다시 관찰로의 나선적인 활동이 현장연구 과정의 실질적 과정이다. 결국, 이러한 현장연구의 과정은 문제에서 행동으로의 선형적 형태나 인과 절차를 따르지 않게 된다.

5) 실행 계획 수립

현장연구자는 문제에 대한 반응으로 실행 계획을 만든다. 실행 계획은 단순히 자료를 중요한 핵심 관련자(stakeholder)[1]에게 제시할 수도 있고, 사전 프로그램을 만들거나 여러 유사한 프로그램을 적용해 보거나 현재 진행

중인 연구 계획을 적용하여 새로운 실행을 탐색할 수도 있다. 그리고 이러한 계획은 공식적으로 문서화된 계획이거나 비공식적인 토론일 수도 있으며, 몇몇 개인을 포함하거나 전체 공동체를 포함할 수도 있다.

6) 보고서의 공유

연구자들이 저널이나 책에 보고하는 학술적인 연구와 다르게 현장연구자들은 그들의 연구 결과를 즉각적으로 사용할 수 있는 현장교사들에게 보고한다. 현장연구자들은 종종 지역 학교와 공동체 및 개인과 보고서를 공유한다. 현장연구를 학술지에 발표할 수도 있지만 연구자들은 교육적 변화를 만들 수 있고, 교실 안에서 계획을 실행할 수 있는 동료 교사와 정보를 공유하는 데 관심을 가질 수 있다. 또한 현장연구자들은 교사, 교장, 지역 교육청 관계자, 학부모 단체와 결과를 공유하고 온라인 저널, 웹사이트 등에 연구 결과를 제공한다.

Tip 현장연구의 특징 이해하기

현장연구의 특징을 김 교육장의 현장연구 사례를 통해 이해해 보자.

처음으로 교육장에 부임한 김 교육장이 자신이 교육장이 되었던 지역에서 현장연구를 실시하였는데, 그 프로젝트는 효과적인 교육 조직을 설계하는 방향에서 중간관리자 그룹과 도시의 교장이 교직원을 지원하는 것에 대해 협동적인 연구와 참여관찰 연구를 수행하였다. 새로운 교육장으로서 그는 전 학년도의 학생들에 관한 수행평가 기록을 처음 검토해 보고 9월에

1) 어떤 일에 밀접한 관련을 맺고 있으며, 그 일의 성패를 좌우하는 노력을 지지하고 거기서 혜택을 입는 사람들이다.

800학급을 선정하여 10월에 '첫인상'을 기록하였다. 2월부터 11월까지 그는 성취도 수준이 낮은 학급과 과목을 집중해서 보았다. 그는 30학급에서 현장기록을 하였으며, 교장들과 다른 관리자들과 이 자료를 서로 공유하였다. 그러나 그가 관찰한 교사들과는 이 기록을 공유하지 않았는데, 관찰한 결과가 교사들에 대해 너무 비판적이었기 때문이다. 김 교육장은 그가 방문한 교사들과의 협의를 통해서 학교에 대한 1년간의 연구를 마무리하면서 16명에서 18명으로 구성된 학년별 교사 팀을 초대하였다. 교사 중에는 2~3번 초대에 응한 교사도 있었다.

또한 그는 두 번째 해에 교장들에게 '학교교육을 보다 깊이 있게 이해하는 방법으로서 학습자의 수행과 활동에 대한 원인 이해'라는 제목의 현장연구 결과를 발표하였다.

▷본 현장연구를 통해 얻은 것

이 연구는 현장연구자들의 역할 측면에서 교장들에게 스스로 다음과 같은 것을 제안하였다.

- 학교에서 학생들의 교육 활동에 관하여 적극적으로 참여하기를 기대하는 교장들에게 자세한 형태의 자료를 수집하도록 하였으며, 그 결과에 대해 보고서를 작성해 보도록 하였다.
- 전년도 학교에서의 최종 결과를 가지고 토의하기 위해 4개의 교장 그룹이 모여서 성취도 결과에 대하여 서로 토의하였다.
- 지역의 모든 교장은 교장의 리더십에 대한 더 나은 이해를 위해 자신에 대한 연구에 동의하고 동료로서 활동하며, 그들의 파트너에게 현장기록을 만들어 공유하였다.

그의 광범위한 자료 수집 과정을 통한 보고서는 자료 수집에서 학교행정의 참여에 관한 변화를 분명하게 가져왔다. 이는 새로운 거대한 활동이었다.

2. 현장연구의 유형

다음으로 현장연구의 유형에 대하여 알아보자. 앞에서 현장연구의 유형은 크게 실질적 현장연구와 참여적 현장연구로 나눌 수 있으며, 실질적 현장연구에는 진단형, 실험형, 실천형 현장연구가 포함된다고 하였다. 현장연구의 각 유형에 사용할 수 있는 현장연구 방법을 정리하면 [그림 4-2]와 같다.

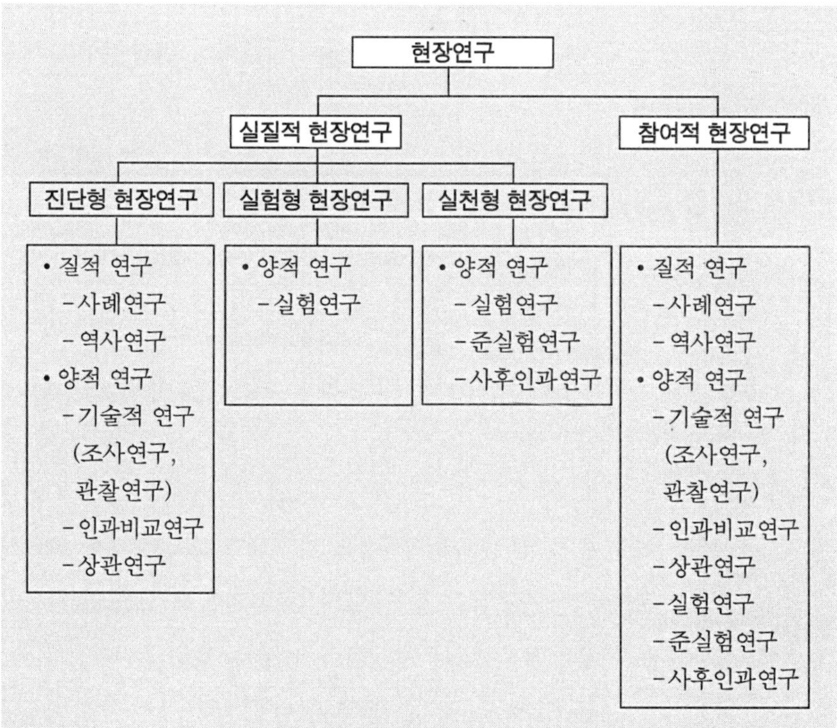

[그림 4-2] 현장연구의 유형 및 방법

1) 실질적 현장연구

교사들은 자신의 교실에서 연구문제를 찾아 학생들의 학습과 자신의 전문성을 높이고자 한다. 예를 들어, 교사, 학생, 상담가, 행정가로 구성된 팀이 학교 폭력의 증가와 같은 흔한 문제를 위해 현장연구를 하고자 한다면, 이런 사례에서 교육자는 체계적인 연구를 통하여 교육적인 실천을 촉진할 수 있는 연구를 하게 된다. 이런 형태의 현장연구를 Creswell(2002)은 실질적 현장연구(practical action research)라 부른다. 그리고 실질적 현장연구의 목적은 특수한 학교 상황을 연구하는 것으로, 주로 작은 규모의 현장연구 프로젝트나 특별한 교육적 문제 및 사건에 초점을 맞추고 학교나 지역 교육청 안의 개별 교사나 팀에 의해서 수행된다. 실질적 현장연구의 예를 들면 다음과 같다.

- 한 초등학교 교사가 자신의 학급 학생의 공격적인 행동을 연구한다.
- 학생, 교사, 부모로 구성된 팀이 고등학교에서 새로운 수학 프로그램의 적용 결과를 연구한다.
- 대학 교수가 새로운 교수매체를 사용한 교수-학습의 효과를 연구한다.
- 고등학교 교사가 학생들과 협력해서 새로운 작문 프로그램을 개발하고, 작문 포트폴리오 적용을 연구한다.

이러한 예를 보면 현장연구는 세부적이고 지역적인 문제에 대한 해결방안을 제시하고 개발하는 연구임을 알 수 있다. 교육자들이 그들 자신의 학교나 수업문제를 연구하기 위하여 교사들을 연구에 포함시키고, 학교에 있는 위원회가 연구를 촉진하도록 요청한다. 이런 생각으로 교육자들은 학습에 대한 그들 자신의 이론을 점검하고 학생들에 대한 그들의 실천 결과를 검증한다. 그리고 학교 안에서 부모, 동료, 행정가에 대한 영향을 탐색한다.

그런데 실질적 현장연구의 단점은 교사가 학교에서 맡게 되는 업무와 정상적인 수업을 하면서 교수-학습과 수업에 대한 질적인 개선을 위한 방법을 찾는 연구를 진행하고 참여하기에 충분한 시간을 확보하기 힘들다는 것이다. 교사들은 비록 그들이 하는 일을 잘하고 수업에서 학생들을 가르치는 것을 잘하나 연구자가 되는 것에는 또 다른 준비가 필요하다. 이런 목적을 위하여 대학원을 가거나 현장연구 프로젝트에 필요한 연구 기술을 배울 수 있는 기회와 여건을 조성할 필요가 있다.

실질적 현장연구를 바르게 이해하기 위해서는 중요한 개념과 원리를 재검토해야 한다. Mills(2000)는 학습자, 반성적인 실천가, 작은 단위의 연구 프로젝트에 참여하는 개인으로서 교사의 역할에 대하여 다음과 같은 원리를 제시하였다.

- 교사 연구자는 교육적 실천을 연구하기 위한 의사결정 권리를 가진다.
- 교사 연구자는 계속적인 전문성 신장과 학교현장 개선에 도움을 제공하여야 한다.
- 교사 연구자는 그의 실천을 반성해야 하는데, 이러한 반성은 실천을 성장시키기 위한 수단으로써 개별적으로 또는 팀으로 행한다.
- 교사 연구자는 그들의 실천을 반성하는 데 체계적인 접근을 사용한다.
- 교사 연구자는 초점의 영역을 정하고, 자료 수집 기술을 결정하고, 자료를 분석하고 해석하며, 행동 계획을 개발한다.

마지막 원리의 내용은 연구 과정에 대한 것으로 실질적 현장연구에서 교사와 다른 교육자가 연구를 하는 데 사용할 수 있는 세부적인 단계를 기술한 것이다. Mills(2000)는 [그림 4-3]의 모델에서 교사에게 현장연구 프로젝트를 위한 4단계의 지침을 제공하고 있다. 이는 교사들 스스로 연구를 시작할 수 있도록 하는 모델이라고 할 수 있다. 연구자가 자료 수집과 초

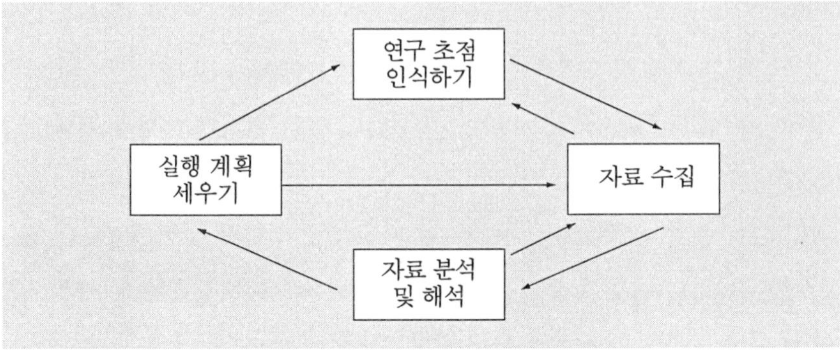

[그림 4-3] 실질적 현장연구의 4단계

출처: Mills, G. E. (2000). *Action Research*.

점, 그리고 자료 수집과 분석 및 해석 과정 사이를 오고 가기 때문에 순환적 특징을 가진다.

실질적 현장연구는 [그림 4-2]와 같이 진단형, 실천형, 실험형 현장연구로 나눌 수 있다.

(1) 진단형 현장연구

진단형 현장연구는 교육의 실제적 상황에서 발생하는 문제를 찾아 원인을 진단하고 그에 따른 해결방법을 세워 실천하는 연구다. 이 연구는 학교나 학급에서 발생하는 여러 가지 문제에 관하여 다양한 측면에서 관찰하고, 교육과 관련된 학부모나 동료 교사 등에게서 정보를 얻어 연구를 수행한다. 이러한 현장연구 방법을 적용하는 연구의 예로는 사례연구(case study), 학습부진 학생에 대한 연구, 학교생활 부적응 학생에 대한 연구 등이 있다.

(2) 실천형 현장연구

실천형 현장연구는 학교현장에서 보다 나은 교육적 실천을 위해 이미 개발되었거나 발견된 교육 원리나 방법 등을 적용하는, 실행 목표(가설)를 세워 실천하는 연구다. 학급, 연구학교, 시범학교의 교육활동 과정에서 발견되는 교수-학습상의 문제에 대하여 효과적인 교수방법의 적용, 새로운 학습 원리의 적용에 관한 연구 등을 할 때 활용할 수 있다. 이러한 현장연구 방법을 적용하는 연구의 예로는 교수-학습 방법의 개선에 관한 연구, 학급 내 학생들의 인간관계(사회성)에 관한 연구, 교육과정 편성 · 운영에 대한 연구, 학습 집단 조직 및 교수 자료 · 매체의 효율성에 대한 연구 등이 있다.

(3) 실험형 현장연구

실험형 현장연구는 교육 실천상 나타나는 제반 문제를 해결하기 위하여 가설을 설정하고 이를 실천하여 그 합리성을 검증하는 현장연구 방법이다. 교사들이 교육활동 과정에서 보다 효과적인 교수방법이나 매체 적용방법을 확인하고자 하거나 새로운 교수-학습 방법을 찾아 적용하는 연구에 활용할 수 있다. 그러나 실험형 현장연구는 학급이나 학교를 실험실과 같은 조건으로 엄격히 통제하기가 어렵고, 교육현장을 인위적으로 조작하기 어려운 제한이 따른다.

이러한 현장연구 방법을 적용하는 연구의 예로는 새로운 교수-학습 방법의 효율성에 관한 연구, 협동학습과 전통적 소집단 학습에 대한 비교연구, 특별활동 교육과정 편성 · 운영에 대한 연구, 체험학습에 대한 효과, 학습기술 훈련이 학업 성취에 미치는 효과에 관한 연구 등이 있다.

Tip 실질적 현장연구 이해하기

실질적 현장연구의 특징을 G초등학교 4학년 박 교사의 연구 사례를 통해 이해해 보자.

박 교사는 G초등학교의 4학년 교사다. 그녀는 교실에서 높은 능력을 가진 학생들을 위한 교실 내 지원이 이루어지지 않는 문제점을 기술하였다. 능력이 있는 학생은 매일 수학 수업 시간에 특별한 과학 프로젝트를 하기 위하여 그녀의 교실 밖으로 나왔다. 이런 점에서 그녀는 높은 능력을 가진 학생의 필요를 채울 수 있을지가 궁금해서 현장연구를 시작하였다. 여기에 그녀가 취한 단계가 있다.

- 연구문제에 관한 출판된 문헌을 재검토하였다(pull-out program, 수업 시간에 재능이 있는 학생의 포함, 능력 있는 학생의 필요를 채우기 등).
- 학교와 이웃 초등학교의 동료들과 인터뷰를 하였다.
- 문헌에 대한 고찰과 인터뷰를 통해 네 가지 주제를 찾았다(학교개혁, 심화 대 월반, 풀아웃 대 교실 내 수업, 새로운 교육적 전략). 그리고 각 주제에 대한 요소를 나열한 플로차트를 만들었다. ① 학교개혁-움직임 아이디어, ② 모두를 위한 평등(모든 학생은 성장하는 데 필요한 것을 배우고 모두 똑같은 수업을 받지 않는다), ③ 모든 학생이 그들의 능력의 한계에 도전할 수 있기 위한 수월성
- 정보에 기초해서 처음의 연구 질문을 재정의하여 부모와의 전화 인터뷰, 학생 조사, 학생과 교사 간의 회의, 각 질문에 대한 여섯 명의 다른 교사들의 수업 관찰을 통하여 양적이고 질적인 정보를 수집하였다. 정보를 차트에 기록해서 팀 구성원들이 그 자료를 분석하는 데 도울 수 있도록 하였다.
- 자료 분석 과정을 돕기 위하여 학교에서 여섯 명의 다른 초등 교사를 선출하였다.
- 팀원은 먼저 자료를 대충 훑어보고 모든 자료를 재능이 있는 학생들을 교실 안으로 어떻게 편입시키는가에 대한 네 가지 주제로 분류하였다.
- 연구 주제는 교사가 수업 시간에 시도하는 네 가지 주요한 활동으로 변하였다.

- 결과물을 실행 계획으로 만들어 세부적인 활동을 만들었다(자기평가를 계속하고 교실에서 수준별 수업과 평가를 같이 하는 방법을 찾는 것이다).
- 결과물을 다른 사람들과 공유하였다. 연구를 다른 4학년 교사들과 교장, 지역위원과 공유하였다.
- 이 연구는 박 교사가 다음의 질문을 하면서 마무리하였다. 질문은 '풀아웃 프로그램, 교실 내 수업, 혹은 조합 중 어느 것이 더 좋은가?' 다.

▷ 본 현장연구를 통해 얻은 것

앞의 마지막 단계는 교사가 지역문제를 연구하기 위하여 협력하고 전문적으로 개발하며 연구에 대하여 체계적으로 접근하고 실행 계획을 적용하는 실질적 현장연구를 나타낸다.

2) 참여적 현장연구

참여적 현장연구(participatory action research)는 오랜 역사를 가졌으며, 공동체, 산업, 기업, 교육 밖의 다른 기관을 포함한 사회적 연구에서 사용되었다. 참여적 현장연구는 즉각적인 교실문제를 해결하는 개별 교사에 초점을 맞추기보다는 사회적 공동체를 지향하고 우리 사회의 해방과 변화에 기여하는 연구에 초점을 맞추었다. Paul Freire, Jurgen Habermas, Stephen Kemmis, Ernest Stringer의 연구가 진행되면서 이 접근은 실천지향적인 탐구의 새로운 수단으로 나타나게 되었다. 참여적 현장연구법은 주로 질적 분석을 사용하지만 양적 분석도 사용하였다.

참여적 현장연구는 '공동체 기반 연구', '협동적 현장연구', '참여적 연구', '비판적 현장연구' 등으로 부르기도 한다. 연구의 목적은 조직, 공동체, 가족의 삶의 질을 증가시키는 데 있다. 참여적 현장연구는 교사와 학교 기반의 실질적 현장연구의 많은 아이디어를 채택하지만, 교육적 상황에서 개인과 조직을 성장시키고 힘을 부여하는 것을 목표로 하는 것에서 차이가 있다. 교육에 적용하였을 때 학교, 교육체제, 학교 공동체에서 개인을 성장시키고 힘을 부여하는 데 초점을 맞춘다. 또한 참여적 현장연구는 실질적 현장연구와 연구의 절차, 자료 수집, 그리고 연구의 의도와 결과에서 구별된다. 예를 들어, 참여적 현장연구자는 학생과 교육자의 삶을 억제하고 억압하는 사회적 문제와 관련된 쟁점을 연구한다. 즉, 참여적 현장연구의 초점이 될 수 있는 우리 사회 안의 사회적 · 경제적 · 정치적 교실문제에 대한 쟁점을 고려한다. 참여적 현장연구의 예를 들면 다음과 같다.

- 학생을 분류하고 형식화하는 평가에 관해 연구한다.
- 특정한 문화적 · 인종적 집단에 초점이 맞추어진 교과서에 대해 연구한다.
- 본질적인 학습보다는 학생에게 실패감을 조성하는 평가에 관해 연구한다.
- 여자보다 남자에게 호위를 베푸는 대학 직원 급여의 불공평한 배분에 관해 연구한다.

이런 민감한 문제에 대한 연구에 덧붙여 참여적 현장연구자는 평등주의와 민주적 목표를 증가시키는 연구 과정에 참여한다. 참여적 현장연구자들은 그들의 연구에서 참여자가 폭넓게 참여하도록 노력한다. 예를 들어, 그들의 연구에서 연구자들은 접촉의 중요성과 핵심 관련자 집단의 인식, 중요 사람 인식하기, 연구자의 역할을 조정하기를 강조한다. 해방과 삶의 가치를 올리는 변화의 사회적 가치는 중요하다. 그래서 현장연구자들은 지역기관, 청소년 클럽, 학교 안의 인종 집단에게 새로운 시각을 가지게 한다.

Kemmis와 Wilkinson(1998)은 참여적 현장연구의 주요 특징을 다음과 같이 여섯 가지로 요약하였다.

- 참여적 현장연구는 연구자가 신중하게 개인과 다른 사람 사이의 관계를 탐색하는 사회적 과정이다.
- 참여적 현장연구는 개인이 직접 참여하여 그들 자신에 대한 연구를 행하는 것이다.
- 참여적 현장연구는 실질적이고 여러 사람과 함께 이루어지므로 협동적이다.
- 참여적 현장연구는 자기 계발과 자기 결정에 제한을 두는 비이성적이고 비정의적인 구조의 제약에서 사람을 자유롭게 하도록 돕기 때문에 해방적이다.
- 참여적 현장연구의 의도는 개인이 매체, 언어, 연구 절차, 교육의 장에서 권력의 관계에 발견된 제약에서 자유롭게 하도록 돕는다.
- 참여적 현장연구는 반복적(반성적 혹은 변증법적)이고 실제에 변화를 가져오는 데 초점을 맞추며, 반성과 행동의 순환을 통하여 일어난다.

이러한 현장연구 과정은 관찰, 사고, 행동의 순환으로 가장 잘 반영된다. Stringer(1999)에 의해 상호작용적 순환이라고 부르는 이 과정은 [그림 4-4]에 나타나 있다. 이 모델은 관찰, 사고, 행동의 3단계를 포함한다. 이 모델의 순환은 현장연구가 정돈되고 순서적이고 선형적인 것이 아니라 반복되고 교정하는 절차와 해석의 과정이라는 것을 보여 준다.

Stringer(1999)는 관찰의 중요성을 강조한다. 관찰을 통해 핵심 관련자들이 그들이 경험한 문제를 이해하는 데 도움을 주기 위한 상황을 만든다. 관

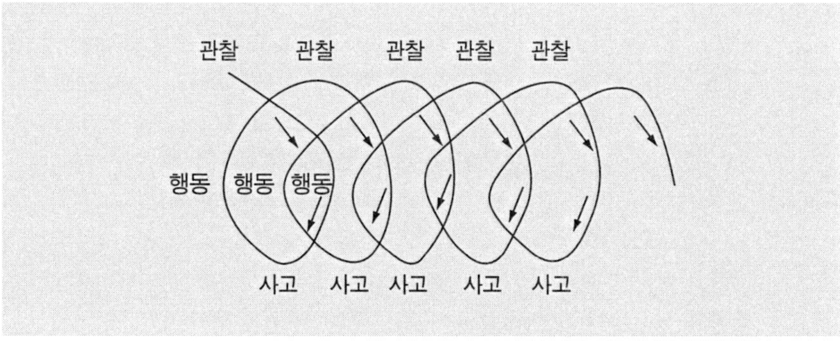

[그림 4-4] 참여적 현장연구의 3단계

출처: Stringer, E. T. (1999). *Action Research*. p. 19.

찰 단계는 자료 수집(인터뷰나 관찰, 문서를 통하여), 정보의 기록과 분석, 문제에 대한 핵심 관련자의 구성 및 보고로 구성된다. 사고의 단계는 문제를 해석하여 행동을 위한 우선순위를 인식하는 것이다. 마지막 단계인 행동은 실질적인 문제에 대한 해결책을 인식한다. 이것은 계획짜기와 방향 설정하기 및 필요한 자원을 확보하는 것을 포함한다. 또한 계획을 적용하고, 그것을 실천하는 사람들을 격려하며, 효과와 성취의 관점에서 평가하는 것을 의미한다.

이러한 참여적 현장연구의 각 단계에서 사용할 수 있는 연구방법은 [그림 4-2]에서 제시하였다.

Tip 참여적 현장연구 이해하기

참여적 현장연구의 특징을 박 교사와 전 교사의 연구 사례를 통해 이해해 보자.

교사, 교생, 대학 조정자 사이의 멘토링 관계

박 교사와 전 교사는 5학년 교사, 교생, 대학 조정자 사이의 멘토링 관계를 연구하였다. 이들은 교생에 대한 교사의 멘토링을 기술하였는데, 대학 조정자는 교사와 함께 교생의 멘토링을 평가하기 위해 자료를 수집하였다. 그들은 세 가지 종류의 자료를 모았다.

- 10주 동안 격주로 교사와 교생 사이에 다섯 개의 비디오테이프가 녹화되었다.
- 교사와 교생의 주별 개인적 일지 기록이 검토되었다.
- 대학 조정자는 개별 동시 회상법, 즉 비디오테이프를 보면서 인터뷰에 대답하는 방법을 사용하여 다섯 번의 인터뷰를 실시하였다. 이 자료에 기초해서 대학 조정자와 교사는 네 가지 주제를 인식하였다.
  - 교생이 학생들의 존경을 얻는 과정
  - 교생이 학습 공동체로서 어린이들에 관해 어떻게 학습하였는가? (학생들의 가족 배경, 학생들의 흥미)

- 교생과 교사 사이의 멘토링 관계
- 현장연구에서 얻은 아이디어

▷ 본 현장연구를 통해 얻은 것

참여적 현장연구와 일치하게 연구자는 교생이 지식과 권위의 교실문제를 부각시켰다고 하였다. 멘토링 교사는 학생-교수 경험의 구조 속에 내포되어 있는 권위자 경험의 과정을 통하여 옮기고 변화하는 것으로 보았다. 즉, 멘토링은 교사가 학생들을 어떻게 가르칠 것인가를 말하고 나누는 것에서 시작하여 나중에는 멘토 교사가 교생의 생각을 듣고 분류하는 데 도움을 주는 역할로 옮겨갔다. 교생과 교사 사이는 생각을 나누는 동료로 한 학기가 끝이 났다. 교생과 교사 사이의 관계는 연구를 하는 동안 변화하였다. 그 결과는 참여적 현장연구와 일치한다. 또한 교생-교사 간의 회의를 통해 각자의 가르침에 대한 접근을 반영하기 위한 기회로 협동과 반성을 제공하였다. 또한 개인은 그들 자신에 관하여 배우고 교사-학생 관계를 변하게 하는 데 민감하게 되었다.

앞에서 현장연구의 특징은 교육연구가 가지고 있는 일반적인 특징과 더불어 현장연구만이 가지고 있는 핵심적인 특징을 가지고 있으며, 특별히 순환적인 특징을 가지고 있음을 알아보았다. 이러한 현장연구의 특징을 바탕으로 현장연구의 유형을 실질적 현장연구과 참여적 현장연구로 나누고, 실질적 현장연구를 다시 진단형, 실험형, 실천형으로 구분하였다. 그리고 각각의 유형에 따라 적용할 수 있는 현장연구의 방법을 찾아보았다. 이제는 각각의 연구방법이 어떠한 절차에 따라 연구가 진행되며, 어떠한 특징을 가지고 있는지 살펴보자.

현장연구의 유형 중에서 우리가 주로 다루어야 할 현장연구는 실질적 현장연구며, 진단형, 실험형, 실천형 현장연구 중에서 교사 개인이나 동료 교사와의 협력적 관계를 통해 연구가 이루어지는 진단형, 실험형 현장연구가 주를 이루고 있다고 할 수 있다. 실천형 현장연구의 경우는 학교 단위나 교육청, 정부 차원에서 연구학교나 실험학교의 경우에 주로 적용할 수 있는 현장연구의 유형이다. 그리고 이러한 현장연구의 유형에 따라 사용할 수 있는 연구방법으로는 앞서 [그림 4-2]에서 제시한 것처럼 질적, 양적 연구 모두를 사용할 수 있다. 주로 적용되는 연구

제5장 현장연구의 방법

방법으로 질적 연구에서 사례연구를, 양적 연구에서 조사연구, 실험연구, 상관연구를 중점적으로 살펴본다.

학습과제

1. 현장연구의 방법인 사례, 조사, 실험 연구의 개념에 대하여 알아본다.
2. 현장연구의 방법인 사례, 조사, 실험 연구의 특징에 대하여 알아본다.

1. 사례연구

1) 사례연구의 개념 및 특징

사례연구(case study)는 특정한 개인이나 집단 또는 기관을 대상으로 하여 어떤 문제나 특성을 심층적으로 조사하고 분석하는 연구다. 즉, 소수의 연구 대상을 선정해서 필요한 각종 정보나 자료를 여러 가지 방법으로 조사 · 수집하고, 이러한 자료를 기초로 하여 연구 대상이 가지고 있는 특성이나 문제점을 종합적으로 진단하고 기술하는 연구다. 사례연구의 목적은 어떤 일반적인 원리나 보편적인 사실을 발견하는 데 있다기보다는 특정한 사례와 관련된 구체적인 사실을 밝히고 그 사례의 모든 측면을 철저히 분석하는 데 있다. 사례연구에서 어떤 자료는 정량화되기도 하지만 연구의 전체 흐름은 질적인 연구에 속한다.

사례연구는 생활지도 전문가에 의해서 문제행동의 교정을 위하여 이루어져 왔으며, 문제행동 자체를 소상하게 관찰하고 그 원인을 찾기 위하여 가족 상황, 사회적 환경, 문화적 수준, 신체적 조건, 습관, 적응, 일상생활의 만족도 등을 조사한다. 예를 들어, 자폐아의 행동 특성을 알아보기 위해 자폐아동을 선정하여 가족사, 학교사 등 전반적인 개인사를 살피고, 그 내용을 중심으로 문제의 원인과 증상의 특징을 밝혀내는 것이다.

사례연구는 특수 사례에 초점을 둔 현장연구라는 특징이 있다. 여기서 사례는 일반적인 현상을 의미하는 것이 아니라 특수한 어떤 현상을 말하며, 현상의 과정, 시간, 사람, 연구자의 관심을 두는 어떤 것을 의미한다. 그리고 사례연구는 사례의 심층연구라고 할 수 있다. 많은 자료가 사례연구를 위해 수집되는데, 여기에는 말이나 인상, 물리적 대상, 양적 자료도 포함될 수 있다. 이렇게 수집된 자료는 다양하게 분석되어서 연구 대상을 이해하고, 그 특징을 알아내는 데 중요한 단서를 제공한다. 또한 사례연구는 자연적 맥락에서 현상연구로서 연구자가 현장에서 연구 대상자의 언어로 상호작용하는 것을 지켜보는 것을 기본으로 한다. 여기에 기능적 · 비기능적 관점의 진술을 한다. 기능적 관점은 비구조화된 질문을 통해 정보를 수집하는 것이고, 비기능적 관점은 이미 구조화된 질문을 이용하여 정보를 수집하는 것이다. 이렇게 수집된 정보는 연구자가 분석하여 나름대로 이론이나 개념을 기술한다.

2) 사례연구의 절차

사례연구의 절차는 일반적으로 연구문제의 설정, 사례의 선택, 자료의 수집과 조직, 여러 개의 잠정적 가설 설정, 가설 검증, 추가 자료 수집, 자료의 종합 및 결론 도출, 추후 연구의 절차를 따른다. 각각의 사례연구의 절차를 간략하게 살펴보면 다음과 같다.

(1) 연구문제의 설정

사례연구 시 연구문제는 주로 연구자 자신이 관심을 가지고 있고 연구가치가 있는 것으로 정해야 한다. 연구문제가 정해지면 정확한 목적과 질문으로 구체적으로 진술한다. 예를 들면, 아동의 불안 특성과 원인에 관심이 있다면 여러 특성 중에 눈을 깜박이는 행동이 왜 일어나는가에 관하여 구체적인 질문 형태로 진술해야 한다.

(2) 사례의 선택

사례연구의 결과는 연구할 집단을 표집하는 방법에 따라 선택한다. 사례연구의 결과는 주로 전집에 의해 일반화될 정보를 제공하기 때문에 사례 선택에 신중함이 있어야 한다. 예를 들면, 아동의 행동불안 특성을 연구문제로 잡았다면 사례가 될 수 있는 눈을 깜박이는 행동이 지속적으로 관찰되는 5세 아동을 선택하는 것이 좋다.

(3) 자료의 수집과 조직

사례연구에 가장 많은 노력과 시간이 필요한 절차로서 인적 사항과 관련된 아주 자세한 기록을 가능한 많이 포함하여 자료를 조사하고 수집해야 한다. 예를 들어, 수집할 자료에는 사례로 선정된 아동의 가족사, 신체, 교육, 사회발달사와 같은 자료 등이 포함되어야 한다.

(4) 여러 개의 잠정적 가설 설정

가능한 모든 행동 특성을 제시할 수 있도록 여러 개의 잠정적인 가설을 설정한다. 예를 들어, '행동불안을 보이는 아동의 부모는 아동의 도움에 바로 응답하지 않을 것이다.' 또는 '행동불안을 보이는 아동은 엄마와 함께하는 시간이 적을 것이다.' 와 같은 여러 가지 가설을 세워 눈을 깜박이는 행동과 그 원인을 밝힐 수 있도록 해야 한다.

(5) 가설 검증

앞에서 세웠던 여러 가지 가설을 하나씩 검증하기 위해 행동을 관찰하고 각종 자료를 통해 질문하고 조사하는 절차다. 예를 들어, 행동불안을 보이는 아동이 부모와 함께 있는 시간을 조사하거나 부모의 양육 태도를 조사하거나 관찰하여 세운 가설을 하나씩 검증한다.

(6) 추가 자료 수집

기존 자료를 보충하는 면접, 관찰, 설문지, 질문지, 사회성 측정법, 표준화 검사 등을 활용하여 부족한 관계 자료를 추가적으로 수집한다.

(7) 자료의 종합 및 결론 도출

최종 분석을 실시하고 사례 기록을 요약하는 절차로 결론에서 실제 문제를 발견하였다면 그 문제를 해결할 수 있는 계획과 처치를 포함시키기도 한다. 예를 들어, 행동불안을 보이는 아동의 원인을 찾아서 결론을 내고 행동불안 문제를 해결할 수 있는 치료 계획이나 처치를 제공하여 부모의 사랑과 관심어린 양육에 관해 조언을 할 수 있을 것이다.

(8) 추후 연구

결론에 따른 처치와 치료의 진전 여부를 점검해 주고 최종 분석과 진단의 정확성 및 처치 효과를 알아보기 위해 시행한다. 예를 들어, 1년이 지난 후에 행동불안을 보인 아동이 부모의 양육 태도의 변화에 따라 얼마나 변화하였는지 연구하는 것을 말한다.

3) 사례연구 시 고려할 사항

사례연구를 하고자 할 때 고려해야 할 사항은 다음과 같다.

첫째, 연구자가 연구 현장의 처음 시점부터 참여자가 되어 사례연구 대상자와 충분한 공감이나 유대감을 형성하는 것이 무엇보다 중요하다.

둘째, 연구자 자신의 편견과 특성이 연구 결과에 영향을 미치지 않도록 가치 중립적인 입장에서 연구를 진행하고 관찰, 조사 결과를 진술해야 한다.

셋째, 연구자는 사례연구 보고서를 작성할 때 사례를 읽는 사람이 그것이 실제 누구의 사례인지 깨닫지 못하도록 익명성을 보장하는 것을 기본으로 해야 한다.

2. 조사연구

1) 조사연구의 개념 및 특징

조사연구(survey research)는 교육연구자가 행하는 가장 보편적인 연구의 한 형태다. 따라서 조사연구는 표집을 통해서 사회학적 변인과 심리학적 변인의 상대적 영향력, 분포 및 상호 관계성을 밝히며, 질문지나 면접과 같은 직접적인 접촉을 통해서 특정 문제의 속성이나 행동, 태도를 연구하여 전집에 대한 정보를 수집한다.

조사연구에서는 주의 깊게 고안되고 시행된 질문에 대하여 많은 사람의 응답을 얻어 내는 것이 중요하다. 대개 조사연구에서는 전집의 특성이나 양상을 기술하기 위하여 표집을 통해 나온 정보를 사용하며, 이러한 정보가 조사의 자료가 되고 자료가 갖는 통계적 성질에 따라 모집단을 추론한다. 그러므로 대개의 경우 조사연구라고 하면 일반적으로 표본조사를 지칭한다. 조사연구는 조사의 목적에 따라 사실 발견을 위한 조사, 가설 검증을 위한 조사, 규준을 만들기 위한 조사가 있으며, 자료 수집의 방법에 따라 면접조사, 우편조사, 전화조사, 질문지 조사의 형태로 나눌 수 있다. 대체로 조사연구는 탐색, 기술, 설명의 목적으로 사용된다.

조사연구는 인과관계가 아닌 단순한 관계의 취급이라는 점에서 상관을 다룬다고 할 수 있다. 따라서 여러 가지 조사, 사례연구, 기록문서연구를 통해서 변인들이 얼마나 밀접하게 관련되어 있는가를 알려 줌으로써 예언의 목적이 달성된다고 할 수 있다. 이러한 조사연구 방법으로는 횡단적 연구와 종단적 연구가 있다.

조사연구는 조사 목적과 자료 수집의 방법에 따라 다양하게 나눌 수 있다.

2) 조사 목적에 따른 종류

(1) 사실 발견을 위한 조사

어떤 집단의 특성이나 사건, 현상의 성질에 대해 있는 그대로의 사실을 알아보기 위해 실시하는 연구다. 특히, 객관적인 사실을 알아보기 위한 조사를 실태조사라고 한다. 여기에는 가정환경조사, 학교조사, 지역사회조사 등이 속한다. 또한 어떤 사실이나 대상에 대해 개인이 가지고 있는 의견이나 태도를 조사하는 것으로 주관적 사실을 밝혀내기 위한 조사에 해당한다.

(2) 가설 검증을 위한 조사

가설 검증이란 인과관계를 설명하기 위한 방법으로, 이론적 근거에 의하여 변인 간의 어떤 관계가 가정되었을 때 그것을 실증적으로 긍정하거나 부정하는 연구를 말한다. 예컨대, 'TV 폭력물은 청소년의 폭력 사용을 유발할 것이다.' 라는 가설의 사실 여부를 검증하는 연구가 여기에 해당한다.

(3) 규준을 만들기 위한 조사

어떤 조건이나 상태 등을 결정할 목적으로 하는 조사다. 예컨대, 취학 전 아동의 연령별 신장이나 체중과 같은 신체적 발달의 규준을 조사하는 연구라든지, 새로 개발한 표준화 심리검사의 남학생 및 여학생의 규준을 만들기 위해 실시되는 연구가 여기에 해당한다.

3) 자료 수집 방법에 따른 종류

(1) 면접조사

조사 자료를 수집하기 위해 개인면접을 사용할 때는 훈련된 면접자들이 질문을 실시한다. 개인면접은 우편조사보다 질문을 하는 데 훨씬 융통성이 많다. 개인면접에서 응답자는 불분명한 질문을 분명하게 할 수 있으며, 훈련된 면접자는 개방형 질문에 대하여 불완전하거나 애매한 응답을 확실하게 물어볼 수 있고, 질문의 순서를 통제하여 모든 응답자가 동일한 순서로 질문지를 완성하도록 할 수 있다. 그러나 개인면접은 훈련된 면접자를 이용하는 데 비용이 많이 들며, 면접자가 편파적일 수 있다.

(2) 우편조사

우편조사는 응답자에게 질문지를 배부하는 가장 보편적인 수단이다. 우편조사는 비교적 신속하고 광범위한 지역을 대상으로 실시할 수 있으며, 면접자의 편파문제를 방지할 수 있다. 그러나 우편조사는 응답자의 협력을 조장할 만한 기회가 적고 응답자가 질문지에 응답해 나가는 순서에 대해서 거의 통제력을 갖지 못한다. 우편조사에서 가장 심각한 문제는 낮은 응답률에 있다. 완성된 질문지를 회송해 주지 않는 것과 낮은 반응률은 필연적으로 표집의 대표성 문제를 일으킨다.

(3) 전화조사

전화조사는 응답자에게 전화로 조사하는 방법이다. 전화조사의 장점은 개인면접보다 경제적이며 빨리 조사할 수 있고, 질문 절차를 표준화하기 위한 정보 입수가 쉽다. 또한 연구자가 질문을 분명히 하거나 주저 반응에 독려함으로써 응답자를 도와줄 수 있다. 그러나 반응자의 시각적 관찰을 막으며 개인적인 문제나 민감한 쟁점에 대한 정보를 얻는 데 효과적이지 못하다.

(4) 질문지 조사

질문지는 일반적으로 조사연구에서 가장 많이 사용하는 방법이다. 질문지는 우선 간결하고 명확하며 단순하게, 그리고 적절한 언어의 사용과 가치 중립성을 가지도록 질문을 작성하는 것이 좋다. 질문의 방식으로는 폐쇄형 질문과 개방형 질문이 있다. 폐쇄형 질문은 소득이나 개인의 사생활과 같은 민감한 주제에 좋으나, 동일한 선택 항목을 택한다고 하더라도 개인에 따른 느낌이나 견해가 무시될 수 있다. 개방형 질문은 응답자의 탐색적 의도 파악, 응답의 유목이 많을 때 좋은 반면에 무응답이 많고 주관적이어서 통계적 분석이 어렵다.

4) 조사연구의 절차

조사연구의 절차는 조사 내용이나 조사 대상에 따라 약간씩 달라질 수 있으나 개략적인 절차는 다음과 같다.

첫째, 조사연구의 계획을 수립하는 절차로 조사연구의 목적을 서술하고 조사할 내용이 정해짐으로써 조사 영역이 정해지는 단계다. 연구자는 관심을 가지고 있는 분야에서 연구문제가 될 만한 사항을 인식한다.

둘째, 연구문제가 될 만한 사항을 인식함으로써 가설이 설정되는 단계다. 이러한 가설을 검증하기 위하여 조사연구의 대상, 자료 수집 방법과 절차, 구체적인 표집방법, 질문지 작성, 면접자의 훈련, 조사 일정 등이 포함된다.

셋째, 확정된 사실을 토대로 하여 실제로 조사를 실시하는 단계다. 대규모 연구를 하기 위해서는 예비조사를 먼저 하는 것이 바람직하다.

넷째, 수집된 자료를 유목화하고 코딩하는 단계다.

다섯째, 자료 분석이 끝난 결과를 정리하여 연구 보고서를 작성하는 최종 단계다. 조사 결과 보고서에는 조사의 결과뿐만 아니라 연구 목적, 연구문제, 연구방법 등을 모두 제시하여야 한다.

조사연구의 절차에 의해 분석된 자료를 제시하는 수준으로는 다음과 같은 세 가지 수준을 생각할 수 있다.

첫째, 기술 통계치 보고다. 표본의 크기가 상이한 조사 결과를 보다 용이하게 비교할 수 있도록 하기 위해서는 각 유목 내 응답자의 비율이나 백분율 등과 같은 기술 통계치를 보고한다.

둘째, 교차표 작성이다. 교차표는 둘 혹은 그 이상의 변인이 관련된 결과를 기술하는 표를 의미한다. 이러한 교차표 작성에서 유의해야 할 사항은 변인 간의 관계성 존재 여부다.

셋째, 조사 변인 간의 상관에 대한 인과관계 추론이다. 비실험적 상황에서는 두 개의 변인이 상관 분석을 통해서 관련성이 있어도 인과관계에 대한 결론을 내릴 수 없다. 따라서 연구자는 단지 두 개의 변인이 관련되어 있거나 변인 간에 높은 상관이 있다고만 말할 수 있다.

일반적으로 조사연구는 이면에 있는 내용을 깊게 다루지 못하며, 정보의 깊이보다 범위가 강조될 가능성이 많다. 따라서 얻은 정보가 피상적일 가능성이 높다. 이러한 사실은 조사연구 방법 자체의 문제라기보다는 조사연구의 실행 과정에서 오는 약점 때문이라고 할 수 있다.

5) 조사연구 시 고려할 사항

조사연구는 시간과 비용이 많이 든다. 그러므로 이를 고려해야 하며, 전집을 대표할 수 있는 적절한 표집과 좋은 면접 항목을 개발하는 것이 중요한 과제가 된다. 또한 면접의 중립을 위해서 면접자를 훈련하는 것이 필요하며, 표집을 사용하는 어떠한 연구든 표집오차가 있기 마련이다. 특히, 우편조사를 실시할 때에는 응답의 회수율에 유의하여야 한다.

조사연구에서는 주어진 변인 간의 관계를 있는 그대로 조사해서 분석하게 되므로 오류를 범하기 쉽다. 특히, 변인 간의 관계를 분석할 때는 통제가 불가능하다. 그러므로 연구하고자 하는 변인만의 관계를 정확히 판단할 수 없으며, 대체로 한 번에 끝나기 때문에 계속적인 관찰을 통한 자료의 수집이 불가능하다.

3. 실험연구

1) 실험연구의 개념 및 특징

실험(experiment)이란 통제된 상황에서 하나 또는 그 이상의 변인을 조작하여 그에 따라 변화되는 현상을 객관적으로 관찰하는 것이다. 이러한 변인 간의 관계를 밝히기 위한 여러 가지 과학적 탐구방법 중에서도 특히 실험연구(experimental research)는 '인과관계를 규명할 수 있는 가장 강력한 연구방법' (Gall et al., 1996)이라고 하겠다. 물론, 조사연구나 상관연구와 같은 다른 방법을 통해서도 변인 간의 관계를 파악할 수 있으나 궁극적인 인과관계를 규명하기 위해서는 실험이 필요하다.

한편, 교육을 '인간 행동의 계획적인 변화'라고 정의할 때, 교육자들이 인간 행동을 계획적 · 효율적으로 변화시키기 위해서는 당연히 인간 행동의 변화에 관한 기본 원리와 방법을 알고 있어야 한다. 현존하는 연구방법 중에서 행동 변화의 원리와 방법에 관한 실증적 지식을 얻을 수 있는 최선의 수단은 실험이라고 할 수 있다. 그러므로 실험적 연구는 교육의 효과를 증대시키기 위해서 필수적이며 교육과학의 발전에 원동력이 된다고 볼 수 있다.

교육학이나 심리학에서의 실험은 인위적으로 가변인을 통제한 조건에서 특정 행동 특징에다 어떤 실험적 처치를 가하였을 때 일어나는 효과를 기술하는 것이다. 여기에서 실험 처치라고 한 것은 한 실험변인 또는 독립변인을 부과시키는 조치를 말하며, 행동 특성에서 효과란 종속변인이 되는 것 또는 독립변인과 종속변인의 관계성을 말한다.

이러한 실험의 목적은 크게 두 가지로 나눌 수 있다(한국심리학회 편, 1988).

첫째, 어느 두 이론적 변인 간의 인과관계를 확립하는 것이다. 변인들이 이론적으로 정의된 것이 특징으로, 흔히 이론(가설) 검증 실험에서 예를 찾아볼 수 있다. 그러나 이론 검증이 주목적이 아닌 실험에서도 이론적 변인을 다루는 경우가 있다. 대체로 이론적 변인을 다루는 실험은 실험실 실험에서 흔히 찾아볼 수 있으나 모든 실험실 실험이 이론적 변인을 다루지는 않는다.

둘째, 어떤 현상을 확인하거나 현상의 존재를 증명하는 것이다. 변인은 이론적으로 정의되지 않으며, 현장 실험에서 흔히 발견된다. 이 범주에 속하는 실험은 능동적인 독립변인의 조작이 없는 일종의 자연실험이다.

실험연구의 기본 목적은 특정한 실험 상황에서 관심 있는 변인을 조작하여 변인과 변인 간의 관계를 명확히 규명하는 데 있다. 여기서 실험 조건의 계획적인 조작과 통제가 얼마나 완벽하게 이루어지는가에 따라 실험의 성패가 좌우된다고 하겠다. 조건이 통제되지 않는 상황에서 이루어진 실험연구는 그 타당성을 상실하게 된다. 따라서 실험연구의 실험 조건을 엄격히 통제하여 관찰하려는 현상에 작용하는 우연적 요소의 영향을 최소화하고, 연구에서 본래 알아보려는 변인만의 효과를 가능한 한 순수하게 관찰할 수 있도록 실험 계획을 세워 연구해야 한다.

2) 실험 설계의 유형

실험 설계 유형의 분류는 학자마다 차이를 보이고 있다. 실험 상황이 자연 상태인지 인공적으로 통제된 상태인지에 따라 자연적 실험과 실험실 실험으로 분류하기도 하고, 실험집단의 무선화 유무와 관련하여 준실험 설계(quasi-experimental design)와 진실험 설계(true-experimental design)로 분류하기도 한다. 여기에서는 현장연구에서 많이 사용하는 준실험 설계에 대하여 설명하고자 한다.

■ 준실험 설계

실험연구가 선택한 변인 간의 관계를 명확하게 규명함으로써 다른 가설의 가능성을 배제하는 것이 목적이라고 할 때, 실제 교육현장에서는 이러한 실험적 연구 절차로 피험자의 무선화가 곤란하고 가외변인에 대한 엄밀한 통제가 불가능한 경우가 종종 있다. 이 경우 연구자는 진실험 설계의 개략적인 자료를 구하기 위해 준실험 설계를 사용하기도 하는데, 실험 통제를 완전하게 이루지 못한 상황에서 자료를 수집하여 실험적 분석과 해석을 하고자 하는 절차를 일컬어 준실험 설계라고 한다.

준실험 설계의 단점은 피험자들을 각기 다른 집단이나 조건에 무선적으로 배치하지 않는다는 점과 독립변인이 가외변인과 섞여 종속변인의 행동에 변화를 가져올 확률이 진실험 설계보다 높다는 점이다. 따라서 준실험 설계에서는 이러한 통제가 제대로 이루어지지 않기 때문에 해당 연구의 결과를 읽고 해석할 때는 제한점을 고려해야 한다.

준실험 설계는 Campbell과 Stanley(1963)가 처음으로 명명한 실험 설계의 유형으로, 교육현장에서의 실험이 실험실보다 자연집단인 학급에서 더 많이 이루어지고 있으며, 그래야만 실험 결과에 대한 현장 적용 가능성이 더 높아진다는 점에 착안하여 몇 가지 설계 유형을 소개하였다. 즉, 단일집단 사후검사 설계, 단일집단 전후검사 설계, 이질집단 사후검사 설계, 시간계열 설계, 이질통제집단 전후검사 설계 등을 들 수 있다. 실험 설계를 도식화할 때 사용되는 기호로 O는 관찰 또는 측정을, X는 실험 처치 또는 독립변인을, R은 무선 표집 또는 무선 배치를 의미하는 것으로 사용된다.

단일집단 사후검사 설계 단일집단 사후검사 설계(one-group posttest design)는 설계의 가장 단순한 유형으로 일명 일회적 사례연구(one-shot case study)라 한다. 이 설계는 어느 한 집단의 피험자에게 실험 처치를 가하고 그 후에 피험자의 행동을 관찰하도록 하는 것이다. 이를 도식으로 나타내면 다음과 같다.

X	O

이것은 단 하나의 집단에 어떤 조치를 주고 한 번만 관찰해서 효과를 알아보려는 연구 설계로 조건의 통제가 제대로 이루어지지 않는다.

단일집단 전후검사 설계 단일집단 전후검사 설계(one-group pretest-posttest design)는 연구 대상으로 한 집단만 선발하여 실험 처치를 가하기 전에 사전검사를 하고 처치를 가한 후에 사후검사를 하여 두 검사 결과의 차이를 살펴보아 실험 처치의 효과를 검토하는 방법이다. 이를 도식화하면 다음과 같다.

O_1	X	O_2

이것은 단일집단 사후검사 설계를 다소 개선한 것이다. 이 연구 모델의 중요한 특성은 한 집단이 그 집단 자체와 비교되는 점이다. 이론적으로 피

험자의 특성과 연합될 수 있는 모든 독립변인이 통제되기 때문에 표면상으로는 이것이 실험 목적을 달성하기 위한 좋은 방법으로 보인다(Gall et al., 1996). 그러나 결국 차이 점수가 통계적으로 유의미하다 할지라도 점수의 변화에 영향을 미칠 수 있는 다른 많은 요인이 있기 때문에 상황이 그렇게 간단하지는 않다.

시간계열 설계 시간계열 설계(time-series design)는 어느 한 개인이나 집단을 대상으로 하여 종속변인을 주기적으로 측정하고 이러한 측정의 시간계열 중간에 실험적 처치를 도입하는 것이다. 즉, 한 집단의 대상에게 처치를 하되 시간계열에 따라 처치 전후에 검사를 여러 번 반복 실시하여 시간에 따른 변화를 알아볼 수 있는 설계다(Fraenkel et al., 1996). 이를 도식화하면 다음과 같다.

$$O_1 \quad O_2 \quad O_3 \quad O_4 \quad X \quad O_5 \quad O_6 \quad O_7 \quad O_8$$

이 유형은 통제집단을 구할 수 없는 경우에 많이 사용되어 왔으며, 심리치료나 행동수정 등의 분야에 적용되고 있다.

이질통제집단 전후검사 설계 이질통제집단 전후검사 설계(nonequivalent control group pretest-posttest design)는 실험 대상을 무선으로 선발할 수 없는 경우 두 개의 자연집단을 그대로 사용하여 한 집단에게만 처치를 함으로써 실험의 효과를 알아보고자 하는 설계다. 이는 다음과 같이 도식화할 수 있다.

O_1	X	O_2
O_3		O_4

교육연구에서 이 방법은 가장 일반적으로 사용되는 준실험 설계다. 이 설계에는 실험집단과 통제집단이 있지만 두 집단이 실험을 위하여 무선적으로 동질화된 것은 아니다. 대개는 학교나 학급과 같이 피험자 집단을 임의로 구성하기 어려운 경우, 집단을 자연 상태로 그대로 유지한 채 실험집단과 통제집단을 정하여 선발된 두 집단 모두에게 사전-사후 검사를 실시한다(이종승, 1984).

3) 실험연구 시 고려사항

연구자가 관심을 가지고 있는 변인 간의 인과관계를 밝히기 위해 실험을 계획하게 되는데, 이를 실험 설계(experimental design)라고 한다. 어떠한 하나의 실험 설계가 어떤 문제에나 적합하고 모든 조건을 만족시키지는 못한다. 따라서 연구자는 여러 가지 실험 설계의 유형 가운데 적합한 유형을 선택하고 이에 기초하여 자신의 문제를 수정하여 적용할 수 있어야 한다. 이때 연구자가 연구문제에 따라 실험을 설계할 경우 다른 모든 조건이 동일하다면 단순한 설계가 바람직한데, 이는 복잡한 설계일수록 상호작용이나 간섭현상이 잘 일어나며 분석방법에도 문제가 생기기 쉽기 때문이다.

이와 함께 실험 설계의 유형을 선택하거나 설계할 때 고려해야 할 사항(고홍화 외 역, 1989)으로는 연구문제에 대한 해답 가능성, 가외독립변인의 통제, 내적 타당도와 외적 타당도 등이 있다.

(1) 연구문제에 대한 해답 가능성

실험 설계의 주요한 기준 또는 요건은 설계가 과연 연구문제의 해답을 찾아낼 수 있을지, 가설을 적절히 검증할 수 있을지에 대한 질문으로 나타날 수 있다. 즉, 실험 설계는 무엇보다도 연구문제나 가설에 대한 답을 제공할 수 있는가에 따라 검토되어야 한다. 예를 들어, 연구와 관계없는 속성에 대해 피험자를 짝지어 실험집단-통제집단의 설계 형태를 사용하는 것을 들 수 있다. 이 경우 연구문제와 설계가 일치하지 않는 경우를 나타내며, 짝지은 변인이 연구와 무관한 경우가 종종 발생한다.

아무리 우수한 설계일지라도 연구에서 제기된 문제나 가설을 적절하게 검증할 수 없거나 적절한 통제와 조작에 의하여 자료가 모두 수집되었는데도 이를 분석할 통계적 방법이 분명하지 않다면 아무 소용이 없다. 즉, 적절한 분석방법의 유무와 연구 가설의 검증 가능성은 실험 설계를 선택하는 가장 중요한 기준이 된다.

(2) 가외독립변인의 통제

두 번째로 고려해야 할 사항으로는 실험 외적인 변인인 가외독립변인에 대한 통제를 들 수 있다. 가외독립변인은 비록 연구에서 고려해야 할 변인은 아니지만 종속변인에 영향을 미칠 수 있는 변인이다. 이는 실험 설계에서 가외변인을 얼마나 잘 통제할 수 있는가의 정도에 따라 평가된다.

예를 들어, '학습기술 프로그램 적용이 학업성취도에 미치는 영향'에 대한 연구를 하고자 할 때, 종속변인인 성취도에 영향을 미치는 변인 중에 독립변인이 아닌 가외독립변인으로서 실험하고자 하는 집단이 가지고 있는 학습기술 이외에 다른 변인이 성취도에 영향을 미치고 있다고 볼 수 있다. 이들 다른 변인 중에서 지능이 성취도에 영향을 미칠 수 있다면 지능은 가외독립변인이 된다. 이때 가외독립변인인 지능이라는 변인을 통제해야 신뢰할 수 있는 결과를 얻을 수 있다.

그렇다면 가외독립변인을 통제하는 방법에는 어떠한 것이 있을 수 있는가? 첫째는 가외변인을 하나의 변인으로 취급하여 제거하는 것이다. 종속변인에 영향을 미칠 수 있는 어떤 독립변인의 효과를 제거하기 위하여 가능한 한 그 독립변인에 대해 동질적인 피험자를 선발하는 방법이 있다. 앞에서 예를 들었던 성취도 연구를 한다면 지능이 가외변인으로 작용할 수 있으므로 종속변인에 미치는 지능의 영향은 하나의 지능 수준, 가령 지능 점수 90~110 범위 내의 피험자만을 대상으로 해서 집단이 동질성을 갖게 하여 지능이라는 변인을 제거하는 결과를 가져올 수 있다.

둘째, 무선화하는 것이다. 무선화하는 방법은 집단을 선정할 때에 무선 배치하는 것으로, 어떠한 선정 기준을 정해서 규칙을 정하여 집단을 선정하는 것이 아니라 무작위로 실험집단을 선정하는 방법이다. 이는 집단을 선정하는 방법으로 가능한 한 실험집단 및 실험 조건에 피험자를 무선 배치하고 조건들과 기타 변인을 실험집단에 무선 배치하는 것이 가외변인을 통제하는 방법이 된다.

셋째, 가외변인을 하나의 독립변인으로 간주하여 적절히 실험 설계에 포함시키는 것이다. 성(性)을 통제하고자 할 경우에는 성을 하나의 변인으로 설계에 포함시키는 것이 바람직하다. 어떤 변인을 실험 설계에 포함시켜 그 변인을 통제한다는 것이 바로 핵심이다. 그렇게 하면 종속변인의 전체 변량에서 그 변인에 기인한 변량을 추출할 수 있기 때문이다. 즉, 가외변인을 하나의 속성변인으로 연구 설계에 포함시킴으로써 통제할 수 있다. 이렇게 통제하여 종속변인에 미치는 변인의 효과와 다른 독립변인과의 상호작용의 가능성에 대한 가외적 연구 정보를 산출할 수 있다.

넷째, 피험자를 짝짓는 것이다. 짝짓기의 통제 원리는 변량을 통제하는 다른 종류의 통제 원리와 동일하다. 짝짓기는 가외변인을 설계에 포함시킴으로써 그 변량을 통제하는 원리와 유사하다. 그 기본 원리는 변인을 둘 이상의 부분으로 높은 지능과 낮은 지능 수준으로 나눈 다음 각 수준 내에서 무선화를 실시하는 것이다. 피험자를 절반으로 나눔으로써 가외변인의 통제가 설계에 포함될 수 있다.

이 외에도 모든 피험자에게 똑같은 실험 조건을 부여하기 위해서 물리적인 조작을 통해서 실험 외적 변인을 통제하거나, 이것들이 힘들 경우에는 통계적 조작을 통해서 어느 정도의 통제 효과를 얻을 수 있다. 통계적 조작 방법으로는 종속변인에 영향을 준다고 판단되는 중요한 변인에서 실험집단과 통제집단이 큰 차이를 보일 경우 공변량 분석을 이용하여 결과를 비교하는 통계적 조작방법이 있다(이런 통계적 조작방법에 대한 보다 깊이 있는 이해를 원한다면 교육연구법이나 사회과학 연구 통계와 관련된 책을 읽어 보기 바란다).

(3) 내적 타당도와 외적 타당도의 확보

실험 설계 시에는 내적 타당도(internal validity)와 외적 타당도(external validity)를 저해하는 요인을 얼마나 효과적으로 제거할 수 있는가를 검토할 필요가 있다. 여기서 내적 타당도는 실험 처치가 실제로 유의한 차이를 만드는가의 문제를 제시하는 것으로 실험 설계의 통제에 영향을 미치는 모든 것은 내적 타당도의 문제가 된다. 외적 타당도란 실험 결과의 대표성 혹은 일반화 가능성을 의미하는 것으로 다른 대상, 다른 사태에 어느 정도 일반화할 수 있는가를 묻는 것이다.

실험연구의 내적 타당도와 외적 타당도를 저해하는 요인(Campbell, Stanley, 1963; 이종승, 1984)을 제시하면, 다음과 같다.

먼저, 내적 타당도를 저해하는 요인으로는 역사, 성숙, 검사, 도구 사용, 통계적 회귀, 피험자의 선발, 피험자의 탈락, 피험자의 선발과 성숙 간의 상호작용 등을 들 수 있다. 그리고 외적 타당도를 저해하는 요인으로는 검사 실시와 실험 처치 간의 상호작용 효과, 피험자의 선발과 실험 처치 간의 상호작용 효과 등을 들 수 있다.

이상의 연구문제에 대하여 해답이나 가설의 검증 가능성을 검토하고, 실험 외적인 가외변인을 통제하며, 내적 타당도와 외적 타당도를 저해하는 요인을 바르게 이해하고, 가능한 한 제거하거나 통제하여 실험 설계를 해야 한다. 이러한 실험 설계를 바탕으로 실험연구를 실시하여야 타당한 실험 결과를 얻을 수 있다.

4. 상관연구

1) 상관연구의 개념 및 특징

특정한 사건과 사건, 현상과 현상 사이에 존재하는 어떤 종류의 관계를 상관이라고 말하며, 이러한 상호관계를 연구하는 것을 상관연구(correlation research)라고 한다. 상관연구는 어떤 사건이 현상에 내재하고 있는 다양한 변인 간의 관계를 규명하는 것을 주된 목적으로 하며, 하나의 독립된 연구라기보다는 연구과정에서 수집한 연구 자료를 다양한 통계적 방법으로 분석하고 해석하는 데 역점을 둔다. 상관연구는 여러 가지 상관적 통계 방법을 이용하여 변인 간의 관계를 알아보는 방법이다. 일반적으로 상관연구에서는 두 변인 간 상관의 크기, 상관의 방향, 상관의 유형에 관심을 가지고 연구를 수행한다.

상관연구는 연구 과정에서 기술적인 문제나 윤리적인 문제 때문에 연구자가 변인을 통제하거나 조작할 수 없는 자연적인 상황에서 변인 간의 관계를 파악하고자 할 때 사용하는 연구방법이다. 그리고 하나의 연구에서 많은 변인 간의 관련성을 분석할 수 있으며, 연구되고 있는 변인 사이의 관련성 정도에 대한 정보를 제공하는 데 사용할 수 있다.

예를 들어, 교수 능력이 좋은 교사집단과 그렇지 못한 교사집단을 인위적으로 이분하여 교수 능력의 차이를 비교하는 연구를 할 경우 집단 내 교수 능력의 차이 정도는 무시되어 설명이 불가능하다. 이때 상관계수를 이용하여 집단 내 교수 능력의 전체 또는 특정 범위 내의 관련성 정도를 밝혀낼 수 있다.

2) 상관연구의 절차

(1) 연구문제의 선정

상관연구에서 연구문제는 연구 대상이 되는 행동 유형이나 특성을 결정하는 중요한 특정 변인을 확인하는 일부터 시작해야 한다. 이를 위해서는 기존 연구나 이론을 재검토하는 것이 필요하며, 관심을 가지고 있는 행동 유형이나 특성을 결정하는 새로운 변인이나 상관의 발견을 위해서 연구된 자료나 이론적 참고문헌을 통하여 문제를 발견하는 것이 좋다.

(2) 연구 대상의 선택

문헌조사를 통해서 연구문제가 선정되면 조사되어야 할 변인과 관련되어 있는 연구 대상을 선택하는 것이 필요하다. 여기서 주의해야 할 점은 연구 대상이 동질성을 가지고 있어야 한다는 것이다. 만약 연구 대상을 표집한 집단이 너무 이질적이라면 동질적인 하위집단으로 만드는 노력이 반드시 필요하다.

(3) 자료 수집

상관연구를 위한 자료 수집은 일반적인 자료 수집 방법과 동일한 질문지법, 면담, 관찰법, 표준화 검사 등을 모두 사용하여 다양하게 이루어진다. 즉, 양적인 자료와 질적인 자료 모두를 수집하여 활용 가능하지만 양적 형태의 자료는 통계 프로그램(SPSS, SAS 등)을 이용하여 분석하는 것이 편리하다. 그래서 자료 수집을 위한 훈련을 받은 사람이 필요하거나 훈련을 받을 필요가 있다.

(4) 자료 분석 및 해석

수집된 자료는 연구자가 관심을 가지고 있는 현상을 나타내는 변인의 측정점수와 그 현상과 관련이 있다고 여겨지는 변인의 측정점수 간의 상관계수를 구함으로써 분석하게 된다. 이때 상관계수는 SPSS와 같은 통계 프로그램을 이용하여 다양하게 구할 수 있다. 이렇게 구해진 상관계수를 해석할 때는 상관계수의 이론적인 가정과 실용적인 의의, 그리고 상관계수에 영향을 미치는 여러 조건을 고려하여 상대적으로 해석해야 한다.

3) 상관연구 시 고려할 사항

상관연구를 할 때에 고려해야 할 사항이 몇 가지 있는데, 이를 설명하면 다음과 같다.

첫째, 연구자는 변인 간에 나타나는 상관의 발견을 인과관계의 발견으로 가정하지 않도록 유의해야 한다. 이는 변인에 대한 연구자의 통제가 불가능하여 상관이 있는 것으로 밝혀지더라도 인과관계를 설명하지 못하는 제한점을 가지고 있다.

둘째, 연구자가 연구 대상과 관련된 변인을 선택할 때는 선행연구 결과나 이론적인 배경을 가지고 연구 변인을 선택하여야 한다. 변인을 선택할 때 연구자의 상식이나 이해를 통해 임의로 선택하는 것은 연구를 왜곡시킬 수 있기 때문이다.

셋째, 연구자는 통계에 대한 깊이 있는 이해와 다양한 통계방법에 대한 지식을 가지고 연구 자료의 특성이나 변인의 측정 수준에 따라 적합한 통계적 방법을 선택하고 상관계수를 해석해야 한다. 그렇지 않으면 상관계수의 통계적 · 실제적 유의성을 잘못 해석할 수도 있다.

이상에서 설명하였던 대표적인 현장연구의 방법인 사례연구, 조사연구, 실험연구, 상관연구 이외에도 질적 연구방법인 문화기술지연구, 역사연구, 그리고 양적 연구방법인 인과-비교연구, 관찰연구 등이 현장연구 방법으로 활용 가능하다(이에 대한 깊이 있는 이해를 돕기 위해서 교육연구법에 관련된 책을 읽어 보는 것도 좋다).

참고문헌

고홍화, 김현수, 백영승 공역(1989). 사회 · 행동과학 연구 방법의 기초. 서울: 성원사.

김석우(1997). 교육연구법. 서울: 학지사.

김종서(1968). 교육연구의 방법. 서울: 배영사.

박완희(1999). 교과교재 연구 및 지도법: 교육실습의 이론과 실제(개정). 부산: 경성대학교 출판부.

성태제(2002). 교육연구방법의 이해. 서울: 학지사.

이은해(1985). 아동연구법. 서울: 교문사.

이종승(1984). 교육연구법. 서울: 배영사.

정선심(1997). 현장교육연구 논문 어떻게 쓸 것인가. 서울: 교육과학사.

조주행(2000). 현장교육연구 워크숍. 서울: 교육과학사.

한국심리학회 편(1988). 실험심리 연구법 총론-가설설정, 설계, 실험 및 분석-. 서울: 성원사.

황정규(1985). 교육학연구의 방법론. 교육학연구, vol.23, no.3 77-90.

Campbell, D. T., & Stanley, J. C. (1963). *Experimental and quasi-experimental design for research*. Chichgo: Rand McNally.

Creswell, J. W. (2002). *Educational Research: Planning, conducting, and Evaluating Quantitative and Qualitative Research*. Prentice Hall.

Crowl, T. K. (1995). *Fundamentals of Educational Research*. McGraw-Hill Humanities.

Fraenkel, J. R., & Wallen, N. E. (1996). *How to design and evaluate research in education* (3rd ed.). New York: McGraw-Hill. Inc.

Gall, M. D., Gall, J. P., & Borg, W. R. (1996). *Educational research: An introduction* (6th ed.). New York: Longman Publishers.

Glanz, J. (1998). *Action research: An educational leader's guide to school improvement*. Norwood, MA: Christopher-Gordon.

Kemmis, S., & McTaggart, R. (1988). *The action research planner*. Geelong, Victoria, Australia: Deakin University Press.

Kemmis, S., & McTaggart. R. (2000): Participatory action research. In. N. K. Denzin & Y. S. Lincolm (Eds). *Handbook of gualitative research* (2nd ed., pp. 567-605). Thousand Oaks, CA: Sage.

Kemmis, S., & Wilkinson, M. (1998). Participatory action research and the study of practice. In B. Atweh, S. Kemmis, & P. Weeks (Eds.), *Action research in practice: Partnerships for social justice in education* (pp. 21-36). London and New York: Routledge.

Kemmis, S. (1994). Action research. In T. Husen, & T. N. Stlethwaite (Eds.), *International encyclopedia of education* (2nd ed., pp. 42-49). Oxford and New York: Pergamon and Elsevier Science.

Mills, G. E. (2000). *Action research: A guide for the teacher researcher.* Upper Saddle River, Nj: Merrill.

Schmuck, R. A. (1997). *Practical action research for change.* Arlington Heights, IL: IRL/SkyLight Training and Publishing.

Stringer, E. T. (1999). *Action research* (2nd ed.). Thousand Oaks, CA: Sag

Zeichner, K., & Noffke, S. (2001). The new scholarship in teacher education. *Educational researcher, 28*(9), 4-15.

제 2 부

현장연구의 실제

지금까지 현장연구의 개념, 특징, 유형, 방법 등을 살펴보았다. 크게 보면 지금까지의 내용은 현장연구의 이론적인 부분으로 현장연구를 실행하기 위해서 기본적으로 이해하고 있어야 하는 것들이다. 이러한 이론적인 부분은 현장연구의 올바른 실천을 위한 바탕을 제공해 줄 것이다.

현장연구의 연구자들은 교육현장에 발생하는 문제를 직접 다루고 해결하기 위한 방법으로 현장연구라는 방법을 이용하게 되는데, 일반적으로 수업활동 상황이나 학교 및 학급 공동체 속에 직접 참여하여 연구를 실행한다. 이러한 현장연구 실천상의 특징은 자료를 수집·분석하고 문제를 해결하기 위한 다양한 선택에 많은 시간과 노력이 필요하다는 것이다. 그리고 현장연구의 두드러진 특징은 앞 장에서 언급한 것처럼 순환적인 성격이다. 이는 현장연구가 일정한 절차 및 단계적 성격을 가지고 순환적으로 반복된다는 의미를 가지고 있다.

따라서 지금부터 다루게 될 제2부 '현장연구의 실제'는 현장연구를 하는 데 보다 구체적이고 자세하게 연구자가 해야 할 일들을 제시한다. 현장연구의 실제에서 현장연구가 어떻게 실제적으로 이루어지고 있으며, 어떤 구체적인 단계적 절차를 거치게 되는지를 살펴볼 것이다. 그리고 단계별로 지켜야 할 고려사항과 주의사항을 자세히 설명한다.

현장연구에서 실천해야 할 단계들은 순환적인 성격을 가지면서 동시에 역동적이고 유연한 과정을 거친다. 여기서 진행되는 단계와 방법에 관한 절차는 건물을 지을 때 필요한 설계도와 같이 정해져 있는 것이 아니다. 그러나 이 장에서 제시하는 여러 단계와 방법은 현장연구를 통해서 보고서를 작성하는 데 활용할 수 있는 일반적인 절차라고 할 수 있다.

현장연구의 수행 절차에 대해 여러 학자의 다양한 주장이 있지만, 이 장에서는 다음의 8단계를 제시한다.

① 연구 초점 잡기
② 연구 주제 및 문제 선정하기
③ 문헌 및 선행연구 고찰하기
④ 연구 설계하기
⑤ 연구 대상 선정 및 도구 제작하기
⑥ 연구 실천하기
⑦ 연구 보고서 작성하기
⑧ 연구 평가하기

제6장 현장연구의 단계적 실천

이제 이러한 현장연구의 단계별 절차에서 필수적으로 고려하여야 할 사항을 알아볼 것이며, 중학교 A 교사의 현장연구 사례를 예로 제시하여 현장연구가 어떻게 계획되고 실행되는지 설명하고자 한다.

학습과제

1. 현장연구의 단계적 절차를 알아본다.
2. 현장연구의 단계적 절차에 따른 고려사항을 알아본다.
3. 현장연구 보고서를 작성하는 방법을 알아본다.

1단계 연구 초점 잡기

> A교사는 현장연구에 관한 연수 과정을 마치고 연구를 시작하게 되었다. A교사는 자신이 가르치고 있는 학급이 더 나은 학습활동이 이루어지도록 하기 위해 학생들의 집단을 어떻게 배치하고 편성할 것인지에 관한 연구를 하고 싶었다. A교사는 먼저 학생들의 집단 편성과 책상 배치를 마제형 모양으로 배치해 보고, 학생들에게 자신의 모둠에서 활동할 수 있도록 자료를 제시하면서 상호작용을 유도하였다. 그런데 이러한 책상 배치가 학생들이 모둠으로 변환하는 데 어려움을 가지게 한다는 사실을 알게 되었다. 학생들의 책상이 일단 움직였는데, 학생들과 책상이 어떤 모둠에 속해 있다고 말하기가 어려웠고, 교사와 칠판을 옆으로 보게 되는 학생이 너무 많게 되는 것이다. A교사는 이와 같은 사실을 알아내는 데 시간을 낭비하였으며, 결국에는 모둠활동에 이러한 책상 배치는 잘못되었음을 알게 되었다.
>
> 어떻게 집단을 편성하고 책상을 배치하면 학습자의 학습활동을 더 높일 수 있을까? A교사는 계속 고민하게 되었으며 옆에 있는 동료 교사에게 물어보기도 하고, 여러 자료를 찾아보기 시작하였다.

이 중학교 A교사의 경우처럼 현장연구를 시작하는 단계에서 제일 먼저 해야 할 일은 연구자의 문제 인식이다. '이러한 교육현상이 왜 일어나는가? 우리 학급에서 이러한 문제가 발생하는 원인은 무엇이고, 그 원인이 어떠한 결과를 가져오는가? 어떤 학습이나 훈련 프로그램을 적용하면 어떤 효과를 가져오는가?'와 같이 연구자가 처음 갖게 되는 연구에 대한 문제 인식이 이루어지는 단계가 바로 연구 초점 잡기다.

연구 초점 잡기는 연구를 시작하기에 앞서 여러 조건을 확인하고 정비하는 단계다. 먼저, 연구의 초점 잡기 과정에서는 지금까지의 문제 인식과 발견한 것을 공유하는 협력적인 자세가 필요하다. 내가 연구하고자 하는 연구문제에 대하여 평소에 관심이나 흥미를 가지고 있는 동료 교사가 있는지 알아보고, 여러 교육 자료를 공유하며 함께 개발 · 활용하려는 자세가 요구된다. 즉, 함께 문제 해결 방안을 논의할 수 있는 사람과 옆에서 도와줄 수 있는 협력자를 찾아보는 것이다.

또한 연구자 스스로 여러 형태의 자료 수집에 대한 이해가 요구되는데 양적 · 질적 모두에 걸친 연구방법을 이해하고 정보 수집도 해야 한다. 내가 관심을 가지고 있는 연구 영역이나 연구 주제가 어떠한 연구방법으로 연구할 수 있으며, 관련된 문헌이나 선행연구로 어떤 것들이 있는지 개략적으로 자료를 수집하고 읽어 보아야 한다.

이상에서 설명한 것처럼 연구 초점 잡기에서는 현장연구자들이 연구를 위해 지켜야 할 많은 고려사항을 생각해 보아야 한다(Schmuck, 1997). 자료 수집에서 시작하여 존재하는 자료 평가, 실행을 위한 활동 계획하기 등 [그림 6-1]을 보면 현장연구 단계에서 고려해야 할 사항을 제시하고 있다. 이러한 고려사항을 참고하여 연구 초점 잡기 단계에서 현장의 문제를 바르게 인식하고, 연구를 시작하기에 앞서 고려해야 할 사항을 확인하고 정비하게 된다.

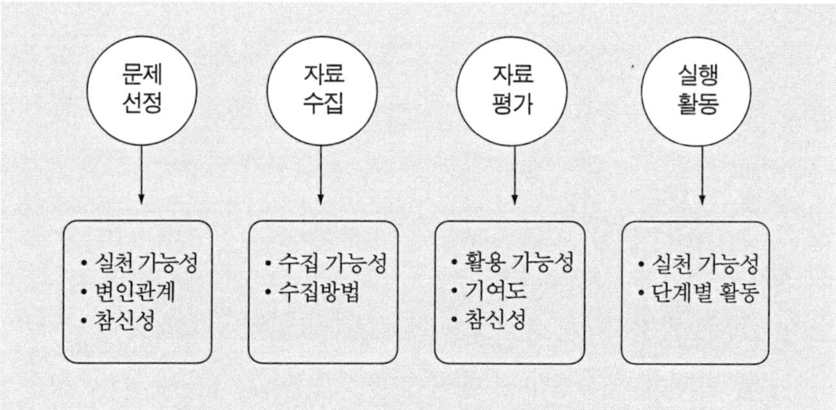

[그림 6-1] 연구 단계에서 고려할 사항

2단계 연구 주제 및 문제 선정하기

> A교사는 지난 번 마제형의 책상 배열이 실패한 것을 바탕으로 집단 편성과 책상 배열의 변화에 대해 학생들에게 물어보고 이야기를 듣고 기록하였다. 이러한 과정을 거치고 A교사는 겨울방학 이후에 스스로 변하게 되었다. 책상을 '삼각형'으로 배열하는 것(책상 3개를 한 그룹)을 시도하였는데, 이러한 책상 배열은 학생들이 서로 독립적이지 않고 모든 학생이 칠판을 볼 수 있도록 하는 형태였다. 그리고 다음날 학생들에게 자신이 앉고 싶은 자리에 앉게 하였다. A교사는 이 날이 '교사생활에서 가장 어려운 날 중의 하루였다.' 고 표현하고 있다. 왜냐하면 수업시간에 과제 수행이 제대로 이루어지지 않았기 때문이다. 결국 A교사는 학생들의 집단을 나누고 함께 활동할 때에 지켜야 할 규칙을 준비하였다. 또한 학생들이 학습할 때 상대방을 존중할 필요성을 강조하였고, 교사의 가르칠 권리를 설명하였다. 이렇게 한 후 집단 편성과 활동에 관련된 장애물과 큰 문제는 없었다.
>
> 이제 A교사는 지금까지의 문제 인식과 자료를 바탕으로 연구 주제를 진술해 보고, 이러한 연구 주제에 따라 구체적으로 해결해야 할 연구문제를 몇 가지 선정하여 진술해 보았다.

좋은 현장연구 주제 및 문제는 어떻게 선정할 것인가? 연구 주제 및 문제는 교사 개인에게 중요한 것이어야 하며 학습자와 학교 전체에 의미 있는 것이어야 한다. 즉, 교육현장의 구성원의 삶과 연관되어야 하므로 전형적으로 현장연구는 현장의 교육현상으로 새로운 교수전략, 평가도구, 문제해결을 위한 가설 등을 포함한다.

연구의 초점 잡기에서 개략적인 연구 주제가 이미 마음속에 결정되었다면 이제 2단계인 연구 주제 및 문제 선정이 이루어져야 한다. 먼저 좋은 연구 주제를 정하기 위해 브레인스토밍(brain storming)을 하는 것이 좋다.

연구 주제가 교육 상황에서 실제적으로 나타나는 것인지, 그에 대한 해결책을 찾아낸다면 현장의 발전을 가져올 수 있는 것인지 생각해 보아야 한다. 또한 개략적으로 참고문헌과 선행연구를 검색해 보고 자료들이 문제를 해결하는 데 유용한 것인지를 생각해 보아야 한다. 연구 과정 초기에 연구자들은 현장연구를 실시하는 데 필요한 자료를 획득할 수 있을 것인지를 확인하여 연구 주제를 선정하는 것이 중요하다. 그리고 이렇게 선정된 연구 주제와 그에 따른 연구문제는 스스로 평가해 보아야 하며 동료, 학교장, 전문가와 함께 의논하여 정하는 것이 좋다.

1) 개략적 연구 주제 진술

개략적인 연구 주제 진술을 위해서는 먼저 연구자의 마음속에 있는 연구 주제에 관해 다양한 관점에서 생각해 보아야 한다. 연구 주제가 우리 학급이나 학교에서 실제 나타나는 것이며, 해결책을 찾아낸다면 현장의 발전을 가져올 수 있는 것인가 생각해 본다. 그리고 실제 연구 주제로 정해진다면 연구자 자신이 해결할 수 있는지, 해결하려면 어떤 연구방법, 어떤 연구 설계 및 도구를 이용해야 하는지 등에 관해 고려해 보고 개략적으로 연구 주제를 진술해 본다. 이때 연구 주제는 한 가지만 진술하지 말고 여러 가지로 진술해 보는 것이 좋다.

2) 참고문헌 및 선행연구 검색

개략적인 연구 주제와 관련된 참고문헌과 선행연구 분석을 통해서 주제에 접근한 최신의 연구 보고서, 연구 논문, 참고문헌 등을 살펴본다(Tip 연구 주제 선정을 위한 참고 주제 및 사이트 참고). 또한 전문가나 해당 분야 연구자(교수, 교과전문가 등)와 선행 연구자, 동료 교사와 상담을 통해서 현장연구에 적합한 주제를 선정한다.

주제나 일반적인 문제를 정할 때 자신이 연구가 가능한 범위 안에서 주제를 좁게 잡는 것이 필요하다. 이를 위해서는 선정한 주제에 관해 더 깊이 있는 이해를 돕고자 관련된 참고문헌이나 연구 논문을 많이 읽어 볼 필요가 있다. 이렇게 연구 논문 검색은 새로운 아이디어를 제공해 주며, 가능성이 있는 실제적인 연구문제를 정하는 데 도움을 준다. 예를 들어, 연구 주제가 '수업 시작 단계에서 학습 집중을 향상시키는 방안 연구' 라고 할 때, 연구자는 관련 연구 논문을 검색해 읽어 보고, 수업 시작에서 공통적으로 학습자에게 사용하는 방법, 학습자의 주의를 집중시키는 방법, 그 외 학급을 관리하는 전략을 찾아보고 이해할 수 있다(이러한 연구 주제 선정을 위한 참고문헌 및 선행연구 검색은 '3단계. 문헌 및 선행연구 고찰' 에서 자세하게 다루고 있으므로 참고하기 바란다).

따라서 이러한 참고문헌과 관련 연구 논문 검색은 주제에 관한 정보를 얻을 수 있게 되어 개략적인 주제를 선정할 수 있으며, 연구 가능한 연구문제를 만들 수 있도록 한다.

3) 연구 주제의 유형 이해

이상과 같은 활동을 통해서 연구 주제를 선정하게 되면 적합한 연구 주제를 진술하게 된다. 이때 연구 주제 및 문제 진술에 앞서 어떤 연구 주제의 유형이 있는지 아는 것은 도움이 된다. 연구 주제가 너무 다양하고 많기 때문에 현재 다루고 있는 연구 주제를 분류하여 몇 가지 유형으로 나누어 보면, 어떠한 연구 주제를 선정하여 어떻게 진술할 것인지를 짐작할 수 있다. 임두순(2003)은 연구 주제의 유형을 〈표 6-1〉과 같이 분류하고 있다.

〈표 6-1〉 연구 주제의 유형

유 형	예 시
자료 개발을 중심으로 한 유형	• ○○ 학습 자료 개발 연구
개선을 중심으로 한 유형	• ○○ 과 교수-학습 방법 개선 연구 • ○○ 실태조사를 통한 ○○ 개선 연구
교육과정 편성 및 운영 유형	• ○○ 계 교육과정 편성 및 운영에 관한 연구
자료 적용 및 응용 유형	• ○○ 자료 활용을 통한 사고력 증진 연구
실험연구 유형	• 학습전략별 효과에 관한 실험연구 • 자료 유형별 집중력 증진 연구
상관연구 유형	• 지능과 학업성적 간의 상관연구 • 출생 서열과 책임감의 상관연구
조사연구 유형	• 컴퓨터 활용에 관한 실태조사 연구

4) 연구 주제 및 문제의 진단

연구 주제를 선정하고 진술하였다면 지금 선정한 연구 주제가 바르게 선정되고 진술되었는지 평가 기준을 가지고 평가해 보고, 적절성을 확인할 필요가 있다. 다음과 같은 몇 가지 평가 기준에 해당하는 질문을 통해서 자신이 선정한 주제나 문제를 평가해 본다.

- 연구자 자신의 능력으로 연구할 수 있는 주제인가?
- 연구 기간은 충분하고 자료 수집은 쉬운 주제인가?
- 새롭고 창의적인 주제인가?
- 연구를 통해서 얻은 결과가 교육현장에 효과적으로 적용 가능한가?
- 변인 간의 관계를 연구할 것인가, 1개의 변인만을 가지고 연구할 것인가?
- 인지적 · 정의적 · 심동적(행동적) 영역 중에서 어떤 영역에 관한 연구인가?
- 어떤 연구방법을 정하여 적용할 것인가?
- 거시적 측면의 연구인지, 미시적 측면의 연구인지가 분명한가?

- 연구 실행에서 소요되는 경비와 노력이 적절한 연구인가?
- 연구를 위한 전문가, 동료 교사 등 도움을 줄 인적 자원은 확보 가능한가?

이러한 평가 기준을 가지고 선정된 연구 주제를 평가해 보고, 문제점이 발견되거나 적절하지 못하면 연구 주제를 수정하여 최종 연구 주제와 문제로 진술한다(연구 주제와 문제의 진술에 대한 설명은 이 단계에서 더 이상 다루지 않고 '7단계. 연구 보고서 작성하기' 에서 보다 구체적으로 다루고자 한다).

5) 연구 주제 및 문제 선정 시 고려사항

연구 주제 및 문제를 선정하려고 할 때 이미 연구가 너무 많이 되어 있거나 같은 주제가 학회지 등에 실려 있는 경우가 있다. 이러한 연구 주제는 처음부터 문헌조사를 하지 않는 것이 좋다. 반대로 너무 생소하고 독창적인 연구 주제를 잡게 되면 참고할 자료나 정보가 충분하지 않아 연구를 시작하는 데 어려움이 있을 수 있다. 그래서 어느 정도 선행연구가 이루어져 있어 기존의 정보와 자료를 활용할 수 있는 주제를 선정하는 것이 좋다. 예를 들어, 연구 주제가 '학습자의 지능이 학업성취도에 미치는 영향' 과 같은 연구는 연구가 너무 많이 이루어져 있어 문헌조사를 할 필요가 없을 것이다. 반면에 연구 주제가 '자기주도적 학습능력을 향상시키기 위한 학습기술 구안 및 적용' 이라면 연구해 볼 가치가 있다. 이렇게 문헌조사의 필요성은 단순히 연구 주제의 성격에 따라 달라질 수 있는 것이다.

그 외에도 연구 주제 및 문제를 선정할 때 고려해야 할 사항은 많은데, 이는 연구 주제 및 문제를 선정하는 것이 연구를 시작하는 데 가장 중요한 단계이기에 무엇보다 신중하게 고민해야 함을 의미한다. 이에 연구 주제와 문제 선정 시 고려해야 할 사항을 정리하면 다음과 같다. 이는 연구 주제 및 문제 진단 시 평가 기준과 비슷하다.

- 기존의 많은 정보를 활용할 수 있는 선행연구에서 연구 주제를 찾는다.
- 자료 수집이 쉬운 주제를 선택하는 것이 좋으며, 주로 학교나 교육청 등의 기관에 자료가 많은 것을 선정하는 것도 좋다.
- 연구 주제에 관해 연구자가 잘 알고 있고 적용 가능한 연구방법이 있는 주제를 선택한다.
- 자료 처리와 검증방법을 신중하게 고려하여 컴퓨터를 활용하는 방안을 생각한다.
- 연구를 시작하기 전에 전문가나 동료 교사와 상의한다.
- 너무 생소한 주제가 아니면서 참신하고 창의적인 주제를 선정하는 것이 좋다.

이러한 연구 주제 및 문제 선정 시 고려사항을 잘 지켜서 선정한다면 좋은 주제나 문제를 선정하고 진술할 수 있을 것이다. 그렇다고 너무 고려사항에 매여서 제한되거나 지나치게 새롭고 창의적인 주제를 선정하고자 애쓴다면 오히려 좋은 주제나 문제를 선정하는 데 부담이 되어 방해가 될 수 있다. 그러므로 처음에는 자유롭게 써 보고 조금씩 다듬어 가면서 최종 연구 주제 및 문제를 선정하고 진술하는 것이 바람직하다.

Tip 연구 주제 선정을 위한 참고 주제 및 사이트

최근 교육연구 동향과 교육의 현안 과제와 관련 있는 주제

- **열린교육과 관련된 주제**: 개인차에 따른 개별화 · 개성화 교육, 수행평가 등
- **인성교육과 관련된 주제**: 가치관 교육과 기본 생활습관 형성, 공동체 의식 등
- **컴퓨터와 관련된 주제**: 멀티미디어 활용 교수-학습 방법, PC를 활용한 ICT 교육 등
- **새로운 연구방법에의 접근과 관련된 주제**: 질적 연구방법, 특별한 통계기법을 이용한 연구 등

- **교과와 관련된 주제**: OO과 교수-학습 자료 개발, 교수-학습 모형 개발, 평가 모형 개발 연구 등
- **특별활동과 관련된 주제**: OO반 운영을 통한 협동심 신장 연구, OO반 체험 활동을 통한 탐구의식 변화 연구 등
- **교육행정과 관련된 주제**: 교장의 리더십, 조직 건강에 관한 연구 등
- **생활지도와 관련된 주제**: 담임교사의 상담 역할에 따른 학생의 인성 변화에 관한 연구 등
- **교육과정 운영과 관련된 주제**: 중학교 재량활동 시간 운영, 방과 후 활동, 수준별 교육과정, 특별활동 운영에 관한 연구
- **기타 주제**: 창의성 교육, 진로교육, 환경교육에 관련된 주제, 폭력 예방, 보건, 성(性)교육, 상담 등

▷ 현장연구의 주제 선정을 위한 참고 사이트

- 국가전자도서관 http://www.dlibrary.go.kr: 전자도서관 이용
- 국회 도서관 http://www.nanet.go.kr: 국립중앙도서관, 국회도서관 등 8개 기관 이용
- 한국교육학술정보원 http://www.riss4u.net
- 전국 규모 현장연구대회 사이트
  - 인성교육실천사례 연구발표대회 교육인적자원부 http://www.moe.go.kr
  - 올해의 스승 교육발전연구실천대회 교육인적자원부 http://www.moe.go.kr
  - 교실수업개선실천사례 연구발표대회 교육인적자원부 http://www.moe.go.kr
  - 전국교육용소프트웨어 공모전 http://www2.edunet4u.net/contest.main.php
  - ICT 활용 교육연구대회 http://www.edunet4u.net
  - 전국학교체육연구 논문발표대회 http://www.sports.or.kr
  - 전국교육자료전 http://www.kfca.or.kr
  - 전국현장교육연구대회 http://www.kfca.or.kr
  - 전국초등교육연구대회 http://www.saegyosil.com
  - 전국과학전람회/전국학생과학발명품경진대회 학생작품지도논문연구대회 http://www.science.go.kr/center/html/exhibit.htm
  - 전국교원발명연구대회 http://users.unitel.co.kr/~unikasi
  - 과학교육연구대회 http://www.kofses.or.kr
  - 전국열린교육연구발표대회 http://www.openedu.or.kr
  - 전국교육용소프트웨어 공모전 http://www.keris.or.kr

3단계 문헌 및 선행연구 고찰하기

> A교사는 연구 주제를 '효과적인 학습을 위한 집단 편성과 책상 배열 방안'으로 정하고, 연구 주제와 관련된 문헌 및 선행연구를 찾아보기 위해서 먼저 컴퓨터를 이용하여 웹 사이트 자료를 검색해 보았다. 검색엔진과 각종 현장연구대회를 개최하고 있는 기관의 전자도서관, 자료실 등을 검색하여 관련 자료를 찾아서 읽어 보았다. 그리고 관련 선행연구 자료에서 찾은 참고문헌을 직접 서점에서 구입하거나 지역 및 대학 도서관에서 열람하여 읽어 보고 연구 주제와 연구문제에 대한 이해를 높였다. 또한 이렇게 참고문헌 및 연구 논문에 대한 문헌 검색을 통해 얻은 다양한 자료를 분석하여 각 자료가 연구의 서론, 이론적 배경, 연구방법, 연구 설계, 연구 실행, 결과 및 논의, 결론 등에서 어떤 시사점을 주는지를 분석하고 정리하였다.

다양한 문헌 및 선행연구 자료는 연구문제 해결을 위하여 도움을 주게 되므로 문제 해결을 위해 연구 자료를 수집하는 일은 무엇보다 중요한 활동이라고 할 수 있다. 연구 자료를 수집하는 방법에는 여러 가지가 있겠지만, 보편적으로 가장 많이 사용하는 방법은 연구 논문과 기존에 있는 자료들을 검색하여 자료를 수집하는 방법이다. 이러한 자료 수집은 연구활동의 계획과 실천을 구체화하도록 도와준다. 따라서 선정한 연구 주제와 관련된 선행연구 논문과 참고문헌을 살펴보고 문제 해결을 위해서 충분히 읽고 이해해야 한다.

문헌과 선행연구 고찰의 목적은 크게 연구문제 한정, 새로운 방법 발견, 비효율적인 접근 예방, 문제 해결을 위한 방법적 통찰, 후속연구를 위한 제언 등을 위해서 하게 된다. 먼저, 연구문제 한정과 새로운 방법 발견을 위한 문헌 및 선행연구 검색에 대한 설명은 '2단계. 연구 주제 및 문제 선정하기' 에서 한 것처럼 연구자들이 문헌 고찰을 통해서 자신의 연구문제의 범위를 명확하게 한정하는 데 도움을 얻을 수 있게 해 준다. 또한 자신의 관심 영역에서 연구가 어떻게 이루어졌는지 살펴보고 다른 연구자들이 간과한 연구문제를 새롭게 포착하여 연구할 수 있도록 도와준다.

그리고 문헌 및 선행연구 고찰을 통해서 사전에 무의미한 연구 효과를 발견함으로써 비효율적인 접근을 하지 않게 되어 불필요한 시간 낭비를 줄일 수 있으며, 연구 결과 이외에 문헌 및 선행연구를 고찰하다 보면 문제를 해결하는 과정에서 발생하는 실수를 줄일 수 있는 방법을 찾을 수 있다. 또한 선행연구의 후속연구 제언을 살펴봄으로써 연구의 핵심 아이디어를 발견하고 연구하여 의미 있는 연구 결과를 후속연구에서 다시 제시할 수 있다.

1) 문헌 및 선행연구 고찰의 종류

문헌 및 선행연구 고찰에서 찾아보게 되는 자료의 종류는 크게 예비 자료(preliminary sources), 1차 자료(primary sources), 2차 자료(secondary sources)로 나눌 수 있다. 예비 자료는 관련 문헌을 요약하여 출처를 알려 주는 자료로서 문헌 고찰을 위한 도구라고 할 수 있다. 여기에는 색인(index), 초록(abstract), 서지(bibliography)가 있다. 그리고 1차 자료는 연구자가 직접 연구에 참가하여 관찰한 결과를 기록한 보고서나 교육현상에 대한 자신의 이론이나 의견을 담은 보고서로서 관련 서적, 연구 논문, 보고서, 학술지 등이 해당된다. 2차 자료는 연구자가 연구에 직접 참가하여 관찰하지 않은 자료로서 인용되어 있거나 1차 자료를 참고하여 쓴 것으로 교과서, 백과사전, 안내서, 잡지, 평론기사 등이 해당된다.

자료 중에서 가장 많이 활용되는 자료는 1차 자료로서 대학 도서관, 출판사, 서점 등을 통해서 직접 복사하거나 대출 · 구입하여 활용 가능하며, 요즘은 인터넷 검색을 통해 파일 형태로 논문을 다운로드 받아 사용할 수 있다(현장연구를 위한 문헌 및 선행연구 고찰을 위해 활용할 수 있는 사이트를 앞서 제시한 'Tip 연구 주제 선정을 위한 참고 주제 및 사이트' 를 참고하여 검색하면 다양한 자료를 찾을 수 있을 것이다).

2) 문헌 및 선행연구 고찰의 절차

문헌 및 선행연구를 고찰하는 데 시간과 노력을 절약하고 효율적으로 검색하기 위해서는 다음과 같은 절차를 따르는 것이 좋다.

연구문제 한정 → 참고문헌 및 핵심어 목록 작성 → 자료 탐색
→ 자료 핵심 내용의 읽기, 요약, 종합

(1) 연구문제 한정

연구자가 문헌을 고찰할 때 가장 먼저 할 일은 연구문제가 구체적이고 명확하게 진술되어 있는지를 확인하는 것이다. 즉, 관심 있는 연구문제를 구체적인 범위로 좁혀 나가서 문헌 및 선행연구를 고찰해야 시간과 노력의 낭비를 줄일 수 있다. 예를 들어, '부모교육 프로그램에 관한 연구' 라고 진술하기보다는 구체적이고 명확하게 '부모교육 프로그램의 내용 구성에 관한 연구' 로 진술하는 것이 좋다.

(2) 참고문헌 및 핵심어 목록 작성

연구 주제와 관련된 자료를 탐색하여 필요한 참고문헌을 체계적으로 정리하고, 연구문제 진술에서 가장 중요한 핵심어 목록을 작성하는 것이 좋다. 이러한 참고문헌 및 핵심어 목록을 작성하는 것은 다소 번거로운 면이

있지만, 참고문헌 및 핵심어를 정리하고 그 뜻을 명확하게 파악하면 자료 탐색이 훨씬 쉬워지고 보고서를 쓸 때나 참고문헌을 정리할 때 효율적으로 사용할 수 있다.

그 양식은 정해진 것은 아니지만 저자, 발행 연도, 책명(제목), 판수, 출판지명, 출판사명, 핵심어, 자료를 구할 수 있는 장소 등과 같은 사항들이 포함되어 있어야 한다. 대표적인 양식의 예는 〈표 6-2〉와 같다.

〈표 6-2〉 참고문헌 및 핵심어 목록 양식

저자명	발행 연도	책명 (제목)	판수 (초판이 아닐 경우)	출판 지명	출판 사 명	자료를 구할 수 있는 장소	핵심어
김석우	1997	교육 연구법	3판	서울	학지사	대학 도서관 및 서점	교육연구 방법 등

(3) 자료 탐색

핵심어 목록을 바탕으로 1, 2차 자료 구분 없이 연구 주제 및 문제와 관련된 참고문헌 및 선행연구 자료를 가능한 모두 찾아야 한다. 문헌 고찰의 질은 연구문제와 관련된 자료를 얼마나 빠짐없이 수집하였는가에 달려 있다. 그리고 문헌을 검색할 때 되도록 최근에 연구된 것을 찾아보는 것이 좋은데, 최근의 연구된 지식의 습득과 관련 분야의 연구 동향을 알 수 있어 연구자의 연구 방향에 대해 다시 살펴볼 수 있는 기회가 되기 때문이다.

(4) 자료 핵심 내용의 읽기 · 요약 · 종합

연구자는 검색한 자료를 읽어 핵심적인 내용을 이해하고 요약 · 종합하여 문헌 고찰을 마무리하게 된다. 자료를 정리하는 방법으로는 컴퓨터를 이용하여 필요한 주요 내용을 간단히 정리하여 파일 형태로 저장한다. 자료 요약 파일에 들어갈 내용으로는 제목, 연구 목적, 연구문제, 연구 가설

(실천 가설, 실태 가설, 실천과제, 실행과제), 연구 절차 및 방법(실행 단계), 조사 결과, 결론, 특기사항 등이 있다. 대표적인 양식의 예를 제시하면 다음과 같다.

〈자료 파일 양식〉

1. 제목

   뇌 친화적 언어활동 프로그램 구안 · 적용을 통한 아동의 언어 사용 기능 신장 방안

2. 연구 목적

   뇌 친화적 언어활동 프로그램을 개발하여 적용해 보고 국어과에서 아동의 언어 사용 기능 신장을 위한 방안을 제시하고자 함

3. 실천과제

   '뇌 친화적인 기초 · 기본 다지기 언어학습 전략을 구안하여 적용한다. 뇌 친화적 언어학습 자료를 제작 · 활용한다. 뇌 친화적 언어학습을 교육과정에 적용한다. 뇌 친화적 언어 교수-학습 활동을 실천한다.' 의 4단계 실천과제 제시

4. 연구방법(절차)

   단일 집단(한 학급)에 대하여 뇌 친화적 언어활동 프로그램의 적용 전과 후에 언어 사용 기능을 검사하여 나온 점수를 t-검증(통계 프로그램 이용)을 실시하여 비교함

5. 연구 결과

   t-검증 결과 뇌 친화적 언어활동 프로그램의 적용 전과 후에 언어 사용 기능 검사 점수 차이가 의미 있게 나타남 등

6. 결론

   기초 · 기본 다지기 뇌 친화적 언어학습 전략의 구안 및 적용은 아동 각자의 뇌 성향에 부합한 자발적인 언어활동을 유도함으로써 듣기, 말하기, 읽기, 쓰기 등의 언어 사용의 기 초 · 기본 능력 신장에 교육적 효과가 있었음 등

7. 특기사항, 장점, 단점, 연구의 한계(생략)

4단계 연구 설계하기

> A교사는 질문을 통해서 사회성 지도를 그리기 시작하였다. '학급에서 과제를 받았다면 여러분은 누구와 함께 일하고 싶고, 누구와 함께 일하기 싫은가?' 학생들은 '그것은 의미 있는 질문이다. 나는 ○○과 함께 활동하고 싶다. 그 이유는……(생략)' 와 같이 답변하였다. A교사는 이런 반응을 통해 연구에서 '정보를 다른 학생들과 나누는 것을 원하지 않는다.' 는 사실을 확인하였다.
>
> 사회성 지도 자료는 A교사 학급의 사회적 구조를 알 수 있도록 하였다. 그 결과를 이용하여 A교사는 학생들이 더 나은 상호작용 및 학습활동을 할 수 있는지를 시험하기 위해서 두 집단의 학생들이 자신의 집단 구성원을 직접 선정하도록 하여 집단을 조직하였다. A교사는 '학생들의 성숙 수준이 그들 자신의 집단을 구성하는 데 중요한 요소가 된다.' 는 것을 알게 되었다. 그리고 사회성 지도 자료는 혼자 되는 학생들을 집단에 포함시킬 수 있는 방안을 찾도록 만들어 주었다.

연구의 계획은 실행될 새로운 교육적 실천에 관한 체계적이고 형식적인 진술로 이루어진다. 즉, 교육현장에서 발생하는 문제를 해결하기 위한 새롭고 대안적인 접근법을 계획하거나 동료 교사, 지역 교육청, 지역 학교나 교육공동체 등과 교육적 문제에 대해 함께 논의하며 알게 된 자료와 정보를 공유할 수 있도록 계획된다. 이러한 연구 계획을 세우고자 할 때 가장 중요한 것은 연구문제를 해결하기 위해 도움이 될 수 있는 새로운 아이디어를 찾아내는 전략을 가져야 한다는 것이다.

일반적으로 연구 계획에 포함되어야 할 사항을 정리하면 다음과 같다. 현장연구를 위한 계획에는 현장연구 방법 선정, 연구 절차, 연구 설계 등이 계획 단계에서 이루어져야 한다. 연구 계획은 연구를 수행하는 데 체계적인 바탕을 제공하게 되므로 보다 질적으로 향상된 연구는 연구 계획을 얼마만큼 철저하게 세우느냐에 달려 있다고 해도 과언이 아니다.

1) 연구방법의 선정

먼저, 연구 주제 및 문제가 결정되면 연구방법을 선정해야 한다. 현장연구방법은 다양하기 때문에 명확하게 분류하기는 어렵지만, 실제 현장연구 보고서들을 분석해 보면 크게 앞에서 언급한 것처럼 진단형 현장연구, 실천형 현장연구, 실험형 현장연구 등으로 나눌 수 있다(만약 자신의 연구 주제 및 문제가 선정되었다면 '제4장 현장연구의 특징 및 유형'을 자세히 읽어 보고 어떤 현장연구 유형에 속하며, 어떤 방법으로 해결할 수 있는지를 생각해 보는 것이 좋다).

이처럼 일반적으로 연구 주제 및 문제에 따라 어떤 연구방법이 적절할 것인가를 판단하여 연구방법을 선정하고, 선정된 연구방법에 적합한 연구 절차와 연구 설계를 계획한다.

2) 연구 절차 및 설계

여기서 제시하는 진단형 현장연구, 실천형 현장연구, 실험형 현장연구에 따른 대표적인 연구 절차 및 설계 유형 세 가지는 현장연구에서 많이 적용되고 있는 방법이다. 주로 양적 연구방법을 중심으로 설명한다.

(1) 현장연구 절차 및 설계 유형 1

현장연구 절차 및 설계 유형 1은 현장연구의 가장 대표적인 유형으로 진단형 현장연구인 학급이나 학교에서 발생하는 문제행동의 원인을 진단하고 이를 해결하기 위한 방법을 세워 실천하는 현장연구에서 주로 적용된다. 연구 절차는 문제 발견, 문제 분석, 가설 형성, 실험 및 실천, 검증 및 평가 등의 절차를 따른다. 연구 설계는 양적 연구 및 질적 연구 모두 가능하고 실험연구일 경우 크게 단일집단 전후검사 설계, 시간계열 설계 등이 주로 사용된다(제5장의 실험연구 설계 유형 참고).

이 유형은 학교현장에서 교사가 자신이 지도하는 학급을 대상으로 사례연구나 학습부진아, 학교생활 부적응 학생 등의 발생 원인을 찾아 이를 해결하는 데 적용할 수 있으며, 정책연구학교[1]나 실험학교[2]에서 교육문제의 해결방안을 연구·개발하고 실행하여 일반화의 가능성을 검토할 때 사용할 수 있다.

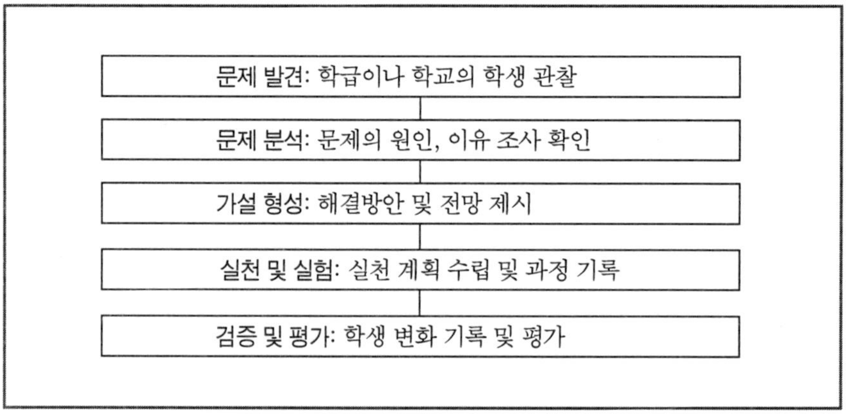

[그림 6-2] 현장연구 절차 및 설계 유형 1

(2) 현장연구 절차 및 설계 유형 2

현장연구 절차 및 설계 유형 2는 실천형 현장연구에서 적용할 수 있다. 즉, 이미 연구되어 발견된 교육 원리나 법칙, 개발된 프로그램 등을 적용하여 보다 개선된 교육 실천을 위해 실행 목표나 가설을 세워 실천하는 연구에서 주로 사용하는 연구 절차 및 설계 유형이다. 연구 절차는 문제 발견, 기초 자료 수집 및 계획 수립, 실천 계획 수립, 실천방법의 선정 및 실행 목

1) 교육과정, 교육방법 및 교육 자료 등에 대한 연구·개발을 목적으로 하는 연구학교.

2) 교과용 도서, 개발된 교육 이론 및 방법, 교육정책 과제의 개선방안 등을 실험적으로 운영하여 가설의 실현 가능성과 효율성의 검증을 목적으로 하는 연구학교.

표 설정(가설 형성), 실천 및 실천 결과 자료 수집, 실천 결과 분석 및 결론, 연구 결과 보고서 작성 등의 절차를 거치게 된다. 연구 설계는 양적 연구인 실험연구일 경우 단일집단 전후검사 설계가 사용된다(제5장의 실험연구 설계 유형 참고).

이 유형은 학교현장에서 교사가 자신이 지도하는 학급을 대상으로 교수－학습 방법 개선이나 학습집단 편성, 교수－학습 자료의 효과적 사용 등에 관한 연구를 하고자 할 때 적용할 수 있으며, 연구학교나 시범학교[3]에서 교육과정 편성 및 운영, 교육평가 등에 관하여 연구할 때 적용할 수 있다.

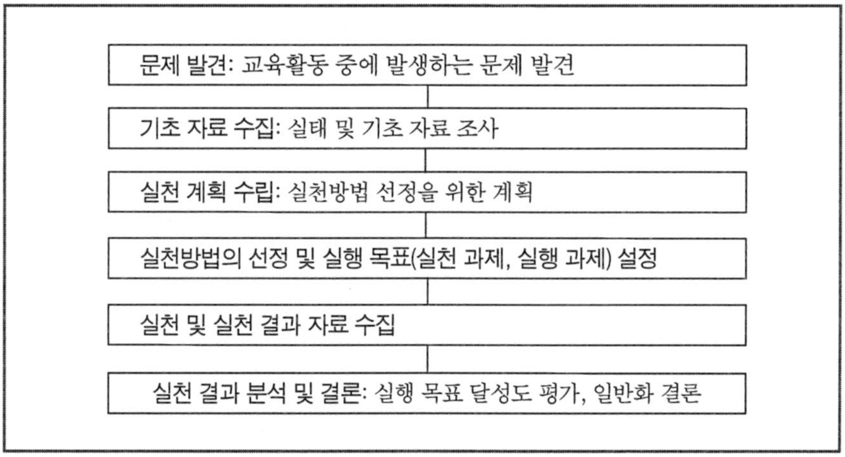

[그림 6-3] 현장연구 절차 및 설계 유형 2

(3) 현장연구 절차 및 설계 유형 3

현장연구 절차 및 설계 유형 3은 실험형 현장연구에서 적용 가능하다. 즉, 교육활동에서 발생하는 문제를 해결하기 위해서 학급이나 학교현장을

3) 교육 관련 연구 및 실험학교 연구 결과의 일반화 가능성 검토. 선도적인 실천 및 확산을 목적으로 하는 연구학교.

실험 상황으로 인위적으로 통제하여 가설을 형성하고 실천하여 얻은 결과를 통계적인 방법을 이용하여 검증하는 연구에서 적용할 수 있다. 연구 절차는 주제 선정, 이론적인 탐색, 가설 형성, 실험집단 및 통제집단 선정, 조건 통제, 준거검사 실시, 실험 실시 및 자료 수집, 가설의 검증, 결론 형성의 절차를 따르게 된다. 이때 연구의 설계는 이질통제집단 전후검사 설계를 주로 사용한다(제5장의 실험연구 설계 유형 참고).

이 유형은 학교현장에서 교사가 자신이 지도하는 학급을 대상으로 개발되어 있거나 개발한 교수-학습 방법 적용에 대한 효과성이나 학습집단 편성, 교수-학습 자료의 효율성 등에 관한 연구를 하고자 할 때 적용할 수 있으며, 연구학교나 실험학교에서 새로운 교육과정 편성 및 운영, 교육평가의 적용이 미치는 효과 등에 관해 연구할 때 적용할 수 있다.

주제 선정: 교육문제, 개발된 교수-학습 방법 적용 시 등

가설 형성: 실행 가설 형성

집단 선정(실험, 통제 집단) 및 조건 통제: 동질 집단, 동일 조건 통제

준거검사 실시: 실험 전 기초검사

실험 실시 및 자료 수집: 실험 후 검사

가설 검증 및 결론 형성

[그림 6-4] 현장연구 절차 및 설계 유형 3

5단계 연구 대상 선정 및 도구 제작하기

> A교사는 앞서 학급의 사회적 구조를 알아보기 위해서 질문지를 제작하여 사회성 측정검사를 실시하였으며, 그 결과를 이용하여 사회성 지도를 그려 보았다. 그리고 기록을 돕는 관찰기록지를 개발하였는데, 학습자의 모든 상호작용을 구분하여 기록하기 힘들다는 사실에 대하여 동료 교사와 함께 논의하였다. A교사는 더 나은 기록방법을 찾고자 고민하였고, 동료의 충고에 따라 학생들이 속한 소집단에 초점을 맞추어 특정한 행동이나 사건은 일화를 기록하고, 반복되는 행동은 부호를 만들어 표시하였다. 이러한 관찰은 본 집단에서 3명의 여학생이 역할에 따라 어떻게 변화하는지를 알아보도록 하는 데 있으며, 각 여학생의 성격에 따라 대표되는 현상을 알아보기 위한 것이었다.

1) 연구 대상의 선정

연구 대상은 학급이나 학교에서 지도하고 있는 학생을 대상으로 하는 경우, 직접 직접 지도하지 않는 학생을 대상으로 하는 경우의 두 가지로 나눌 수 있다. 지도하는 학생을 대상으로 할 경우 연구 대상에 대한 특성을 고려하여 적합한 방법을 사용할 수 있는 장점이 있는 반면에 연구자의 주관 개입이나 결과에 대한 신뢰성이 떨어지는 단점이 있다. 특히, 실험형 현장연구에서는 실험집단과 통제집단의 동질성을 확보하기 위해 사전에 기초검사를 통해서 집단 특성, 학업성취도 등이 동질한 집단을 선정해야 한다. 따라서 연구 주제와 연구방법을 고려하여 적절한 연구 대상을 선정하는 것이 좋으며, 연구 대상의 신뢰성을 확보하기 위한 방법을 강구해야 한다.

연구 대상을 바르게 선정하고, 그 신뢰성을 확보하기 위한 방법은 다음과 같다.

- 연구 대상은 연구하고자 하는 내용을 가장 확실하게 검증할 수 있는 대상으로 선정해야 한다.
- 연구 대상의 수는 연구 목적에 따라 다르게 정해야 한다.
- 연구 대상을 연속적으로 연령 순으로 선정할 것인지, 광범위하게 선정할 것인지를 결정해야 한다.
- 연구 대상의 표집은 전집을 가장 잘 대표하는 방법을 사용해야 하는데, 단순무선표집, 체계적 표집, 유층표집, 군집표집, 의도적 표집, 할당표집, 우연적 표집 등에서 택해야 한다(표집방법은 교육연구법 책을 참고하기 바란다. 현장연구에서 학교나 교사는 의도적 표집으로 가르치는 학급을 선정하는 경우가 많다).

2) 연구 도구의 조건

연구방법이 정해지고 그에 따라 연구 절차와 설계가 계획되면 가설을 형성하여 진술한다. 이때 진술된 가설을 검증하기 위해서는 좋은 연구 도구를 사용해야 하는데, 연구 도구는 검사도구와 처치도구로 나누어 생각해 볼 수 있다. 그렇다면 어떤 검사도구가 좋은 연구 도구가 될 수 있는가? 무엇보다 타당도, 신뢰도, 객관도, 실용도의 조건을 갖추고 있는 검사도구가 좋은 검사도구라고 말할 수 있다.

여기서 타당도는 측정하려고 하는 내용을 충실히 측정할 수 있는 도구, 신뢰도는 여러 번 측정해도 오차가 적은 도구, 객관도는 평가자의 주관 개입이 배제된 도구, 실용도는 활용방법이 쉽고 비용이 적게 드는 도구를 말한다. 이러한 타당도, 신뢰도, 객관도, 실용도를 만족하는 연구 도구를 사용하게 되면 실험 처치 후의 검사나 평가 결과를 검증할 수 있으며, 얻고자 하는 연구 결과를 관찰하거나 조사할 수 있다. 그리고 처치도구는 연구의 실험과정에 적용하게 될 개발 및 훈련 프로그램이나 학습지도안, 교수-학습 자료 등에 해당하는 도구를 말한다. 이러한 처치도구는 기존에 연구 · 개발된 프로그램이나 자료를 이용하거나, 이론적 근거와 선행연구를 바탕으로 직접 제작하거나 개발하여 사용한다.

3) 연구 도구의 종류

연구 도구는 선정된 표본집단을 대상으로 효과적인 자료 수집 방법과 도구를 의미한다. 대표적인 자료 수집 방법으로는 질문지법, 관찰법, 면접법, 표준화 검사, 사회성 측정법, 의미분석법 등이 있는데, 각 방법별로 사용되는 검사 및 처치도구들이 있다. 각각의 자료 수집 방법과 도구가 얼마나 적절하고 올바른가에 따라 얻게 되는 자료가 정확하고 의도하는 데이터를 얻게 되는 데 중요한 부분이 될 수 있다. 이에 현장연구에서 많이 사용하는 질문지법, 관찰법, 면접법, 표준화 검사를 구체적으로 설명하고 사회성 측정법과 의미분석법은 간략히 살펴본다.

(1) 질문지법

질문지는 주로 조사연구에서 자료를 수집하는 방법으로 사용되는 연구도구로서 조사를 통해서 알아보고자 하는 내용에 대해 일련의 문항을 제작하여 체계적으로 조직한 것을 말한다. 일반적으로 질문지법은 어떤 교육문제나 현상에 대해 개인이 가지고 있는 생각이나 의견을 알아보고자 할 때 사용하며, 얻고자 하는 자료와 연구 대상에 따라 질문지의 형식이 달라진다. 그리고 질문지를 작성하고 실행하는 과정에서 지켜야 할 유의사항을 바르게 이해하고 작성하여 사용하는 것이 필요하다.

질문지의 형식 질문지의 형식은 크게 개방형 질문지와 폐쇄형 질문지로 구분한다. 개방형 질문지는 자유반응형이라고도 하며, 폐쇄형 질문지는 선택형, 체크리스트형, 평정척도형, 순위형으로 구분할 수 있다. 그리고 개방형 질문지와 폐쇄형 질문지를 섞은 혼합형을 사용하기도 한다. 각각의 질문지 형식에 대한 예를 제시하면 다음과 같다.

▷ 자유반응형: 질문에 자유롭게 기술할 수 있도록 한 개방형 질문지

예 교직의 승진제도와 관련하여 현행 근무평정제도에 입각한 교장, 교감 승진에 대하여 어떻게 생각합니까?

▷ 선택형: 한 문항을 제시하고 한 가지 항목을 선택하도록 하는 폐쇄형 질문지(기타를 제시하여 응답자의 자유로운 반응을 유도하는 경우도 있음)

예 여러분이 가장 홍미와 관심을 가지고 공부하는 과목은 어떤 과목입니까?

_____ ① 국어 _____ ② 수학 _____ ③ 과학 _____ ④ 사회

_____ ⑤ 기타 과목(　　　　) _____ ⑥ 없음

▷ 체크리스트형: 한 문항을 제시하고 여러 가지 항목을 선택하도록 하는 폐쇄형 질문지(결과에 대한 분석은 표시된 항목의 합계를 수량화하여 이용)

예 여러분이 대체로 만족스러운 성적을 얻는 과목들은 어떤 과목입니까?

_____ ① 국어 _____ ② 수학 _____ ③ 과학 _____ ④ 사회

_____ ⑤ 체육 _____ ⑥ 미술 _____ ⑦ 음악 _____ ⑧ 실과

_____ ⑨ 도덕 _____ ⑩ 영어

▷ 평정척도형: 한 문항을 제시하고 미리 정한 척도에 반응하도록 하는 폐쇄형 질문지(기술평정척도, 숫자평정척도, 리커트 평정척도 등이 있음)

예 (기술평정척도) 교직의 승진제도와 관련하여 현행 근무평정제도에 입각한 교장, 교감 승진에 대하여 어떻게 생각합니까?

_____ ① 매우 만족스럽다. _____ ② 만족스럽다.

_____ ③ 그저 그렇다. _____ ④ 불만족스럽다.

_____ ⑤ 매우 불만족스럽다.

(숫자평정척도) 교직의 승진제도와 관련하여 현행 근무평정제도에 입각한 교장, 교감 승진에 대하여 어떻게 생각합니까?

5　　4　　3　　2　　1

(리커트 평정척도) 교직의 승진제도와 관련하여 현행 근무평정제도에 입각한 교장, 교감 승진에 대하여 어떻게 생각합니까?

매우 만족　　만족　　보통　　불만족　　매우 불만족

▷ 순위형: 한 문항을 제시하고 여러 가지 항목에서 순위를 매기도록 하는 폐쇄형 질문지

예 여러분이 좋아하는 과목을 좋아하는 과목 순으로 순위를 매겨 표시하시오.

_____ ① 국어 _____ ② 수학 _____ ③ 과학 _____ ④ 사회
_____ ⑤ 체육 _____ ⑥ 미술 _____ ⑦ 음악 _____ ⑧ 실과
_____ ⑨ 도덕 _____ ⑩ 영어

▷ 혼합형: 개방형과 폐쇄형의 질문을 혼합하여 구성하는 질문지

예 여러분이 학교에서 배우는 수학 과목에 대하여 어떻게 생각합니까?

_____ ① 매우 만족스럽다. (이유:)
_____ ② 만족스럽다. (이유:)
_____ ③ 그저 그렇다. (이유:)
_____ ④ 불만족스럽다. (이유:)
_____ ⑤ 매우 불만족스럽다. (이유:)

질문지 작성 시 유의사항 질문지를 작성할 때 작성하는 목적, 조사의 내용과 범위, 응답자(대상) 등을 고려해 질문지 형식을 결정하여 작성해야 하며, 어떻게 실시할 것인지에 대해서도 결정해야 한다. 실시방법으로는 직접조사, 제3자를 통한 조사, 우편조사 등이 있으며, 특별한 경우를 제외하고 익명으로 실시한다. 보다 구체적인 유의사항을 제시하면 다음과 같다.

▷ 문항을 작성할 때 유의사항

- 질문은 간단하고 명료하게 표현한다.
- 문항 수는 대체로 최소로 하여 필수적인 사항을 질문한다.
- 응답자의 특성과 이해 수준을 고려하여 질문을 작성한다.
- 예비 설문을 통해서 설문을 점검한 후 작성을 완료한다.

▷ 질문지 구성에 대한 유의사항

- 질문지 시작 부분에 목적, 결과 사용, 비밀보장, 응답 요령에 대한 설명을 제시해야 한다.
- 질문지 디자인과 양식은 보기 좋고 읽기 쉬워야 한다.
- 대체로 쉽고 흥미 있는 질문을 앞에 배치하고 대답이 어렵고 힘든 질문을 뒤에 배치한다.
- 질문지 끝 부분에 감사의 표현을 해야 한다.

(2) 관찰법

관찰법은 연구 대상의 비언어적인 행동에 대한 자료를 수집하기 위한 방법으로 인간의 감각인 시각뿐만 아니라 가능한 모든 감각을 이용하여 관찰한다. 또한 정밀한 관찰을 위해서 가능한 모든 측정도구를 이용하면서 타당성, 신뢰성, 객관성을 확보하여 관찰이 이루어져야 한다. 이러한 관찰법의 유형으로는 비통제적 관찰(자연적 관찰), 통제적 관찰, 참여관찰, 비참여

관찰이 있으며, 관찰을 기록하는 방법으로는 일화기록법, 표본기록, 시간표집법, 사건표집법 등이 있다. 각각의 유형과 기록방법에 대하여 설명하면 다음과 같다.

관찰법의 유형 관찰법의 유형은 분류 기준에 따라 여러 가지로 나눌 수 있다. 일반적으로 관찰하려는 상황과 관찰행동의 인위적 통제 여부에 따라 비통제적 관찰, 통제적 관찰, 참여관찰, 비참여관찰 등으로 구분할 수 있다. 관찰방법의 특징과 관찰 시 주의사항을 설명하면 다음과 같다.

▷ 비통제적 관찰: 자연적으로 발생하는 현상이나 행동을 있는 그대로 관찰하는 것으로 단순관찰이라고도 부른다.

- 관찰하고자 하는 현상이나 행동에 대하여 인위적 자극 없이 있는 그대로를 관찰
- 관찰의 신뢰도를 높이기 위해 관찰 대상의 문제, 관찰 목적을 분명히 하고, 관찰 대상의 행동을 발생시키는 상황, 조건, 전체 장면과 관련시켜 관찰

▷ 통제적 관찰: 관찰 시간, 장소, 행동 등을 인위적으로 설정해 놓고 나타나는 행동을 관찰하는 방법으로 계통적 관찰이라고도 부른다.

- 어떤 행동이 언제나 일어날 것 같은 특정한 환경적 조건을 설정하고 행동을 반복시켜 관찰
- 관찰 결과의 전후 비교, 다른 관찰과의 비교가 가능하지만 오차변인으로 판단 및 해석에 오류가 발생할 수 있어 일반화에 제한이 따르는 관찰

▷ 참여관찰: 관찰자가 공동 생활자로 참여하여 자연적으로 발생하는 현상이나 행동을 있는 그대로 관찰하는 것

- 피관찰자가 의식하지 못한 상태에서 관찰하는 것이 최상이지만 불가능할 경우 관찰자임을 알리고 관찰

- 관찰 대상자의 생활 속에 파고들수록 관찰하는 경험 범위가 좁아지며, 관찰자가 정서적으로 개입되어 관찰의 객관성을 잃지 않도록 해야 함

▷ 비참여관찰: 공동생활에 참여하지 않고 외부인으로서 객관적으로 관찰하는 것

- 객관성을 확보할 수 있어 대부분의 관찰이 비참여관찰로 많이 이루어짐
- 조사 대상이 관찰하는 것을 의식하게 되어 긴장감이 형성되므로 경직된 분위기를 만들지 않고 자연스러운 분위기를 조성하여 관찰

관찰기록의 종류 관찰기록의 종류에는 여러 가지가 있지만 대표적으로 사용하는 관찰기록 방법으로는 일화기록법, 표본기록, 시간표집법, 사건표집법 등을 들 수 있다. 각각의 특징과 방법을 설명하면 다음과 같다.

▷ 일화기록법: 개인의 특성을 이해하기 위해서 어떤 상황에서 구체적인 행동 사례나 어떤 사건과 관련하여 관찰된 결과를 기록하는 방법

- 학생들의 사회 · 정서적 특성, 한 집단 내의 인간관계를 연구할 때, 예기치 않는 행동이나 사건을 관찰하여 기록할 때 사용할 수 있는 방법
- 객관적인 사실과 관찰자의 해석이나 처리방안을 구분하여 기록하고, 일반적이고 평가적인 진술보다는 구체적이고 특수한 사건을 있는 그대로 기록해야 함
- 여러 시기에 일어난 서로 다른 일화를 총괄적으로 기록하지 말고 각각의 일화를 독립적으로 순서대로 기록해야 함

▷ 표본기록: 발생한 어떤 사건이나 행동 특성을 서술적으로 기록하지만, 정해 놓은 준거인 시간, 인물, 상황 등에 따라 관찰된 행동이나 사건을 기록하는 방법

- 행동이나 사건이 일어난 환경적 배경을 상세하게 이야기식으로 진술해야 함
- 수집된 정보를 서로 비교할 수 있고 진행 상황을 도표화하여 변화 양상을

검토 · 평가할 수 있어 계획을 수립하여 문제를 해결하기 위한 정보 수집에 유리함
- 피관찰자의 행동에 영향을 미치는 상황적 요인을 자세하게 기록해야 하며, 관찰자의 의견이나 해석에 따라 구별하여 기록해야 함

▷ 시간표집법: 일정한 시간 간격을 두고 행동을 관찰하여 결과를 기록하는 방법

- 관찰 시간을 통제하는 방법으로 관찰 기간 및 횟수를 연구자의 필요와 목적에 따라 정하여 실시하는데, 보통 5분 간격으로 하지만 행동의 빈도와 유형에 따라 변함
- 행동이나 사건에 초점을 맞추고 관찰 상황을 통제하며, 행동이나 사건의 발생 빈도를 파악하여 행동수정 프로그램을 작성하고, 측정도구 개발의 기초 자료를 제공해야 함
- 관찰된 내용을 적당한 시간표집에 맞추어 부호화시켜 표시해야 함

▷ 사건표집법: 관찰 단위가 시간 간격이 아니라 어떤 행동이나 사건을 기록하는 방법

- 관찰하고자 하는 특정 행동 사건이 발생할 때만 관찰 기록
- 관찰하고자 하는 행동이나 사건을 명확히 정하고 사건이 일어나기를 기다려 관찰
- 어떤 사건이 행동의 전후관계를 서술하여 그 원인을 밝히고, 사전에 행동 범주를 부호화하여 서술적 진술과 병행하여 사용

(3) 면접법

면접법은 연구자와 연구 대상자 간의 직접적인 언어적 상호작용을 통해서 연구 목적에 맞는 여러 가지 정보를 수집할 수 있다. 이 방법은 자료 수집의 융통성, 실제성 때문에 널리 사용되고 있다. 물론, 양적 연구와 질적 연구 모두에서 사용 가능하지만 사례연구나 문화기술지와 같은 질적 연구의 자료 수집 방법으로 많이 사용된다. 다만, 면접법은 연구자의 주관적인 판단

이나 견해에 기초하여 피면접자를 평가할 가능성이 있고 증거의 진실성을 확인할 척도가 없어 과학성, 신뢰성이 부족하다는 지적을 받기도 한다.

면접법의 유형은 면접 목적, 인원수, 면접 내용, 질문 문항의 구조화 정도, 응답 기술, 면접 시간 등에 따라 여러 가지 유형이 있다. 그러나 일반적으로 양적 연구에서는 구조화된 면접, 비구조화된 면접, 반구조화된 면접으로 구분하고, 질적 연구에서는 비형식적 회화면접, 일반 면접 지침접근, 표준화된 개방형 면접 등으로 구분한다.

면접법의 유형 여기서는 일반적인 면접법의 유형인 구조화된 면접, 비구조화된 면접, 반구조화된 면접에 대하여 자세히 설명한다.

▷ 구조화된 면접: 표준화된 면접 혹은 지시적 면접으로도 부른다. 미리 준비된 질문에 따라 질문의 내용과 순서를 지키면서 진행하는 면접

- 질문의 내용과 제시방식이 일관성 있게 준비된 면접 계획에 따라 면접
- 면접조사표를 가지고 피면접자에게 일률적으로 적용하여 심층적인 답변과 내용을 파악하기 어려움

▷ 비구조화된 면접: 비표준화 비지시적 면접기법으로 면접 계획을 세울 때 면접 목적만 세우고 내용이나 방법은 면접자에게 전적으로 일임하는 방법

- 계획에 없던 질문을 융통성 있게 첨가하거나 순서를 바꿀 수 있음
- 면접을 통해 얻고자 하는 자료를 분명히 하고 고도의 기술이 있어야 하며, 면접 자료를 부호화하기가 어려움

▷ 반구조화된 면접: 구조화된 면접과 비구조화된 면접의 장단점을 보완하고자 하는 방법으로, 일정한 중요한 수의 질문은 구조화하되 그 외의 질문은 비구조화하는 방법

- 면접 계획을 치밀히 세우고 면접 상황에서 융통성 있게 진행
- 구조화된 질문을 잘 준비하고 비구조화된 질문을 위해서 일정한 훈련과 경험을 쌓아야 함

면접법의 절차 조사연구에서 많이 사용하는 질문지법의 절차와 기본 형식 면에서 거의 유사하다. 면접법의 기본적인 절차는 연구 목적의 정의, 면접 대상의 표집, 면접 형식의 설계, 면접 질문 개발, 면접자의 선별과 훈련, 예비검증, 본 면접의 실시와 기록, 자료 분석의 8단계를 거친다.

(4) 표준화 검사

현장연구를 하다 보면 연구 도구를 직접 개발하거나 제작하지 않고 이미 만들어져 있는 검사도구를 활용하는 경우가 많다. 이렇게 사용되는 검사도구로는 보통 표준화된 검사도구를 사용한다. 표준화된 검사도구는 검사의 실시, 채점, 결과 해석에서 정해져 있는 절차와 방법대로 실시하며, 이미 검사도구가 갖추어야 할 요건인 신뢰도와 타당도에서 검증이 끝난 상태이므로 자신의 연구 상황에 맞게 수정하거나 그대로 사용할 수 있다. 그런데 이러한 편리성이 있는 반면에 여러 가지 연구의 특수성과 연구 대상에 맞는 검사도구를 찾기가 쉽지 않기 때문에 대부분 그대로 사용하기보다는 전문가의 조언을 얻어 수정하여 사용하는 경우가 많다.

표준화 검사는 보통 문항 형식, 측정방법, 실시방법, 검사 내용에 따라 여러 가지로 분류할 수 있으며, 활용 시 고려해야 할 사항을 지켜서 검사도구를 사용해야 한다.

표준화 검사의 종류 표준화 검사는 기준에 따라 여러 가지로 분류할 수 있는데, 자신의 연구에 필요한 검사도구가 어디에 속하는지를 알아두는 것이 검사도구를 찾아서 사용하는 데 편리할 수 있다. 표준화 검사도구는 일반적으로 문항 형식, 측정방법, 실시방법, 검사 내용에 따라 다음과 같이 분류할 수 있다.

▷ 문항 형식에 따른 표준화 검사: 언어검사, 비언어검사
▷ 측정방법에 따른 표준화 검사: 속도검사, 능력검사
▷ 실시방법에 따른 표준화 검사: 개인검사, 집단검사
▷ 문항 형식에 따른 표준화 검사: 지능검사, 진로검사, 적성검사, 성격검사, 자아개념검사 등

표준화 검사 사용 시 고려사항 표준화 검사를 사용하기 위해서는 무엇보다 연구에 적절한 검사도구를 선택하는 일이 중요하므로 선택 시 고려사항을 이해하는 것이 필수적이다. 그리고 검사 후 얻게 되는 결과를 통계적으로 분석하거나 관련된 용어를 이해하는 것도 필요하다.

▷ 검사도구 선택 시 고려사항

- 검사를 실시하는 목적에 부합되어야 한다.
- 연구 대상인 검사 대상자의 특성, 연령, 발달(학년) 수준에 맞아야 한다.
- 검사 실시와 결과 처리를 위한 전문적인 능력과 요구사항을 알아야 한다.
- 검사도구가 어느 정도의 신뢰도와 타당도를 가지고 있는지 알아야 한다.

▷ 일반적인 검사도구 관련 용어

- 규준집단: 검사도구의 규준을 정하기 위해서 사용된 집단
- 규준: 소점을 의미 있게 해석하기 위해서 만든 일종의 기준이 되는 자
- 백분위 점수: 집단의 인원수를 100으로 가정하였을 때 피험자의 원점수가 밑에서 몇 번째에 속하는지를 알려 주는 서열 점수
- 표준점수: 해당 점수 분포의 평균값과 표준편차를 기준으로 하여 원점수를 환산한 점수(Z점수, T점수, IQ점수 등)

(5) 사회성 측정법

연구 대상이 되는 학급이나 집단의 구성원(학생)의 상호작용 형태, 응집력에 대한 정보를 수집하고자 할 경우에 주로 사용하는 방법이다. 그리고 사회성 측정 결과를 바탕으로 새로운 집단을 조직하거나 기존에 편성된 집단을 재구성하고자 할 때 기초 자료로 활용할 수 있으며, 집단 구성원 중에서 사회적 적응을 필요로 하는 학생을 발견하거나 그 원인을 진단하고자 할 때 유용하게 사용할 수 있다. 또한 학급이나 집단에서 개인 간의 인간관계를 수평적 · 수직적으로 분석할 때 이용한다.

사회성 측정법은 그 방법과 절차가 단순하고 쉽기 때문에 현장교사들이 쉽게 적용하여 자료를 수집 · 활용할 수 있다. 사회성 측정검사를 위해서는 먼저 검사지(질문지)를 제작하고 검사를 실시한 후 결과를 분석하게 되는데, 이때 지켜야 할 고려사항에 유의하면서 실시해야 한다.

▷ 사회성 측정검사 제작 및 실시 시 고려사항

- 검사를 하는 목적, 이유를 분명하게 전달해야 한다.
- 현실적이고 의미 있는 상황을 조성하여 질문하고 선택 및 배척의 기준을 분명하게 전달해야 한다.
- 질문에 부정적인 기준을 사용하는 것은 지양한다.
- 선택해야 할 숫자와 순서를 분명하게 명시해야 한다.
- 학급이나 집단 구성원 모두에게 실시하며, 선택 범위를 분명하게 한정해야 한다.
- 검사를 실시할 때 비공개적인 상황에서 비밀이 보장될 수 있도록 한다.
- 검사도구를 읽고 이해하는 데 어려움이 있는 저학년일 경우 개별면담을 통해서 실시한다.

▷ 사회성 측정 질문지의 예

• 성명:________________________ 검사일 : ________________________

• 이 조사는 선생님이 우리 반을 지도하는 데 참고자료로 활용하기 위해서 실시하는 것입니다. 다음에 나와 있는 질문을 읽고 여러분이 평상시에 생각하고 있는 것을 솔직하게 답해 주시기 바랍니다. 그리고 여러분이 답변한 사실에 대해서는 비밀이 보장됩니다. 질문에 의해 선택하게 되는 친구들은 우리 반 내에서만 고르고 결석한 친구도 포함하여 생각해야 합니다. 다음 질문에 순서대로 5명의 친구 이름을 써 넣어 주세요.

1. 여러분이 같은 모둠원이 되었으면 하는 친구는 누구입니까 ?

   ① ② ③

   ④ ⑤

2. 여러분이 짝지로 앉고 싶은 친구는 누구입니까 ?

   ① ② ③

   ④ ⑤

▷ 사회성 측정검사 결과 분석 시 고려사항

사회성 측정검사를 통해 얻은 결과를 분석하는 방법에는 크게 세 가지가 있는데, 사회성 지도(동심원) 그리기, 개인 · 집단 지수 표시, 행렬표 작성이다.

• 사회성 지도: 집단 구성원 개인 간의 선택 및 배척에 의한 인간관계를 화살표나 기호를 이용하여 동심원으로 그려 표시
• 개인 · 집단 지수: 사회성 측정지수에 의한 분석방법
• 행렬표: 피선택 수의 합계를 이용하여 각 구성원의 사회적 수용도를 파악할 수 있으며, 사회적 부적응 문제를 지닌 학생을 발견할 수 있고 집단의 응집성을 확인할 수 있다.

(6) 의미분석법

이상에서 제시한 대표적으로 많이 사용되는 연구 도구 외에 의미분석법이 있다. 이 방법은 어떤 사건이나 현상에 대하여 심리적 의미를 분석하여 그 의미를 공간상의 위치로 표현하여 분석하는 방법이다. 일반적으로 사람들이 설명하는 어떤 개념은 같은 용어로 표현되지만 사실 그 의미는 사람마다 각기 다른 의미로 사용할 수 있다. 이렇게 사람에 따라 다르게 사용하는 개념의 의미를 서로 대비되는 양극단의 형용사를 이용하여 검사하고, 그 결과를 2차원이나 3차원의 공간에 위치시켜서 각 개념의 위치를 상대적으로 비교하여 분석하는 방법이 의미분석법이다.

의미분석척도는 양극단의 형용사를 이용하여 서로 대립되게 만들어 놓은 평정척도인데, 다음과 같은 절차를 거쳐서 제작한다.

▷ 의미분석 검사도구 제작 절차

- 개념 결정: 의미를 분석하고자 하는 개념 결정
- 의미 공간의 축을 구성하는 요인 선정: 평가요인, 능력요인, 활동요인 선정
- 척도의 단계 선정(5단계, 7단계)
- 상반되는 형용사를 이용하여 척도 구성

▷ 의미분석 검사도구의 예

- 교장(분석하고자 하는 개념)

진취적 |____|____|____|____| 보수적

인화적 |____|____|____|____| 관리적

6단계 연구 실천하기

> A교사는 사회성 측정검사 이외에 개발한 관찰기록지를 통해서 개인의 행동과 사건에 대한 구체적인 사례를 찾을 수 있었으며, 반복적인 행동과 모둠의 상호작용에 대해 코드를 부여하여 학생들의 일정한 행동 패턴을 분석할 수 있었다. A교사는 새로운 문제에 관해 아이디어를 얻기 위해서 학생들에게 설문지를 돌렸고, 자리 배열에 대한 더 나은 변화를 만들기 위해서 학생들의 제안을 수용하였다. 또한 인터뷰를 통해서 녹취하였고, 활동이 저조하여 혼자가 된 두 학생이 그들의 집단에서 비난받지 않도록 하기 위해서 다른 학생들을 격려하고 존중하였다. 수업시간에 활동과 과제에 대한 정보를 공유하지 않는 학생들에게 질문을 한 후에 그들에게 다른 학생들에 관한 정보를 제공하였는데, 학생들이 그 자료를 보고 난 후 서로 정보를 공유하고자 노력하게 되었다.

1) 연구 자료의 수집

연구 설계와 절차에 따라 실제 자료를 수집하고 분석하는 단계가 필요하다. 구체적인 연구 자료 수집 방법으로 자료를 제공해 줄 수 있는 사람을 정하고, 함께 연구할 사람들이 어떻게 연구할 것인지, 개별적인 접근방법, 그리고 주위 동료 교사와의 유대감을 통해 그들에게서 획득할 수 있을 것으로 기대되는 자료를 결정하고 확인할 필요가 있다.

필요로 하는 자료의 형태가 어떠한 것인지에 대한 부분은 중요하다. 자료의 형태는 양적이나 질적인 자료이거나 둘 다일 수 있다. 예를 들어, 양적이고 질적인 자료를 정리하면 다음과 같은 세 가지 영역으로 나눌 수 있다.

> ▷ 경험한 자료: 관찰하거나 현장 기록하기
> ▷ 조사한 자료: 정보를 위해 사람들에게 질문하기
> ▷ 평가한 자료: 평가지를 만들거나 만들어진 평가지를 이용하기

앞에서 제시하고 있는 자료 형태에 대한 선택은 연구문제, 시간, 자원에 따라 달라지며, 개별적인 유용성에 의해 달라진다. 일반적인 원칙에 의하면 자료를 많이 이용하고 통합하는 것이 연구문제를 보다 더 잘 이해하고 해결하기 위한 활동 계획을 제대로 실행하도록 도와줄 수 있다.

이러한 자료의 수집에 대한 중요성에 대하여 Padak과 Padak(2002)는 "연구문제에 대한 답을 찾도록 하는 데 도움을 줄 수 있는 정보는 자료다." 라고 말하고 있다. 다시 말해, 가장 좋은 자료는 직접적으로 연구 주제나 문제와 관련된 것이다. 가능한 다양하게 여러 가지 자료 수집도구를 이용하도록 해야 한다. 양적인 방법, 질적인 방법, 둘을 통합한 방법 등으로 하는 것이 좋으며, 이런 자료는 연구 결과의 타당도를 높여 줄 수 있다.

예를 들어, 삼각측정법(triangulation)은 다양한 참여자를 비교함으로써 자료에서 규칙성을 찾게 되며, 신뢰 있는 결과를 찾아내기 위한 준비활동이 될 수 있다. 이와 같은 여러 차원에서 확실한 증거가 될 수 있는 자료는 연구 결과를 더욱 신뢰 있고 타당하게 만들어 준다. 가령, 이러한 삼각측정법으로 '학습기술 훈련이 자기주도적 학습능력에 미치는 영향' 에 대하여 연구하고자 연구 주제를 선정하고 연구문제를 기술하였다고 하자. 이러한 경우 먼저 실험집단에게 학습기술을 가르치고 각 학생들에게 학습기술의 습득 여부와 활용에 대하여 질문을 하며 학생들 간의 상호작용을 관찰한다. 또한 학생들에게 자기주도적 학습능력을 측정할 수 있는 검사지를 가지고 검사하고, 인터뷰 및 설문지를 통해서 수집한 자료를 통계적으로 처리 · 분석한다. 이러한 과정으로 자료를 수집하고 처리하였다면

연구 결과에 대한 타당도와 신뢰도에 대하여 확신을 가져도 될 것이다.

이상의 현장연구에서 자료 수집의 특징을 정리하면 다음과 같다.

- 학생들에게 질문을 통한 체크리스트, 척도법, 질문지 등을 통해서 다양하게 자료를 수집한다.
- 수집된 자료를 해석하는 사람은 교사나 현장전문가여야 한다. 이는 교사 연구자가 자료 수집에서 비교하여 정리하는 데 가장 좋은 아이디어를 가지고 있기 때문이다.
- 자료 수집은 비디오나 오디오, 동료 관찰 등과 같은 기술을 사용할 수 있으며, 연구자는 검사되어야 하는 특별한 수행 장면을 찾아야 한다.
- 현장연구에서 자료를 수집할 때는 윤리적인 방법을 통해서 자료를 수집하는 것이 필요하다. 아무리 좋은 자료라 할지라도 비윤리적인 방법을 통해서 자료를 수집하는 것은 교육에서 근본적인 문제를 발생시킬 수 있다.

2) 연구 자료의 분석

자료 수집 과정에서 다양하고 많은 자료를 얻을 수 있었다면 이들 자료 중에서 필요한 자료를 선택하고 정리하는 시간이 필요하다. 선택된 정보의 정확한 기록을 유지하며 통계적 또는 주제 분석을 위한 데이터 파일 조직하기, 정보의 질을 평가하는 것 등이 자료 분석 단계에서 중요한 일이 된다. 먼저, 연구 자료를 분석하기 위해서는 다른 현장전문가의 도움을 받을 것인지 스스로 자료를 분석할 것인지를 결정해야 하며, 결과를 어떻게 분석하였는지에 대하여 다른 사람에게 결과를 보여 주는 것도 필요하다.

자료의 형태가 양적 자료인지 질적 자료인지에 따라서도 분석하는 방법이 달라질 수 있다. 검사지나 평가도구를 이용하여 측정한 양적인 자료의 경우에는 대부분 기술 통계를 이용하여 자료를 분석하게 되며, 집단 자료나 여러 변수를 비교하기 원할 때에는 통계 프로그램을 활용하는 것이 가능하다. 질적인 자료의 경우에는 분석하는 방법이 다소 복잡할 수 있으며, 분석의 틀을 직접 만들어서 해야 할 경우도 발생하게 되므로 질적 연구방법에 대한 책을 참고하는 것이 좋다(참고문헌 목록 참고).

연구 자료 수집 및 분석을 위해서 고려해야 사항을 정리하면 다음과 같다.

▷ 연구 자료 수집 및 분석 시 고려사항

- 연구 추진을 위한 세부 추진 계획을 작성하여 연구 과정을 일정에 따라 추진 여부를 기록해 나가고 연구 과정에서 얻은 모든 자료를 정리하여 보관한다.
- 협의록 기록 등 추진 계획에는 일시, 추진 내용, 결과물 정리 등을 구체적으로 명시하고 추진사항을 구체적으로 기록해 둔다.
- 기초 실태조사를 실시해야 한다. 조사할 내용은 주제 및 실행 목표와 관련된 내용을 조사하고, 학생, 학부모, 교사, 학교 시설, 기타 필요한 사항에 대해 조사하며, 질문지를 간결하고 명확하게 작성하는 것이 좋다.
- 연구 과정에서 자료 수집 및 정리 · 보관을 철저히 해야 한다. 특히, 연구 초기의 학습 결과물, 교수-학습 계획안, 종류별 작품 및 파일, 포트폴리오, 인쇄 자료를 위한 디스켓, 녹화테이프, 사진 필름, 연구 공개 보고회 때 전시하거나 배부할 자료 등을 미리 계획하여 준비해야 한다.
- 연구 예산에 적정하게 연구를 집행해야 한다. 연구학교 운영 시 현장답사를 위한 출장, 자료 구입, 제작, 연수 강사 초빙 등이 있다.

3) 연구의 반성 및 수정

현장연구는 현장에서 발생하는 교육현상을 연구하게 되므로 처음에 연구자가 계획한 대로, 또는 연구자가 기대한 결과대로 연구가 진행될 것이라 생각해서는 안 된다. 한 학급에서 발생하는 문제에 대한 해결책도 학습자의 특성, 교실환경 등의 다양한 요소에 영향을 받게 됨으로써 다양하게 제시될 수 있다. 그렇다면 교육문제를 다루는 현장연구의 경우에는 여러 가지 변인 때문에 계획대로 연구를 진행하고 결과를 얻기가 더욱 힘들 것이다. 이렇게 연구를 진행하는 과정에서 연구자는 계속해서 반성하고 무엇이 잘못되었는지, 무엇을 고쳐야 하는지, 새로운 해결방법은 없는지, 늘 반성하고 그 반성을 바탕으로 연구하는 과정에서 고쳐야 할 것을 수정하는 자세가 필요하다(이러한 연구의 반성과 수정을 위해서는 '8단계. 연구 평가하기' 에서 제시하고 있는 평가 준거 및 기준을 확인하고 참고하기 바란다).

7단계 연구 보고서 작성하기

> A교사의 연구 보고서는 성찰, 다양한 형태의 자료 수집 및 분석, 자료 활용이 지속적으로 반복되어 작성되었다. 예를 들어, 소집단에 속해 있는 세 명의 여학생의 역할 변화에 대한 자료 수집을 보면 다른 연구 논문과 달리 새로운 현장연구를 통해서 탐구하기 위한 새로운 아이디어에서 시작되었다. 그리고 A교사는 연구 보고서에서 결과를 사실 그대로 기술하였는데, 보고서에서 '각 집단에서 학생들 사이에 협동적인 학습이 학습능력을 증진시키는 데 충분하지 못하였다.' 고 기록하고 있다. 그리고 협동학습에 관한 더 나은 연구를 살펴본 후에 A교사는 다음과 같은 질문을 제기하였다.
>
> "내가 집단에서 각 학습자를 위한 보다 나은 과제를 할당하였다면, 그리고 협동적인 노력을 만들어 내기 위해 나의 수업을 새롭게 계획하였다면 어떤 것이 더 발생할 수 있었을까?"

이제는 연구의 결과를 정리하고 발표하기 위해서 연구 보고서를 작성하는 실질적인 활동이 남아 있다. 연구의 과정이 바람직하게 진행되었다면 그 결과를 정리하기는 쉬울 것이다. 어떻게 보고서를 작성하여 연구의 과정과 결과를 잘 표현하느냐는 연구의 마무리라는 의미에서 무엇보다 중요하다고 볼 수 있다. 이에 보고서 작성 시의 일반적인 고려사항과 이를 바탕으로 각각의 단계별 보고서 작성 요령과 기술하는 방법을 알아보도록 하자.

1) 보고서 작성 시 일반적인 고려사항

연구 보고서를 작성할 때 일반적으로 고려해야 할 사항에 대하여 임두순(2003)은 정확성, 일관성, 간결성, 평이성, 현장성, 참신성, 정직성 등을 들고 있다. 각각의 고려사항에 대하여 설명하면 다음과 같다.

첫째, 현장연구 보고서는 정확하게 기술되어야 한다. 이 정확성은 연구 보고서를 작성할 때에 전달하고자 하는 뜻이 분명하고 명확하게 기술되어야 함을 의미한다. 보고서에서 제시하고 있는 용어나 연구 결과가 애매하게 정의되거나 기술된다면 읽는 사람에게 정확한 의미를 전달하기 어렵다.

둘째, 현장연구 보고서는 일관성 있게 기술되어야 한다. 일관성은 특히 보고서에 사용되는 용어에 대한 일관성을 의미한다. 즉, 어떠한 특성이나 현상에 대하여 사용되는 용어가 보고서 전체에서 일관성 있게 사용되야 하며, 보고서 전체에서 동일한 의미로 사용되어야 함을 의미한다. 같은 용어지만 그 의미가 일관되지 못하고, 같은 의미면서 여러 가지 용어로 통일되지 못하면 보고서 전체적인 의미의 전달이 혼란스러울 수 있다.

셋째, 현장연구 보고서는 간결하게 기술되어야 한다. 문장을 기술할 때 간결한 문장을 사용하여 기술하게 되면 보고서를 읽는 사람이 그 내용을 정확하게 이해하는 데 도움을 줄 수 있다. 따라서 불필요한 부연설명이나 종합, 비슷한 말의 반복 등을 피하고 전달하고자 하는 내용을 간결하게 요점을 전달할 수 있도록 기술해야 한다.

넷째, 현장연구 보고서는 평이하게 기술되어야 한다. 여기서 평이성의 의미는 내용을 쉽게 쓰는 것을 뜻하는 것이 아니라 읽는 사람이 읽기에 좋도록 써야 한다는 것이다. 따라서 읽는 사람이 어려워하는 학문적 용어나 전문적 용어를 많이 사용하지 않고 꼭 사용해야 할 전문적 용어는 쉽게 풀어 쓰도록 해야 한다.

다섯째, 현장연구 보고서는 현장성을 가질 수 있도록 기술되어야 한다. 현장연구는 교육현장에서 발행하는 문제나 개선해야 할 사항을 주로 연구 주제로 삼기 때문에 지나치게 학문적인 내용이 많이 들어가게 되면 현장 적용에 시사하는 바가 적게 되고 현장 문제의 질적 개선에 도움이 되지 않기 때문에 피하는 것이 좋다.

여섯째, 현장연구 보고서는 참신하게 기술되어야 한다. 이 참신성은 교육현장의 문제해결을 각자 독특한 아이디어와 방법으로 수행함으로써 획일적이고 규격화된 내용은 피해야 함을 의미한다.

일곱째, 현장연구 보고서는 정직하게 기술되어야 한다. 교육 실천에 직접 참여하고 있는 교사 자신이 연구를 추진하기 때문에 연구의 정직성이 무엇보다 중요하다. 다른 연구자가 연구한 것을 베끼거나 그대로 모방한다면 윤리적인 측면에서 심각한 문제를 가져올 수 있다.

이상의 현장연구의 일반적인 고려사항은 기본적으로 지켜야 할 사항이다. 그 외에도 부가적으로 고려해야 할 사항은 목차, 페이지, 도표, 표를 제시하는 방법, 각주, 참고문헌 등과 같은 일정한 형식은 각종 현장연구대회에서 제시하고 있는 형식에 따라 기술하고 편집해야 한다. 또한 보고서가 어느 정도 완성되면 현장연구전문가나 연구 보고서를 작성한 경험이 있는 동료 교사에게 지도 · 조언을 받는 것이 필요하다.

끝으로 연구 보고서를 마지막으로 인쇄할 때에도 세심한 신경을 기울여야 한다. 보고서 규격, 표지 색상, 글자 크기, 배열을 고려해야 하며, 오자나 탈자가 없게끔 교정을 철저히 할 수 있도록 여러 번 읽어 보고, 될 수 있으면 한 번 정도 다른 사람이 읽어 보고 점검할 수 있도록 해야 한다.

Tip 현장연구 보고서 작성 시 고려사항

현장연구 보고서를 작성할 때 고려사항을 일반적 고려사항과 구체적 고려사항으로 나누어 알아보자.

▷ 일반적 고려사항

- 현장연구 보고서의 내용을 정확하게 기술하기
- 현장연구 보고서에서 사용되는 용어의 의미와 내용을 일관성 있게 기술하기
- 현장연구 보고서에서 사용되는 문장을 간결하게 기술하기
- 현장연구 보고서의 내용을 읽기 좋게 평이성을 가지고 기술하기
- 현장연구 보고서의 내용을 현장성을 가지고 기술하기
- 현장연구 보고서의 내용을 참신성을 가지고 기술하기
- 현장연구 보고서의 내용을 정직하게 기술하기

▷ 구체적 고려사항

- 목차, 페이지, 도표, 표를 제시하는 방법, 각주, 참고문헌 등을 일정한 형식에 맞게 작성하기
- 현장연구전문가나 연구 보고서를 작성한 경험이 있는 동료 교사에게 지도·조언 받기
- 보고서 규격, 표지 색상, 글자 크기, 배열을 고려하기
- 여러 번 읽어 보고 다른 사람에게 점검받아 오자나 탈자가 없도록 교정하기

2) 현장연구 보고서 체제

현장연구 보고서를 쓰는 체제는 정해져 있는 것은 아니지만, 일반적으로 포함되어야 요소를 중심으로 정리하면 크게 보고서 시작 부분, 보고서 중간 부분, 보고서 끝 부분으로 나눌 수 있다. 부분별로 일반적 체제를 제시하면 다음과 같다.

▷ 보고서 시작 부분

주제, 표지, 간지, 표제면, 머리말(서문), 목차(내용 목차, 표 목차, 그림 목차)

▷ 보고서 중간 부분

Ⅰ. 서론

1. 연구의 동기(필요성, 의의)
2. 연구의 목적
3. 연구문제
4. 연구의 제한점
5. 용어의 정의

Ⅱ. 이론적 배경

1. 관련 이론 탐색
2. 선행연구 고찰

Ⅲ. 연구의 방법 및 절차

1. 기간 및 대상
2. 연구의 절차(실험 설계)
3. 검증 내용 및 방법
4. 자료 처리 및 분석

Ⅳ. 연구의 실행

실천 목표(과제)별 실천 내용의 기술

Ⅴ. 연구의 결과 및 해석

실천 내용에 대한 평가 결과의 기술 및 해석

Ⅵ. 연구의 결론 및 제언

1. 요약 및 결론
2. 제언

▷ 보고서 끝 부분

참고문헌, 부록(프로그램 예시, 활동 내용, 학습지 등), 검사지, 초록

3) 현장연구 보고서 쓰기

이제는 실제 현장연구 보고서를 쓰게 되는데, 지금까지의 연구 초점 잡기, 연구 주제 및 문제 선정, 문헌 및 선행연구 고찰, 연구 대상 선정 및 도구 연구 실천(자료 수집 및 분석, 연구 반성 제작 및 수정)을 통해서 얻은 수많은 정보와 자료 등을 보고서라는 결과물로 만들어 내는 것은 쉬운 일이 아니며, 글로 표현하는 일은 더욱 힘든 일이다. 모든 것이 처음부터 쉽게 잘할 수는 없듯이 현장연구 보고서 쓰기도 마찬가지다. 시작의 부담감을 털고 지금까지 현장연구의 단계적 절차를 통해 쌓아 온 자료와 정보를 정리하면서, 앞에서 살펴보았던 현장연구 보고서 작성 시 고려사항과 체제를 바탕으로 써 내려간다. 현장연구 보고서를 구체적으로 어떻게 서술하여 구성할 것인지에 대한 체계적 절차와 보고서 작성 방법은 다음과 같다.

(1) 보고서 시작 부분

보고서 시작 부분에 대체로 포함되어야 할 요소는 주제, 표지, 표제면, 머리말(서문), 목차(내용 목차, 표 목차, 그림 목차) 등이다. 여기서 표제면, 머리말(서문)은 필요할 수도 있고 필요 없을 수도 있지만 주제, 표지, 목차는 반드시 작성하여 포함시켜야 한다. 그렇다면 지금부터 연구 주제의 진술, 목차 제시로 나누어 구체적으로 살펴보자.

연구 주제(제목)의 진술 연구 주제를 진술하는 것은 전체 연구의 내용을 하나로 요약하여 표현하는 것이므로 무엇보다 중요하다. 보통 주제는 계획 단계에서 선정되고 진술하는 것이 좋다. 그러나 주제는 연구와 실험을 진행하는 과정에서 보완할 수 있고, 보고서를 완성하는 단계인 결론을 내리는 단계에서 최종적으로 수정·보완하여 진술할 수도 있다. 그런데 일반적으로 현장연구대회에 참가하고자 할 경우는 연구 계획서를 작성하는 단계에서 연구 주제의 진술을 명확하게 제시해야 하므로 연구를 계획하고 시작하는 단계에서 진술하는 것이 바람직하다.

그렇다면 지금부터 연구 주제를 진술하는 구체적인 방법에 대하여 알아보자.

첫째, 연구 주제는 연구하고자 하는 내용의 전체에 대한 요약이어야 한다. 이는 연구 주제가 연구 내용을 설명하기는 하지만 자세하고 길게 풀어서 진술해야 하는 것이 아니라 되도록이면 간결하고 내용을 요약하여 진술하는 것이 좋다.

▷ 바르지 못한 진술: 문자 교육을 위한 개별 학습 자료의 종합개발 및 단계별 지도 자료의 제작 활용에 관한 연구
▷ 바른 진술: 문자학습 자료의 개발과 지도방안 연구

둘째, 연구 주제는 연구 내용의 적정한 범위 내에서 진술하여야 한다. 연구하고자 하는 내용의 범위가 너무 넓게 되면 연구자가 연구할 수 있는 능력의 수준을 넘게 되거나 계획한 연구 기간 내에 연구를 마무리할 수 없게 되므로 연구 내용의 범위를 가장 적정하게 나타낼 수 있는 범위에서 진술하여야 한다.

▷ 바르지 못한 진술: 협동학습을 통한 생활지도 실천 연구
▷ 바른 진술: 사회과 협동학습을 통한 의사소통능력의 신장방안

셋째, 연구 주제는 일반적으로 독립변인, 종속변인으로 진술하되 독립변인을 먼저 진술하고 종속변인을 이어서 진술한다. 독립변인은 연구에서 사용되는 프로그램이나 훈련방법, 지도방법 등이 해당되며, 종속변인은 결

과적으로 얻을 수 있는 평가나 측정점수, 성취도, 만족도, 검사 결과 등이 해당된다.

> ▷ 바르지 못한 진술: 가치판단력 신장을 위한 토의 · 토론 학습방법에 관한 연구
> (종속변인) (독립변인)
>
> ▷ 바른 진술: 토의 · 토론 학습방법을 통한 가치판단력 신장에 관한 연구
> (독립변인) (종속변인)

넷째, 연구 주제는 구체적이고 간결한 용어로 진술하여야 한다. 명세적이고 구체적이며, 무엇을 연구하는 것인지 알 수 있도록 진술하여야 하며, 의미가 중복되거나 유사한 용어는 생략하거나 단축시켜 표현하는 것이 좋다.

> ▷ 바르지 못한 진술: 설계 공작 학습력 신장을 위한 실습 여건 조성의 실천연구
> ▷ 바른 진술: 협동실습의 환경 구성을 통한 공작 학습력 신장

다섯째, 연구 주제에 부제는 특별한 경우나 꼭 필요한 경우를 제외하고는 달지 않으며, 연구 주제에 모두 진술될 수 있도록 해야 한다. 연구 주제의 길이가 너무 길거나 구체적으로 분야를 표현해야 할 경우에는 부제를 진술하여 연구 범위를 나타낼 필요가 있다.

> ▷ 바르지 못한 진술: 웹 기반 학습기술 훈련이 자기주도적 학습능력에 미치는 효과
> (– 자기관리 학습기술을 중심으로)
> ▷ 바른 진술: 웹 기반 자기관리 학습기술 훈련이 자기주도적 학습능력에 미치는 효과

목차(내용 목차, 표 목차, 그림 목차) 제시 목차라는 것은 연구자가 지금까지 연구를 진행하고 사고한 과정을 단계적으로 나타내는 것이다. 이 목차를 논리적이고 체계적으로 잘 구성하는 것은 보고서를 읽는 사람이 보

고서의 구조와 형태를 한눈에 알아볼 수 있도록 하며, 이해를 돕는 역할을 한다. 이에 목차를 제시하는 방법을 살펴보면 다음과 같다.

첫째, 목차는 내용 목차, 표 목차, 그림 목차로 구분하여 제시해야 한다. 목차를 차례라고 표시하기도 한다. 목차는 연구의 본문 내용의 차례를 나타내는 내용 목차, 본문 내용에 포함되어 있는 표와 그림의 차례를 나타내는 표 목차와 그림 목차로 구분하여 표시한다.

둘째, 목차는 본문에 제시되는 글의 제목이나 소제목과 일치하게 제시해야 한다. 글 속의 본문에서 제시되는 제목과 동일하게 제시되어야 하며, 목차와 내용의 제목이 달라서는 안 된다.

셋째, 내용 목차는 장과 절의 제목으로 구성한다. 내용 목차에 너무 많은 소제목을 제시하지 말고 대표적인 제목이나 장과 절 정도의 제목만을 제시하는 것이 바람직하다.

넷째, 내용 목차에 붙이게 되는 기호는 보통 현장연구대회에서 규정하고 있는 형식에 따른다. 그러나 특별한 규정이 없을 경우에는 연구자에 의해 사용될 수 있지만 일반적으로 정해진 형식을 따르는 것이 좋다. 예를 들어, 내용 목차에서 기호 순서는 보통 다음과 같은 순서로 제시된다.

Ⅰ, Ⅱ, Ⅲ ……	Ⅰ, Ⅱ, Ⅲ ……
1, 2, 3 ……	1, 2, 3 ……
가, 나, 다 ……	1), 2), 3) ……
1), 2), 3) ……	(1), (2), (3) ……
가), 나), 다) ……	①, ②, ③ ……
(1), (2), (3) ……	
(가), (나), (다) ……	
①, ②, ③ ……	
㉠, ㉡, ㉢ ……	

[그림 6-5] 기호 순서

다섯째, 표 목차는 번호 순서와 페이지를 표기하여 순서대로 모아 한눈에 알아보기 쉽게 제시한다. 일반적으로 보고서의 본문 내용에 표 목차의 번호는 장과 절에 따라 순서를 매기고 제목은 표 위쪽에 제시한다.

〈표 6-1〉 표 제목 내용

여섯째, 그림 목차는 번호 순서와 페이지를 표기하여 순서대로 모아 한눈에 알아보기 쉽게 제시한다. 표 목차와 마찬가지로 그림 목차의 번호도 장과 절에 따라 순서를 매기고 제목은 그림 아래쪽에 제시한다.

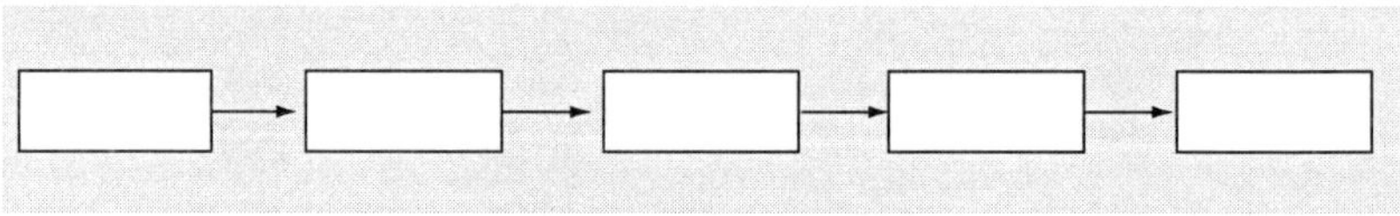

[그림 6-2] 그림 제목 내용

Tip 현장연구 보고서 시작 부분 쓰기

현장연구 보고서를 작성할 때의 시작 부분 쓰기에 대하여 간략하게 살펴보자.

▷목차

Ⅰ. 서론

1. 연구의 필요성(동기, 의의) 1

▷표 목차

▷그림 목차

(2) 보고서 중간 부분

보고서 중간 부분은 실질적인 본문으로 연구의 시작과 진행, 그리고 결과에 대한 정보와 자료를 정리하여 진술한다. 이제부터 전체적인 연구 진행과 사고과정을 통해서 얻은 정보와 자료를 정리하고 실제 글로 풀어 쓴다. 사실 여러 전문가들이 제안한 보고서의 체계가 달라서 표준적인 것을 제시하는 것이 쉽지는 않지만, 앞에서 설명하였던 보고서 중간 부분에서 제시한 일반적인 보고서 체계에서 포함되어야 할 부분은 서론, 이론적 배경, 연구방법 및 절차, 실행, 결과 및 논의, 요약, 결론, 제언 등이다. 이제 보고서 중간 부분에서 다루어야 할 몇 가지 주요 부분의 서술방법에 대해 알아보자.

◈ 서론 부분

먼저 서론 부분에 포함되어야 하는 연구의 필요성, 목적, 문제(가설), 제한점, 용어의 정의 등에 대한 진술방법에 대하여 알아보자.

연구의 필요성 부분(동기, 의의) 진술 연구의 필요성 부분은 자신이 연구를 시작하게 된 직접적이고 구체적인 동기나 연구가 왜 필요한지 등에 대한 필요성과 이유를 진술한다. 가능하다면 교육현장에서 발생한 문제에 대한 교육적인 문제의식과 그것을 해결하기 위한 연구문제를 중요하게 다루어 제시하는 것이 바람직하다. 그리고 그 해답을 얻고자 하는 것이 무엇이며, 해답을 얻게 되면 어떠한 시사점을 얻을 수 있는지를 분명하고 명확하게 진술하는 것이 좋다.

이러한 내용을 진술할 때 주의해야 할 점은 연구자 자신의 지나친 선입견이나 개인적인 주장을 단정적으로 제시하거나 명확하지 못한 표현을 사용하는 것은 되도록 피해야 한다. 만약 확실한 근거를 제시하는 것이 필요할 경우에는 선행 연구자의 선행연구 결과나 학자들의 이론적인 근거를 제시하여 자신의 주장을 전개할 필요가 있다. 이어서 진술하게 될 연구를 통해서 얻게 되는 시사점은 연구의 의의로 밝히는 것으로, 연구 결과가 어떤 면에 크게 공헌할 수 있을 것인지에 대하여 명확하게 진술한다.

연구의 필요성 진술에 대한 구체적인 고려사항과 지침을 정리하면 다음과 같다.

첫째, 연구의 필요성은 연구가 이루어져야 할 가장 중요한 동기와 필요성을 진술하여야 한다. 이러한 필요성에는 현장연구자의 교육적인 문제의식을 바탕으로 한 연구의 근원적인 동기, 구체적인 취지, 실제적인 필요 등을 진술해야 한다.

둘째, 연구의 필요성은 연구의 목적과 연구를 통해서 다루게 될 문제나 가설과 직접적으로 관련이 있는 내용을 진술해야 한다. 이렇게 진술하기 위해서는 먼저 구체적인 관련 내용을 제시하고, 연구 대상의 주변부터 차츰 심층적인 동기나 이유, 원인과 관련지어서 제시하는 것이 좋다.

셋째, 연구의 필요성은 객관적인 근거를 기초로 진술해야 한다. 자신의 주장에 근거가 될 수 있는 중요한 내용, 선행연구 결과에 대한 출처를 명확하게 밝혀야 하며, 개인적 경험과 주장을 단정적으로 진술하지 않고, 모호한 표현을 피하는 것이 좋다.

▷ '블렌디드 러닝(blended learning) 환경에서 학습기술 훈련 프로그램 구안 적용을 통한 자기주도적 학습능력 신장' 연구의 필요성(예시)

미래 사회에서 학생이 학습의 주체자로 활동하기 위해서는 스스로 학습할 수 있는 능력을 길러 주어야 한다. 이러한 학생 스스로 학습하고자 하는 능력을 자기주도적 학습능력이라고 한다. 교실에서 학습자가 능동적으로 학습의 주체자로서 참여하여 자기주도적 학습능력을 기르기 위해서는 무엇보다 학습하고자 하는 내적인 동기가 중요하며, 이 내적 동기를 유발하기 위해서 학습기술을 훈련하는 것이 하나의 효과적인 프로그램이 될 수 있다.

그리고 최근에 제시되는 각종 교육개혁방안, 제7차 교육과정에서 핵심이 되는 자기주도적인 학습능력을 신장시킬 수 있는 방법으로 재량활동을 통해서 '학습하는 방법의 학습' 을 강조하고 있다. 이 '학습하는 방법의 학습' 과 같은 맥락에서 구체적인 방안의 하나로서 학습기술을 생각해 볼 수 있으며, 그 관심과 연구가 증대되고 있다. 이 학습기술은 학습자원과 환경관리 및 능동적인 정보처리 등의 측면에서 교육과정에서 학습자가 필수적으로 습득해야 할 것인데도 그 구체적인 방법과 프로그램이 구성되어 있지 않은 것이 현실이다. 또한 제7차 교육과정 사회과의 목표는 사회생활에 필요한 기능을 익혀 민주시민으로서의 자질을 육성하는 것이다.[1] 이러한 사회생활에 필요한 기능이 여러 가지가 있겠지만 학생들이 장차 사회 속에서 평생학습자로서 생활하기 위해서는 무엇보다 스스로 학습할 수 있는 자기주도적 학습능력을 길러 주어야 할 것이다.

오늘날 교육현장에서는 컴퓨터의 교육적 활용이 가속화되고, 첨단 정보통신공학의 발달로 교육환경에 인터넷의 속성이 활용됨에 따라 웹 기반 환경에서의 학습에 관한 논의가 활발히 이루어지고 있다. 이러한 웹 기반을 이용한 학습 환경은 정보화 사회에서 요구되는 학습자의 고차적인 문제해결 능력과 자신의 학습에 대하여 '자기주도적인 학습능력'을 성장시킬 수 있다는 잠재력이 있어 그 교육적 유용성이 더욱 커지며, 이에 따라 효과적인 웹 기반 학습 구현에 대한 다양한 접근이 요구되고 있다. 요즈음 이런 웹 기반 학습 환경이나 사이버 공간을 이용하는 이러닝(e-learning)이 강조되고 있다. 이러닝은 교사와 학습자가 직접 교실에서 면대면 학습의 상호작용을 통해 얻을 수 있는 장점을 구현하는 데 제한점을 가지고 있으며, 이 제한점을 면대면 교실학습의 장점으로 보완하고자 하는 시도에서 블렌디드 러닝(blended-learning)이 대두되고 있다. 이 블렌디드 러닝은 두 가지 이상의 교육방법을 조합해서 학습이 이루어지는 것을 일컫는 것으로 면대면 교실수업과 웹 기반 수업을 통합하는 방법이다. 블렌디드 러닝에서는 면대면 학습이 통합되므로, 웹 기반 학습 환경의 제한점으로 지적되는 인간적인 접촉의 상실이나 홀로 학습에 대한 두려움, 이로 인한 동기 유발 저하 등을 보완할 수 있다는 것이 장점이 된다.[2)]

그런데 학습기술 훈련을 통해서 학습기술을 지식으로 습득할 수는 있으나 내적 동기를 유지하고 학습기술을 내면화하여 학교나 가정의 실제 생활 상황에서 활용하는 데 어려움을 가져오는 원인이 될 수 있다. 이에 학습의 내적 동기를 유지하고 가정과 학교를 연결하여 학습할 수 있는 환경 조성의 필요성이 부각되며 블렌디드 러닝 환경을 조성하는 것이 효과적인 방안이 될 수 있다.

따라서 학습기술 프로그램을 통해서 학습기술을 훈련하는 것은 제7차 교육과정에서 '학습하는 방법의 학습'을 실천하고 학생들이 평생학습자로서 살아갈 수 있는 바탕을 제공할 수 있다. 그리고 학교와 가정에서의 연계된 학생들의 관심과 친숙도를 함께 높일 수 있도록 가정에서는 웹 기반 환경에서 중점적으로 학습하고 학교에서는 면대면 학습 환경에서 중점적으로 학습할 수 있는 블렌디드 러닝 환경을 활용한 학습기술 훈련 프로그램을 접함으로써 학습기술을 받아들이는 부담감을 덜고 보다 효과적인 방법으로 자기주도적 학습능력을 신장시킬 수 있을 것이다. 또한 훈련받은 학습기술을 사회과를 중심으로 재량활동, 특별활동에 적용해 봄으로써 자기주도적 학습능력을 신장시킬 수 있는 다양한 학습 기회를 제공하고자 본 연구를 시도하게 되었다.

1) 교육부(1998). 초등학교 교사용 지도서: 사회. 국정교과서 주식회사, p. 8.
2) 김영수(2004). 교수원격교원연수 온라인 뉴스레터 8월호. 한국교육학술정보원, p. 86.

연구의 목적 진술 연구의 목적 진술은 자신이 제시한 연구 주제와 연구의 필요성에 제시한 현장의 문제에 대한 연구를 통하여 얻고자 하는 것이 무엇인지를 밝히는 것이다. 연구 목적의 진술은 무엇보다 구체적이고 명확하게 진술하는 것이 기본이다. 결국, 연구 과정에서 연구 목적은 연구의 결과를 예견하고 방향을 제시할 수 있는 중요한 부분이 될 수 있다. 이는 무엇보다 연구의 목적에서 연구의 실천 목표(실행 목표)나 실천 가설(실행 가설)을 추출하여 제시하기 때문이다. 따라서 연구 목적은 연구를 통해서 실천하고자 하는 목표와 얻고자 하는 결과를 순서대로 진술하는 것이 바람직하며, 가능한 한 논리적 순서로 진술해야 한다.

연구의 목적을 진술할 때에 구체적으로 고려해야 할 사항과 지침을 정리하면 다음과 같다.

첫째, 연구의 목적은 연구를 통해서 달성하고자 하는 구체적인 사실을 명확한 용어로 진술해야 한다. 연구를 통해서 실천하고자 하는 실천 목표나 얻고자 하는 결과를 분명하게 진술하는 것이 바람직하다.

▷ 바르지 못한 진술: 부모의 성취 압력과 학업성취 간의 관계를 밝힌다.
(추상적 진술)
▷ 바른 진술: 부모의 성취 압력이 학습자의 자아개념에 미치는 영향을 분석한다.
(구체적 진술)

둘째, 연구의 목적은 교육과정에서 제시하는 일반적인 교육 목적과 같은 표현을 사용하지 말아야 한다. 현장연구에서의 연구 목적은 현장에서 발생하는 문제의식에서 출발하여 실천적 해결방안을 찾고자 하는 데 있으므로 이러한 실천적 해결방안이 목적으로 진술되어야 한다.

> ▷ 바르지 못한 진술: 학습자의 사고력과 문제해결능력, 자기주도적 학습능력을 증진시킨다. (일반적 교육 목적 진술)
> ▷ 바른 진술: 학습자의 사고력과 문제해결능력, 자기주도적 학습능력을 증진시킬 수 있는 방안을 제시하고, 지도 프로그램을 구안 · 적용하고자 한다. (구체적 연구 목적 진술)

셋째, 연구 목적을 진술할 때는 연구를 통해서 얻게 되는 시사점을 지나치게 부각시키지 말아야 한다.

> ▷ 바르지 못한 진술: 학습기술 훈련은 학습 구조 개선과 학습 효과를 높이는 데 기여한다.
> ▷ 바른 진술: 학습기술 훈련은 학업성취가 낮은 학습자에게 학습 동기를 부여하여 학습 효과를 높일 수 있는 기회를 제공할 것이며, 학습 구조를 개선하는 방안이 될 수 있을 것이다.

다음으로 연구문제 및 가설 진술은 연구의 필요성과 목적에서 진술된 내용을 실제 실행하기 위하여 연구자가 다루게 될 연구의 문제 및 가설을 진술하는 것이다. 여기서 연구문제는 연구를 통하여 얻고자 하는 것이 무엇인가를 간결하고 명료하게 묻는 의문문의 형태로 진술한다. 연구에서 적용하게 되는 연구방법에 따라 달라지겠지만, 실험연구의 경우에는 연구문제에 대한 연구 가설을 세워서 진술하게 된다. 연구 가설은 연구문제를 해결하기 위하여 연구자가 가지게 되는 의문이나 질문에 대하여 잠정적으로 내린 답을 진술하는 것이다.

이에 연구문제 및 가설을 진술하는 방법을 구체적으로 알아본다.

연구문제의 진술 연구 주제(제목), 연구의 필요성, 연구의 목적과 더불어 연구문제는 서로 밀접한 관련을 가지면서 일관되게 진술되어야 한다. 그리고 연구문제는 서론에서 마지막 최종적인 연구의 방향을 제시하는 중요한 부분으로 신중하게 진술되어야 한다. 구체적인 연구문제 진술 시 고려해야 할 사항과 지침을 설명하면 다음과 같다.

첫째, 연구문제는 서술문으로 제시하는 것보다 의문문의 형태로 진술해야 한다. 일반적으로 문헌연구의 경우를 제외하고 현장연구에서는 연구문제를 의문문으로 제시한다.

▷ 바르지 못한 진술: 학습부진아의 학업성취 향상 프로그램을 구성한다.
▷ 바른 진술: 학습부진아의 학업성취 향상 프로그램은 어떻게 구성할 것인가?

둘째, 연구문제는 독립변인과 종속변인의 순서로 진술하되 변인 간의 관계가 명확하게 진술되어야 한다. 연구 주제의 진술과 마찬가지로 연구문제는 독립변인이 먼저 제시되고 종속변인이 뒤에 제시되어야 하며, 두 변인 간의 어떠한 관계를 연구할 것인지를 분명하게 진술하는 것이 좋다.

▷ 바르지 못한 진술: 학생의 학업성취(종속변인)는 교사와 학생의 발문 수준(독립변인)과 관계(변인관계)가 있는가?

▷ 바른 진술: 교사와 학생의 발문 수준(독립변인)과 학생의 학업성취(종속변인)에는 어떤 상관(변인관계)이 있는가?

연구 가설의 진술 연구 가설은 앞에서 설명한 것처럼 연구문제가 먼저 진술되면 연구문제에 대한 연구자의 잠정적인 해답을 진술하는 것을 의미한다. 보통 연구방법 중에서 실험연구에서는 대부분 연구문제 진술 다음에 연구 가설을 이어서 제시하는 경우가 많다. 하나의 연구문제에 하나의 가설이 세워질 수 있지만 2～3개의 가설을 세울 수도 있다. 연구 가설은 가설과 그 설정 근거를 진술하는 것이 원칙이지만 연구 가설의 설정 근거는 연구 목적이나 문제에서 진술하게 되므로 일반적으로 생략한다. 실험학교나 연구학교에서 현장연구를 실시하는 경우에는 가설을 세우기보다 실천과제(실행과제나 실천 목표, 실행 목표)를 제시하는 경우가 있는데, 이 경우도 가설 설정과 진술 같은 방법으로 이루어진다.

이에 가설 설정 또는 실천과제의 진술 시 고려해야 할 사항과 지침에 대하여 구체적으로 설명하면 다음과 같다.

첫째, 연구 가설은 연구 목적, 연구문제, 이론적 배경에 바탕을 두고 진술되어야 한다. 연구 가설은 연구 목적, 연구문제와 일관성을 가지고 연구를 통해서 제기한 문제에서 연구자가 얻을 것으로 기대되는 잠정적인 해답이기 때문이다. 그리고 이론적 배경에서 연구 가설에 대한 이론적 근거를 제시해야 하며, 사용되는 용어에 대한 충분한 이론적 탐색이 이루어져야 한다.

둘째, 연구 가설은 독립변인인 전제, 종속변인인 결과, 방법이 함께 진술되어야 한다. 연구문제를 기본 전제로 하고, 독립변인과 종속변인을 순서대로 연결하며, 그 결과를 얻을 수 있는 방법이나 해결방안을 제시하는 것이다.

> ▷ 바르지 못한 진술: 학업성취에서 일제학습과 협동학습은 차이가 있다.
> (결과: 종속변인) (전제: 독립변인) (연구방법: 검증)
>
> ▷ 바른 진술: 일제학습과 협동학습 간에 나타난 학업성취는 의미 있는 차이가 있다.
> (전제: 독립변인) (결과: 종속변인) (연구방법: 검증)

셋째, 연구 가설은 미래형보다 현재형으로 진술되어야 한다. 현재형으로 연구 가설을 진술하는 이유는 연구자의 잠정적인 해답이지만 분명하게 제시하는 것이 앞으로의 연구 과정과 방향을 명확하게 하기 때문이다.

▷ 바르지 못한 진술: ……일 것이다.
……의의(상관)가(이) 있을 것이다.
▷ 바른 진술: ……이다
……의의(상관)가(이) 있다.

넷째, 연구 가설은 구체적이고 상세하게 진술되어야 하며, 검증이 가능한 진술이어야 한다. 연구 가설의 설정 및 진술은 독립변인과 종속변인 사이의 관계나 영향 등을 연구자가 선택한 연구방법을 통해서 검증할 수 있도록 진술되어야 한다. 그리고 진술된 연구문제를 구체적이고 세부적으로 나누어 여러 개의 가설을 진술한다.

▷ 바르지 못한 진술: 학습자가 지각하는 가정에서의 성취 압력(독립변인)이 클수록 학업성적(종속변인)이 높아질 것이다.

▷ 바른 진술: 긍정적인 성취 압력을 지각하는 학생(실험집단: 독립변인)과 부정적인 성취 압력을 지각하는(비교집단: 독립변인) 학생의 학업성적(종속변인)은 의미 있는 차이(연구방법)가 있다.
학습자가 지각하는 가정에서의 성취 압력의 상 · 하(독립변인)는 학업성적(종속변인)에 의미 있는 차이(연구방법)가 있다.

용어의 정의 진술 용어의 정의는 해당 연구에서 사용하는 특정한 용어의 정의를 공식적으로 진술하게 된다. 이때 용어의 정의는 학자들이 정의한 것을 종합 인용하지 않고, 자신의 연구에서 특별히 의미하는 용어의 정의를 서술하는 것이 바람직하다. 자신이 연구하고 있는 내용 중에서 사용하고 있는 핵심적인 용어에 대하여 다른 연구자나 학자들 간에 용어의 해석이 다양할 경우, 본 연구에서 용어를 어떻게 정의하느냐가 연구 과정과 결과에 영향을 미칠 경우 용어에 대하여 그 의미를 정의할 필요가 있다.

용어의 정의를 진술할 때에 고려해야 할 사항과 지침을 제시하면 다음과 같다.

첫째, 용어의 정의는 연구 주제, 문제, 목적, 가설 등에서 제시하고 있는 핵심적인 용어를 정의해야 한다.

둘째, 용어의 정의는 연구자가 연구 내용에 따라 자신이 규정한 용어의 정의를 진술해야 한다. 이는 연구 내용과 연구 방향을 규정해 주는 중요한 의미를 가진다.

셋째, 용어의 정의는 명확하고 분명하게 진술해야 한다. 진술하는 형식은 일반적인 속성이나 개념에 대한 열거나 조작적 정의의 형식을 취하여 진술한다. 여기서 조작적 정의는 조건을 제시하여 얻은 반응을 의미하는 것으로, 예를 들어 검사나 측정도구를 통해서 얻은 점수 등으로 표현할 수 있다.

▷ 용어의 정의(예시)

1. 블렌디드 러닝(blended-learning)

블렌디드 러닝은 면대면 교실 수업과 웹 기반 수업을 통합하는 방법이다. 웹 기반 수업에서의 콘텐츠의 저장과 갱신, 정보의 검색, 활용, 공유가 시간적 · 공간적 제약을 받지 않고 신속하게 이루어지는 장점과 면대면 학습 환경을 통합하여 만남을 통한 감정 교류, 학습 두려움, 동기 유발 저하 등의 정의적인 문제를 보완하는 학습을 말한다.[1)]

본 연구에서는 주로 가정에서 웹 기반 학습으로 학습기술을 학습하고 학교에서 면대면 학습으로 학습기술을 학습하는 블렌디드 러닝이 이루어진다.

2. 학습기술(study skill)

학습기술은 학습자가 스스로의 학습 목표를 정하고 학업성취를 이루어 가는 과정을 계획하고 설계하는 데 관련된 일련의 기술을 의미한다.[2]

본 연구에서는 다양한 학습 사태에서 학습자가 학습과제를 해결하는 데 도움이 되는 모든 내적 · 외적 방법이라고 정의하고, 하위기술로 자기관리기술, 수업참여기술, 과제해결기술, 읽기와 쓰기를 포함한 정보처리기술, 그리고 시험관리기술 등으로 구분한다.

3. 자기주도적 학습능력(self-directed learning ability)

자기주도적 학습능력은 두 가지가 복합된 능력으로 자기주도적 능력과 학습능력이다. 자기주도적 능력은 모든 일을 스스로 계획 · 처리하고 그 결과에 대하여 책임지려는 자율적 · 독립적 · 진취적 성향을 뜻하고, 학습능력은 성향과 기능이 복합된 개념으로서 배우려는 성향과 배우는 데 필요한 기본적인 지식과 기술이 결합된 능력을 말한다.[3]

본 연구에서 자기주도적 학습능력은 자신의 관심이나 흥미, 적성 등에 따라 학생이 스스로의 학습 욕구를 진단하여 목표를 설정하고, 그 목표를 달성하기 위하여 필요한 여러 가지 자원을 찾아 문제를 해결하는 활동을 하며, 스스로 학습 성과를 평가하는 것을 의미한다.

---

1) 김영수(2004). 교수원격교원연수 온라인 뉴스레터 8월호. 한국교육학술정보원. p. 86.
2) 강태용(2004). 학습기술 훈련이 고등학생의 학습습관, 학습동기 및 학업성취에 미치는 효과. 부산대학교 대학원 박사학위논문.
3) 박명태(1997). 학습자의 학습력 제고를 위한 수업모형. 학생연구, p. 25.

연구의 제한점 진술 연구문제와 가설이 명확하게 분석되고 정의되었다면 연구의 한계와 범위를 어느 정도 시사하고 암시하는 것이 필요하다. 즉, 연구자는 연구의 범위나 제한점을 분명히 알고 구분하여 적용하는 것이 바람직하다. 여기서는 연구 내용과 관련된 것만이 아니라 자료와 방법의 한

계나 약점 또는 제한점 등도 솔직히 지적해 두어야 한다. 불완전한 가설이나 어떤 견해 중에는 연구문제와 관련되거나 연구 절차와 연구 결과까지 관련되는 경우도 있다. 이러한 기본 가정을 밝히는 것도 연구자의 바람직한 자세다.

> ▷ 연구의 제한점(예시)
>
> 본 연구의 제한점을 제시하면 다음과 같다.
>
> 첫째, 블렌디드 러닝 환경에서 학습기술 훈련 프로그램은 초등학교 6학년 학생을 대상으로 개발될 것이며, 훈련받은 학습기술을 사회과를 중심으로 재량활동, 특별활동 등에 국한되게 적용하여 자기주도적 학습능력을 신장시키고자 할 것이다.
>
> 둘째, 가정에서는 웹 기반 학습 환경에서 학습이 중점적으로 이루어지고 학교에서는 면대면 학습 환경에서 학습이 이루지는 통합된 블렌디드 러닝을 활용할 것이다. 이는 웹 기반 학습 환경과 면대면 학습 환경을 적절하게 통합하여 학습기술 훈련 프로그램을 개발하게 되므로 웹 기반 학습이나 면대면 학습이 서로 수평적으로 통합되는 것이 아니라 학습기술의 특성에 따라 그 비중이 달리 적용됨을 고려해야 한다.
>
> 셋째, 연구 대상을 1개 학교의 6학년 2개 학급을 대상으로 하기 때문에 아동의 실태 파악에서 전국적인 초등학교 실태로 해석하는 데 무리가 있음을 염두에 두어야 한다.

◈ 이론적 배경 부분

지금까지는 서론 부분에 포함되어야 하는 연구의 필요성, 목적, 문제(가설), 제한점, 용어의 정의 등에 대한 진술방법을 알아보았다. 이어서 이론적 배경 부분에 대한 진술방법을 살펴보도록 하자.

이론적 배경에 대한 진술은 크게 두 부분으로 나눌 수 있는데, 관련 이론 탐색과 선행연구 고찰이다. 관련 이론에 대한 탐색은 일반적으로 연구의 주제와 관련되는 중요한 개념이나 이론에 대한 상세하고 광범위한 진술을 하는 부분이며, 선행연구 고찰은 자신의 연구 주제와 관련하여 이미 선행 연구자들의 연구 결과를 정리하고 분석하여 제시하는 부분이다. 두 부분 모두 연구의 이론적인 바탕을 제공하는 것으로 중요한 개념이나 정의, 선행연구, 관련 연구 등이 포함된다.

사실 이론적 배경에 대한 정리는 연구를 시작하는 단계인 문헌고찰과 관련 자료나 정보를 수집하고 정리 · 분석하는 과정에서 자연스럽게 이루어지는 것이 바람직하다. 이는 자신의 연구 주제, 필요성, 목적, 문제 및 가설을 설정하고 진술하는 데 이론적인 근거와 바탕을 제공해 준다고 할 수 있다. 따라서 개인적인 현장연구나 연구학교를 운영하는 과정에서 기초 자료를 수집하고 분석하여 정리하는 일이나 이론적 배경을 정리하는 일은 필수적으로 매우 중요한 연구 과정이다.

이에 이론적 배경을 진술하기 위한 과정에는 기초적인 자료를 수집하고 정리 및 분석하는 과정이 있으며, 이를 바탕으로 실제 이론적 배경을 정리하고 진술하는 과정이 있다.

기초적 자료의 수집, 정리 및 분석 이론적 배경으로 정리하고 진술하기 위해서는 먼저 연구를 위한 기초적 자료 수집을 통한 정리 및 분석 과정을 거쳐야 한다. 기초적 자료의 수집, 정리 및 분석을 위해서는 기본적으로 연구하고자 하는 문제를 인식하게 되며, 새로운 연구문제와 관련된 선행연구 논문과 자료를 검색하고 연구 대상이 되는 집단에 대한 실태조사를 통한 분석이 이루어지게 된다. 이러한 과정을 위해서 지켜야 하는 사항과 치침을 제시하면 다음과 같다.

첫째, 연구문제의 해결을 위한 새로운 가설을 설정하기 위해서 선행연구의 각종 자료와 과제를 체계적으로 재조직하고 정리해야 한다.

둘째, 연구문제와 과제를 바탕으로 가설을 설정하기 위해서 교육현장의 실태 조사 및 분석을 실시해야 한다. 연구집단에 관한 제반 현황과 실태를 조사방법에 의거하여 사실 자료를 수집하고 분석 · 정리한다.

셋째, 선행연구와 실태조사를 통해서 기초적 자료에 대한 정리과정을 미쳐야 한다. 이 과정은 기초 자료 목차를 작성하고 자료를 선정하여 수집하며 정리 · 분석한 결과를 해석하여 연구에 대한 방향을 설정하고 가설이나 실천 목표를 진술하는 데 바탕을 마련하게 된다.

이론적 배경의 진술 앞에서 이루어졌던 기초적 자료 수집과 정리 및 분석의 과정을 거쳤다면 이미 작성된 기초적 자료에 대한 목차, 정리 및 분석 결과에 대한 자료와 정보가 저장되어 있을 것이다. 이러한 자료를 바탕으로 이론적 배경을 정리한다.

이론적 배경의 진술은 여러 가지 기초적 자료를 정리하고 나열하여 양이나 페이지를 채우는 것이 아니라 독립변인과 종속변인의 이론 간 관계를 바탕으로 이론적 배경을 정리하여 진술해야 한다. 구체적인 이론적 배경에 대한 정리 및 진술 시 고려해야 할 사항과 지침을 설명하면 다음과 같다.

첫째, 이론적 배경에 대한 정리는 연구문제의 독립변인과 종속변인에 직접적으로 관련이 깊은 이론을 수집하고 정리해야 한다. 주로 변인들과 관련된 개념, 이론, 법칙, 원리, 모형 등에 대한 정보와 자료를 정리한다.

둘째, 이론적 배경은 독립변인과 종속변인에 대한 이론과 이들 변인 간의 상관관계나 인과관계에 대한 이론적 근거를 제시해야 한다. 먼저, 독립변인과 관련된 이론적 배경을 제시하고 이어서 종속변인에 대한 이론적 배경을 진술한 후에 이들 변인 간의 관계에 대한 이론적인 근거를 제시하는 것이 일반적이다.

셋째, 이론적 배경에는 변인의 이론적인 근거와 함께 선행연구에 대한 고찰이 포함되어야 한다. 선행연구에 대한 고찰은 경험적 사실, 실제적 상황, 이론적 모형, 원리, 원칙적 내용, 규칙과 규정 및 관례 등에 대한 이론적인 내용을 포함시켜 제시할 수 있다.

Ⅱ. 이론적 배경(예시)

1. 관련 이론 탐색
   1) 학습기술의 개념
   2) 학습기술의 요소
   3) 학습기술과 자기주도적 학습능력의 관계
   4) 블렌디드 러닝과 자기주도적 학습능력의 관계

2. 선행연구 고찰
   1) 선행연구의 분석

   본 연구와 관련된 선행연구의 구체적인 내용을 정리하면 다음과 같다.

〈표 6-3〉 선행연구 분석

연도	연구자	연구 주제	연구 내용
1996	대구 대덕중학교 류지동	• 학습기술 프로그램 구안, 적용을 통한 학습능력 향상 방안 - 학습부진아 중심	• 학습기술 프로그램을 개발하여 특수아인 학습부진아를 대상으로 학습능력을 향상시키는 방안을 구체적인 프로그램과 함께 제시
2002	연천군 연천초등학교 박기서	• 단계적 웹 기반 수업(WBI)을 통한 정보탐색 활동이 자기주도적 학습능력 신장에 미치는 효과	• 단계적 웹 기반 수업(WBI)을 통한 정보탐색 활동으로 정보를 자기주도적으로 재구성하여 활용할 수 있는 능력을 신장시키는 지도방안을 모색하는 연구
2002	제주 곽금초등학교 강지선	• 학습기술 프로그램 구안, 적용이 자기주도적 학습능력 향상에 미치는 효과	• 면대면 학습 환경에서 학습기술 훈련 프로그램을 다양하게 개발하여 적용해 보고 학습자의 자기주도적 학습능력에 미치는 효과 연구
2002	개원초등학교 변영계, 박한숙	• 학습기술 훈련 프로그램(초등학생용/교사용)	• 초등학생 대상의 학습기술 측정 도구 및 훈련 프로그램을 학생용/교사용으로 개발

2) 선행연구에서 얻은 시사점

선행연구의 내용을 분석한 결과 다음과 같은 시사점을 찾을 수 있었다.

첫째, 류지동(대구 대덕중학교)의 연구에서는 학습부진아를 대상으로 학습기술 프로그램 개발에 있어 절차와 학업성취도에 미치는 영향을 제시하였는데, 이 연구에서는 정상적인 학생에게도 적용이 가능하다는 것을 시사받았다.

둘째, 박기서(연천군 연천초등학교)의 연구에서는 사회과에서 웹 기반 학습 환경이 자기주도적 학습능력을 향상시키는 데 효과적인 학습 환경이 될 수 있으며, 사회과를 중심으로 재량활동, 특별활동 등에서 훈련받은 학습기술을 적용할 수 있음을 시사받았다.

셋째, 강지선(제주 곽금초등학교)의 연구에서는 학습기술 프로그램의 구성 요소와 구체적인 학습활동 내용을 제시하여, 학습기술 프로그램을 구성하고 개발하는 데 도움을 받았다.

넷째, 변영계 · 박한숙(개원초등학교)의 연구에서는 학습기술의 개념과 체계, 구성 요소에 대한 구체적인 사항을 정리할 수 있었으며, 6학년 수준을 고려하여 학습자에 대한 사전 학습기술 측정도구, 초등용 학습기술 프로그램을 개발하는 데 바탕을 제공하였다.

◈ 연구방법 및 절차 부분

지금부터는 연구 보고서의 중간 부분에서 본론에 해당하는 부분으로 연구의 계획, 연구의 실행 부분에 대한 진술방법을 살펴본다.

연구 보고서의 연구방법 및 절차에서 구체적으로 포함되어야 할 부분은 연구의 기간 및 대상, 연구 절차(실행 절차), 연구 도구(처지 및 측정 도구), 자료 처리 등이다. 연구의 계획은 연구가 진행된 기간과 연구가 어떠한 대상을 상대로 이루어졌는지에 대한 사실을 진술한다. 그리고 연구 도구로서 처치도구와 측정도구를 구안하고 제작하거나 선정하는 것, 연구나 시범활동을 실행하고 검증하는 절차를 구상하여 정리하는 것, 각종 자료와 결과를 수집하고 통계 · 처리하는 것 등을 구체적으로 계획하여 진술한다.

연구 기간 및 대상의 진술 연구 기간 및 대상의 진술에서 고려해야 할 사항과 지침을 제시하면 다음과 같다. 먼저, 연구 기간의 진술은 연구가 실시된 기간이나 계획하고 있는 기간의 연도와 월, 일을 기록하는 것이다. 주로 현장연구 기간은 1년에서 2년 사이며, 1년 이상은 되어야 한다.

그리고 연구 대상은 전체를 대표할 수 있는 일부분으로서 연구의 대상에 관하여 구체적이고 상세하게 제시해야 한다. 구체적으로 제시하여야 그 집단의 특성을 알고, 그 연구의 성과를 일반화하는 데 준거가 될 수 있다. 구체적으로 연구의 대상에서 진술해야 하는 내용을 제시하면 다음과 같다.

▷ 연구 대상에서 진술해야 할 내용

- 대상의 지명: 시 · 도 · 군 · 면 · 학교
- 대상 수: 학년, 학급, 남녀
- 학교의 환경과 여건: 학교 역사, 교육 여건, 학교 규모, 교육 시설, 교육 풍토 등
- 지역사회의 여건: 지리적, 경제적, 문화적, 생태적 등
- 학생에 관한 사항: 학력, 지능, 습관, 태도, 인성 특성, 의식 구조 등
- 교원에 관한 사항: 교원 수, 교원 조직, 교육 경력, 교육관, 학력, 인성 특성, 특수 자질 등
- 학부모의 특성: 교육관, 교육 환경, 가정 환경 등

▷ 연구의 기간 및 대상(예시)

1. 연구 대상

본 연구에서는 연구 대상을 부산광역시 S초등학교 6학년 5개 반에서 연구반 1개 학급, 비교반 1개 학급으로 총 68명을 임의로 선정하였다. 본 실험에 들어가기 전 실험집단과 통제집단의 동질성을 확보하기 위해서 학습기술, 학업성취도 측면에서 검증하였다.

〈표 6-4〉 연구 대상

구 분	대 상	인 원
연구반	○○초등학교 6학년 ○반	34명
비교반	○○초등학교 6학년 ○반	34명

2. 연구 기간: 2008. 3. 1.~2008. 12. 31.

연구 절차(실행 절차)의 진술 연구 절차는 연구를 계획된 시기에 어떠한 절차를 거쳐서 진행할 것인지에 대한 구체적인 계획을 제시하거나 실행된 과정을 정리하여 진술한다. 즉, 연구 절차는 실행 절차라고 표현할 수 있으며, 정해진 연구 대상에 따라 연구에 사용한 도구와 과제, 연구 절차를 구체적으로 제시해야 한다. 주로 연구 절차는 기술이나 도표로 제시할 수 있다.

일반적으로 도표를 이용하여 어떤 시기에, 어떤 내용을, 어떤 대상에게 어떤 도구로써, 어떻게 실시하여, 어떻게 자료를 처리하며, 어떻게 수집 · 분석 · 종합 · 정리하는가를 자세하게 기술해야 한다. 그리고 제시되는 도표에는 연구방법에 대한 내용이 포함되도록 해야 한다. 예를 들어, 조사연구의 경우에는 조사 대상 및 시기, 조사방법 등에 대한 내용이 포함되고, 실험연구의 경우에는 실험 설계에 대한 진술이 포함되어야 한다.

▷ 연구의 절차(실험 설계 예시)

학습기술 훈련 프로그램의 개발 및 수정 · 보완은 2008년 3월에서 8월까지 6개월에 걸쳐서 진행될 것이며, 학습기술 훈련 프로그램의 적용 및 자기주도적 학습 능력에 미치는 효과 검증은 2008년 9월 2째주부터 11월 4째주의 12주간에 걸쳐서 진행될 것이다. 매주 2차시씩 총 24차시의 훈련이 실시된 후 그 효과를 검증할 것이다.

〈표 6-5〉 연구 절차

연구 절차	기 간	내용과 방법	비고
학습기술 훈련 프로그램의 개발	3월 ~ 7월	• 문헌연구를 통하여 프로그램의 구성요소 확정 • 자기주도적 학습능력검사, 학습기술검사를 통해서 실태 분석 및 실행 목표 추출 • 면대면 학습기술 훈련 프로그램 수정 · 보완 개발 -자기관리 학습기술 프로그램 -수업참여 학습기술 프로그램 -과제해결 학습기술 프로그램 -정보처리 학습기술 프로그램 -시험치기 학습기술 프로그램 -웹 기반 학습기술 훈련 프로그램 개발 및 탑재 • 웹 기반 학습기술 훈련 프로그램 연동 시험 • 블렌디드 러닝 환경에서 학습기술 훈련 모형 제시	• 실태분석검사 -자기주도적 학습능력검사 -학습기술검사 • 자기관리 학습기술 프로그램의 구성 내용은 Hm study skills program과 Teaching kids to Learning, 변창진의 학습기술 프로그램, 변영계 등(2000)의 초등용 프로그램을 참고하여 개발
형성평가	8월	• 블렌디드 러닝 환경에서 학습기술 훈련 프로그램 예비 적용 -대상: 초등학교 6학년생을 학습능력 수준별(상 · 중 · 하)로 2명씩 표집하여 훈련 프로그램을 실시하고, 내용과 절차, 방법의 적절성을 검토하고 수정	
연구 대상의 선정 및 자기주도적 학습능력 검사도구 검토 개발	9월 1주	• 연구반과 비교반의 선정 -연구반: 1개 반 -비교반: 1개 반 • 자기주도적 학습능력 검사도구 개발	• 집단 동질성 검사 -학업성취도검사: 3, 6월 기초 · 기본 검사 -학습기술검사
사전 검사의 실시	9월 1주	• 자기주도적 학습능력검사	

프로그램의 처치	9월 2주 ~ 11월 4주	• 12주 동안 24차시 분량의 프로그램을 처치 • 월요일, 목요일에 가정에서 웹 기반을 통한 학습기술 훈련 프로그램 중심으로 학습. 학교에서 재량활동을 통한 학습기술 훈련 프로그램을 중심으로 각각 2차시씩 실시	
사후검사의 실시	12월 1주	• 자기주도적 학습능력검사	
결과의 분석	12월 2, 3주	• 블렌디드 러닝 환경에서 학습기술 훈련이 자기주도적 학습능력에 미치는 효과에 대한 분석	

연구 도구의 진술　연구 도구에서 진술되어야 할 것은 연구 도구가 어떻게 제작되었거나 선정되었는지, 이 도구를 사용하여 연구문제를 어떻게 검증하고 해결할 것인지에 대한 검증방법 및 시기 등이다. 연구 도구에 대한 진술이 중요한 까닭은 연구나 시범에서 밝히고자 하는 사실을 타당하고 신뢰 있게 관찰 · 측정 · 조사할 수 있는 좋은 도구는 연구의 성과를 높일 수 있기 때문이다.

연구 도구의 진술 시 고려해야 할 사항과 지침을 정리하면 다음과 같다.

첫째, 연구 도구의 선정이나 제작은 처치도구와 평가도구(검사도구)로 나누어서 진술해야 한다. 처치도구는 학습지도안, 성취동기 훈련 프로그램, 훈화 자료, 창의력 계발 프로그램 등 학생지도 자료에 해당되는 도구며, 평가도구는 학력평가지, 검사지 등 학생지도 결과를 측정하는 도구다.

둘째, 연구 도구에 대하여 진술해야 할 내용은 도구 명칭, 제작자, 제작 목적, 내용 영역, 제작 과정, 제작 절차, 이론적 근거, 채점방식, 활용방식, 타당도 준거, 신뢰도 준거, 실용도와 객관도, 사용상의 유의점 등이다.

▷ 연구의 도구(예시)

연구에 사용되는 검사도구의 검증 내용과 방법은 다음과 같다.

검증 내용	검사도구	방법	대상	시기	비고
자기주도적 학습능력	• 자기주도적 학습능력 • 검사도구: 질문지, 관찰	조사 분석, t-검증	• 연구반 34명 • 비교반 34명	• 4, 9월 (사전검사) • 12월(사후검사)	실태 분석
학습기술	• 학습기술 검사도구: 질문지	조사 분석, t-검증	• 연구반 34명 • 비교반 34명	4, 9월 (사전검사)	실태 분석 및 동질성 검사
학업성취	학업성취도검사 (3, 6월 기초·기본 검사): 질문지	t-검증	• 연구반 34명 • 비교반 34명	4, 9월 (사전검사)	실태 분석 및 동질성 검사

자료 처리(통계 처리)의 진술 자료 처리는 통계 처리라고 부르기도 하는데, 여기에 진술되어야 할 사항들은 자료의 배포와 수집 상황, 자료의 처리 절차, 통계적 방법 등이다. 더 상세하게 자료 처리에 대한 진술 시 고려해야 할 사항과 지침을 설명하면 다음과 같다.

첫째, 자료 처리에는 자료의 성격 및 유형, 자료의 배포와 수집 등에 대한 특성을 구체적으로 진술해야 한다.

둘째, 자료 처리의 실행 절차로서 자료의 처리방법, 채점 기준, 비교 준거, 반응 빈도 등을 진술해야 한다.

셋째, 통계 처리에는 기술통계보다는 추리통계를 적용해야 한다. 단순한 백분율이나 평균치 빈도 등에 의한 처리만 하지 말고 상관계수나 t-검증 등을 활용하도록 해야 한다.

요즘에는 통계처리 프로그램인 SPSS와 SAS 프로그램을 활용하여 다양한 검증방법을 적용한 현장연구 사례도 증가하고 있으므로 프로그램 활용

방법에 대한 공부와 이해도 필요하다.

▷ 자료 처리(예시)

본 연구에서는 실태 분석과 실행 목표 추출을 위해서 연구반과 비교반에 대하여 학습기술검사와 자기주도적 검사를 실시하여 조사 · 분석하였다.

그리고 연구 대상 선정과 자기주도적 학습능력 신장 효과를 검증하기 위해서 SPSS/win 12.0 프로그램으로 전산 처리하며, 통계적 방법은 t-검증을 이용한다. 연구반과 비교반이 동질집단임을 밝히기 위해서 학습기술검사, 학업성취도검사에 대한 자료는 t-검증을 실시한다. 블렌디드 러닝 환경에서 학습기술 훈련 프로그램을 받은 연구반과 받지 않은 비교반의 자기주도적 학습능력에 대한 효과를 검증하기 위해서 사전검사와 사후검사 점수에 대하여 t-검증을 실시한다.

Tip 자료 처리 및 검증 프로그램 알아보기

자료 처리방법으로 통계처리 프로그램 SPSS를 활용한 검증에 대하여 간략하게 알아보자.

▷SPSS win 12.0 프로그램을 이용한 자료 검증

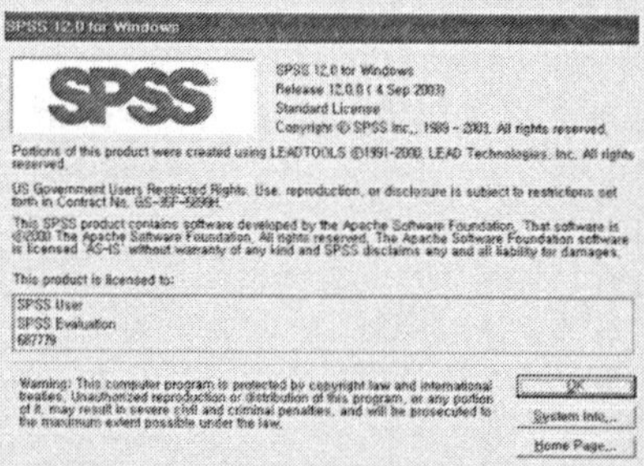

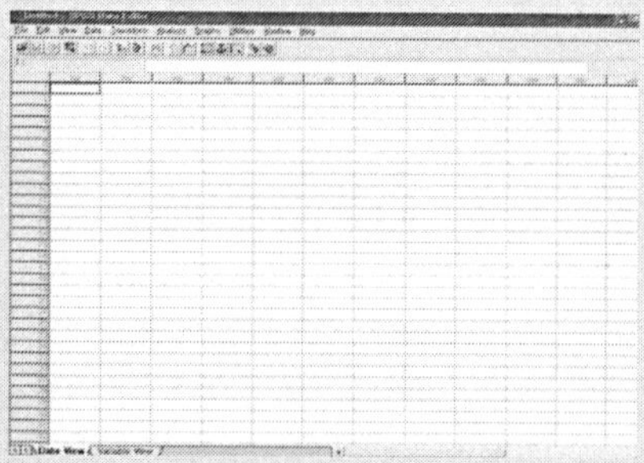

① 엑셀과 한글 워드프로세스, SPSS 프로그램 작업 셀에 직접 데이터 자료를 입력하여 코딩(coding) 작업을 한다.

② SPSS 프로그램을 이용하여 입력된 데이터 자료를 불러와서 통계 처리 및 검증을 실시한다(메뉴: 파일(F)–열기(O)–데이터(A)).

③ 기술통계 분석, 빈도분석, 상관분석, t–검증 등을 사용하여 자료를 검증한다.

- 기술통계 분석: 연속적인 변인으로 된 데이터를 분석할 때 주로 사용하는 것으로 자료의 최대값, 최소값, 표준편차, 범위, 평균의 표준오차 등을 구할 때 사용
  - 예: 학기말 평가 후 과목별 성적분포 분석, 설문조사의 응답비율 분석 등
  - 메뉴: 분석(A)–기술통계량(E)–기술통계(D)
- 빈도분석: 수집된 자료 및 분포의 특성을 분석할 때 주로 사용하는 것으로 자료의 평균치, 최저치, 최고치, 범위 등을 구할 때 사용
  - 예: 초등학교 4학년 국어, 수학, 과학 점수 중 평균이 가장 높은 과목은?
  - 메뉴: 분석(A)–기술통계량(E)–빈도분석(F)
- 상관분석: 두 변인 간의 상관관계를 알아보고자 할 때 사용하는 것으로 정적 상관과 부적 상관이 있다.
  - 예: 컴퓨터 타자 속도와 정확도 간의 관계
  - 메뉴: 분석(A)–상관분석(C)–이변량상관계수(B)
- t–검증: 두 집단 간이나 한 집단의 사전과 사후의 평균이 통계적으로 유의한 차이를 보이고 있는지의 여부를 검증할 때 사용
  - 예: 도시와 농촌 초등학생의 학업성취도에 차이가 있는가?
    집단심리상담 프로그램은 자아존중감의 향상에 효과가 있는가?
  - 메뉴: 분석(A)–평균비교(M)–하위메뉴 선택

④ 그 외 분석방법이나 구체적인 매뉴얼과 절차를 알고 싶다면 SPSS 프로그램 관련 서적을 참고하기 바란다(참고문헌 목록 참고).

◈ 연구의 실행 부분

현장연구는 교육적 실천과 개선이 목적이기 때문에 계획도 중요하지만 실천이나 실행에 더 많은 의미를 두고 중요하게 다루고 있다. 연구의 실행은 사실과 깊은 관계를 가지고 있는 과정으로서 새로운 사실을 발견·수집하고 실천하는 활동이다. 같은 연구문제가 설정되었더라도 연구자의 성격과 특징, 연구 방향에 따라 다르게 가설이 설정되고 실행에 옮겨 질 수 있다.

학교현장에서의 현장연구는 주로 연구 실행에서 실천(실행) 목표나 실천(실행) 과제, 실천(실행) 가설 등을 설정하여 실천하고 추진하는 경우가 대부분이다. 이렇게 실천 가설 또는 실행 과제나 실천 목표 등을 진술하는 데는 구체적 내용이나 방법, 대부분의 교수-학습 과제나 실천한 과정이 구체적으로 제시되어야 한다. 그리고 연구의 실행은 활동 중에 이루어지기 때문에 조건 통제로 연구 결과의 타당성과 신뢰성을 높여야 한다.

연구의 실행에 대한 진술에서 고려해야 할 사항과 지침을 알아본다.

실행 목표 진술 일반적으로 실행 목표는 '학습자 중심의 교수-학습 활동을 전개한다.', '자기주도적 학습을 돕는 교육 여건을 조성한다', '영어 사용 기회를 확대 운영한다.' 등과 같이 구체적인 행동적 목표로 진술하는 것이 바람직하다. 연구자가 진술한 연구문제를 어떻게 해결할 것인지에 대한 구체적 · 실천적 방법이기 때문에 가능한 자세하게 기술하는 것이 필요하다.

▷ 연구의 실행(예시)

연구의 목적, 실태 분석 결과, 이론적 탐색을 근거로 하여 다음과 같이 실천 목표을 설정하였다.

실행 목표 1

블렌디드 러닝 환경에서 학습기술 훈련 프로그램을 학습하기 위한 학습 준비와 훈련을 실시한다.

실행 목표 2

블렌디드 러닝 환경에서 학습기술 훈련 프로그램을 구안 · 적용한다.

실행 목표 3

블렌디드 러닝 환경에서 훈련받은 학습기술을 적용하여 자기주도적 학습능력을 기르기 위해 다양한 학습 기회를 제공한다.

실행 목표의 실천 진술 실행 목표의 실천은 전 단계인 연구방법에 따라 설정된 실천 가설이나 실천 목표를 실행하고 처치하는 과정이며, 구체적인 실천방안을 실제로 교육현장에서 실천하고 지도하는 단계다. 시범학교에서는 대개 실천연구를 수행하게 되므로 실천 과제의 실행이라고 제시하기도 하는데, 실천 가설을 설정하여 가설의 실행으로 제시할 수도 있다.

실천 목표의 실행에 대한 진술 시 고려해야 할 사항과 지침을 제시하면 다음과 같다.

첫째, 실행 목표의 실천은 목표(가설) 달성의 순서에 따라 체계적으로 제시해야 한다. 즉, 어떤 과제를 어떠한 내용, 대상, 도구, 과정을 거쳐서 실행하는지를 순서에 따라 제시한다.

둘째, 처치변인에 따른 통제변인도 각 내용의 관계에 따라 구체적으로 제시해야 한다. 실행 목표의 실천에서는 처치변인인 지도 내용이나 지도 자료 등의 실행 과제나 실천 방안을 실시할 때 유의해야 할 통제변인을 자

▷ 연구의 실행(예시)

1. 목표 1의 실천 계획

실행 목표 1

블렌디드 러닝 환경에서 학습기술 훈련 프로그램을 학습하기 위한 학습 준비와 훈련을 실시한다.

⬇

1) 웹 기반 학습 환경에서 학습기술 훈련을 위한 학습 준비 및 훈련
2) 면대면 학습 환경에서 학습기술 훈련을 위한 학습 준비 및 훈련
3) 웹 기반과 면대면이 통합된 블렌디드 러닝 환경에서 학습기술 훈련을 위한 학습

(설명 생략)

세하게 진술해야 한다.

셋째, 실행 목표의 실천 과정 중 집단변인, 내용변인, 제3의 변인 등에 유의해야 한다. 과제의 실행 과정 중에 예기치 못한 내용변인이나 특수변인이 작용함으로써 그 결과가 신뢰 있지 못하고 타당하지 못할 경우도 있으므로 유의해야 한다. 그리고 이들 변인 간의 상호관계를 바르게 제시해야 한다.

◈ 연구의 결과 및 논의 진술

지금부터는 연구 보고서의 중간 부분에서 결론에 해당하는 부분으로 연구의 결과 및 논의, 연구의 결론 및 제언 부분에 대한 진술방법을 살펴보자.

이것은 가설, 실천 목표나 실행 중점 등을 실천한 후의 성과 여부를 알아보는 것으로, 모든 증거 자료를 통합해서 적절하게 해석하여 연구의 의의를 밝히게 된다. 연구의 실천 과정에서 수집된 증거 자료를 바탕으로 하여 예견하였던 결과가 실천 이전과 이후에, 또는 실험집단과 비교집단 간에 의미 있는 변화가 이루어졌는지를 알아보는 것이다. 여기에 제시되는 자료는 객관성, 수량화가 필요하며, 검증방법으로는 전후비교법과 좌우비교법 등이 있다.

연구 결과는 가설이나 실천 목표별로 제시하고 관련된 사실을 명백히 하기 위하여 결론을 뒷받침하는 요약된 자료와 가설을 검증해 주는 통계적인 분석 결과를 기술한다. 연구 결과에 대한 논의는 연구자의 주관적인 해석을 의미하는 것이 아니라 도표나 어떤 형식으로 요약된 자료에 의한 설명, 이론적 근거에 바탕을 둔 설명, 강조 및 주의 환기 등이 진술된다.

연구 결과의 진술 결과는 대개 가설별로 제시하는데, 체제는 가설을 먼저 제시한 다음 간략한 절차나 실행 과정을 제시하며, 구체적인 결과와 더불어 그 해석을 진술한다. 여기서 유의할 사항으로 '결과와 해석'은 객관적이고 구체적인 내용을 진술해야 한다. 결과의 해석은 새로운 의미와 의의를 부여하는 일로서 연구자의 지식, 상상력, 사고력, 창의력 및 종합력과 평가력을 동원하여 진술해야 한다.

연구 논의의 진술　논의는 연구자의 주관적 견해와 의견을 진술할 수 있는 유일한 부분이다. 연구의 결과나 성과에 대한 의의도와 공헌도, 연구 내용과 방법에 관한 문제 및 방향 등을 자유롭게 주관적 견해를 붙여 진술할 수 있다. 그러나 너무 객관성을 잃고 주관적으로 흘러서 자신의 선입견이나 주관이 많이 개입되어서는 안 되며, 필요한 경우에는 자신의 생각을 뒷받침할 수 있는 선행 연구자의 결과와 비교하거나 그것을 근거로 제시할 필요가 있다.

▷ 연구의 결과 및 논의(예시)

1. 연구의 결과

〈표 6-7〉 통계표

대 상	내 용	도 구	시기 및 빈도 수	결과 처리
교사	설문조사 결과 비교 · 분석	설문지	3, 5월 (1차 30명, 2차 31명)	생략
학생	에너지 절약 점검카드 적용 결과	실천기록장, 자기 평가	3, 5월 (1차 930명, 2차 880명)	생략

(설명 생략)

2. 논의

1) 아동들의 에너지 절약에 대한 인식 및 태도 변화 분석

에너지 절약에 대한 필요성 및 뜻은 긍정적인 반응으로서 과제 운영 기간 중의

지도로 많은 향상을 보았으며 물 절약과 물자 절약, 자원 재활용 영역의 에너지 절약도 실천 의지가 매우 향상되었음을 알 수 있다. 또한 전기 영역 에너지 절약의 필요성은 잘 알고 있으나, 가전제품의 사용에서 플러그를 빼놓느냐의 물음에 1차 시기 17%, 2차 시기 20%를 보여 증감 대비 3%로 변화가 많지 않음을 나타냈다. 따라서 가전제품 사용 시 리모콘 이용으로 플러그를 빼놓지 않을 때의 편리성이 전기 에너지 절약의 실천성보다 더 높음을 알 수 있다. 이로써 계속적인 지도도 중요하지만 가전제품 제조사들이 자동 전원차단 장치 등을 부착하여 불필요한 전기 에너지 소비를 근원적으로 차단함이 시급함을 알 수 있다.

2) 에너지 절약 점검카드 적용 결과 분석

전반적으로 에너지 절약의 실천이 향상된 것으로 나타났으며, 특히 에너지 사용량 기록에서 1차 연도 12%에 비해 2차 연도 92%로 80%나 향상된 것은 에너지 절약 실천 기록장 활용을 꾸준히 지도한 결과라고 평가된다. 그러나 가전제품을 사용하지 않을 때 플러그 빼놓기는 설문지 분석 결과 거의 비슷한 수준으로 나타났다.

◈ 연구의 결론 및 제언 진술

연구의 결론은 연구의 결과에서 발견된 중요한 사실만을 명백하게 밝혀야 한다. 이때 결론은 연구에서 얻은 결과를 토대로 해야 하며 주관이나 추상적 생각을 제시하여서는 안 된다. 즉, 결론의 진술은 가설과 결과를 바탕으로 의미 있게 기술하고 설명하며 예언하는 진술이 되어야 한다.

연구의 결론 진술 연구문제부터 논의에 이르는 연구 전반에 걸쳐 간단히 요약한 후 결론을 제시한다. 결론은 연구 결과의 일반화 과정으로 가능한 한 수식어를 제외하고 간결하고 단순한 문장으로 표현한다. 제언은 앞으로 연구할 과제를 기술하지만, 연구학교 운영에서는 연구의 의의와 적용 방향 및 일반화 등에 관한 논의나 제안을 구체적으로 기술할 수 있다.

연구의 제언 진술 연구의 제언은 어디까지나 연구의 결과에 기초해야 한다. 연구 결과와는 아무 관련도 없이 평소에 생각하던 것을 제언으로 내세우는 것을 가끔 보는데, 이는 잘못된 것으로 제언의 근거는 연구의 결과에서 찾아 기술하도록 해야 한다. 또한 제언에서는 이번 연구와 관련하여 앞으로 더 연구되어야 할 과제도 진술할 수 있다. 요약 · 결론 · 제언은 전체 보고서 분량의 10% 이내로 작성함이 바람직하다.

▷ 연구의 결론 및 제언(예시)

1. 결론

아동의 뇌 성향에 따른 개인차에 부합한 뇌 친화적 언어활동 프로그램 구안, 적용을 통해 다음과 같은 결론을 내릴 수 있었다.

가. 기초 · 기본 다지기 뇌 친화적 언어학습전략의 구안 및 적용은 아동 각자의 뇌 성향에 부합한 자발적인 언어활동을 유도함으로써 듣기, 말하기, 읽기, 쓰기 등 언어 사용의 기초 · 기본 능력 신장에 교육적 효과가 있었다.

나. 뇌 친화적 학습 자료의 제작 및 활용은 아동 각자의 뇌 성향에 부합한 자료의 선택과 적극적인 언어활동 참여를 유도함으로써 언어 사용에 대한 개인차를 극복할 수 있었으며, 듣기, 말하기, 읽기, 쓰기, 사고하기의 언어 과정을 관련짓는 통합적인 언어학습을 통해 아동의 언어 사용 기능 신장에 교육적 성과가 있었다.

(생략)

2. 제언

본 실천연구를 계획하고 실행함에 있어 제언을 하면 다음과 같다.

가. 아동 각자의 차별화된 교육 환경(언어 사용에 대한 가정에서의 부모교육, 아동의 또래집단과의 사회활동, 부모의 언어교육에 대한 관심도 등) 때문에 언어활동에 대한 도달도, 관심 등의 개인차가 다양하다. 이러한 언어 능력에 대한 개인차를 극복할 수 있는 학교, 가정, 사회와의 언어교육 프로그램 구안이 절실히 요청된다.

나. 아동 각자의 적극적인 언어활동은 교사의 지속적인 관심과 배려가 그 기초가 될 수 있다. 그러나 우리의 교육 현실은 다인수 학급으로 인해 교사의 관심이 분산되고 아동의 학습 참여에 대한 기회 또한 부족하다. 따라서 교사

와 함께하는 학급당 아동 수의 적정한 배려가 요망된다.

(생략)

(3) 보고서의 끝 부분

보고서의 마무리를 하게 되는 끝 부분을 구성하는 것들로 참고문헌과 부록을 싣게 되는데, 여기에는 구체적인 실례가 포함된다. 연구 보고서는 현장의 교육현상을 대상으로 하여 문제에 대한 해결방안을 제시하고 현장 적용과 실천에 궁극적인 목적을 두고 있기 때문에 연구 보고서를 읽고 이를 적용하고자 하는 교사들이나 교육현장과 관련되는 사람들을 위해서 참고문헌이나 부록을 제시하여 그들의 적용에 도움을 제공할 필요가 있다.

참고문헌을 제시하는 데는 일정한 규칙과 형식이 있으며 그 규칙을 잘 지켜서 제시하여야 한다. 부록은 특별한 형식이 없으며 주로 사용한 프로

▷ 참고문헌(예시)

(단행본)

김종서(1995). 현장연구법의 이론과 실제. 서울: 배영사.

김학수, 허창규(1969). 창조성 교육. 서울: 제일출판사.

Walker, H. M., & Lev, J. (1953). *Statistical Inference*. New York: Holt Reinhart and Winston.

(잡지 또는 저널에 게재된 논문)

이윤식(1994). 교내 자율 장학의 방향. 새교육, 56-64.

Robinson, J. A. (1976). Sampling autobiographical memory. *Cognitive Psychology*, *6*(8), 578-595.

(학위 논문)

유기동(1970). 창의성 교육에 관한 일 연구. 연세대학교 교육대학원 석사학위논문.

그램이나 지도안 등에 대한 예시 자료가 제시되며, 검사도구나 측정도구, 설문지 등이 제시되기도 한다.

Tip 주요 현장연구대회 현황 알아보기

현재 우리나라에서 실시하고 있는 주요 현장연구대회의 현황을 알아보자.

▷전국 과학전시회

- 주최: 각 시 · 도 · 군 교육청
- 응모 분야 및 주제: 물리, 화학, 생물, 지구과학, 농수산 · 공업, 환경
- 대상: 학생부-초 · 중 · 고등학교 학생 및 과학반 학생
  교원부-초 · 중 · 고등학교 교원 및 전문직
  일반부-도민(대학생 포함)
- 심사 기준: 창의성, 과학적 착상, 완벽성, 명료성, 실용성 등
- 규격: 120×90×140cm
- 시상 내역: 특상, 우수상(중앙 출품 가능), 가작상 등

▷과학교육연구대회

- 주최: 한국과학교육단체총연합(학생과학올림픽대회의 분과)
- 대상: 초 · 중 · 고등학교 교사 및 장학사와 연구사
- 주제 및 출품 시기: 주제는 매년 정함, 9월 중
- 시상 내역: 각 학교급별로 최우수상 1명, 우수상 2명, 장려상 3명.
- 연구 점수: 최우수-1등급(1.00), 우수-2등급(0.75), 장려-3등급(0.5) 부여. 교육부장관상 수여

▷현장교육연구대회

- 주최: 한국교원단체총연합회-연구 주제 및 설정 기간 지정, 각 도 교원단체연합회(도 수준 입상작 심사 전국대회 추천). 각 시 · 군 교원연합회-대회 추진
- 응모 분야 및 주제: 교과 분과(13개 분과), 교직 분과(4개 분과), 특수 영역 분과, 기타 분과
- 주제 및 심사 기준: 매년 정하며, 연구의 현장 적용성 50점, 연구 내용 25점,

연구방법 15점, 연구 주제의 접근성 15점

- 보고서: 100면 이내

▷인성교육우수사례연구발표회

- 주최: 교육인적자원부, 전국대회 및 시 · 도대회 개최
- 주제: 매년 정함
- 보고서: 100면 이내

▷교실수업개선실천사례 연구발표대회

- 주최: 교육인적자원부(교육현장지원단), 한국교육과정평가원, 전국대회 및 시 · 도 교육청대회 개최
- 응모 분야 및 주제: 교과교육 활동, 특히 수준별 수업, 재량 · 특별활동 영역에서 학술적 이론보다는 교수–학습 방법, 교육(수업)활동 과정 탐색, 수업에 투입될 교육 자료 개발 등 초 · 중 · 고등학교 교사가 학교현장에서 연구 · 실천한 교실수업 개선 사례에 중점. 특히, 2005년의 경우 수준별 수업 및 e-Learnig 지도 사례에 중점을 둠
- 대상: 초 · 중 · 고등학교 교사
- 심사 기준: 현장교육 활용 등 실제적 기여도, 연구방법의 적절성, 연구 내용의 참신성 및 기타 심사위원회에서 정하는 사항
- 보고서: 요약서 5~10쪽, 본문(부록 포함) 40~50쪽

▷EDUNET · 중앙교수학습센터 홈페이지: http://www.edunet4u.net/teacher6

- 에듀넷 · 중앙교수학습센터(교사)-연구활동-연구대회: 각종 연구대회의 정보와 예시 작품을 참고하거나 다운로드 받을 수 있음

Tip 현장연구대회 수상작 논문 목록 검색

현장연구대회(한국교원단체총연합회)에서 푸른 기장(1등급)을 받은 수상작 논문 목록을 살펴 보자.

- 한국교원단체총연합회 도서관 홈페이지
  (http://lib.kfta.or.kr/volcanoi/ index.html)

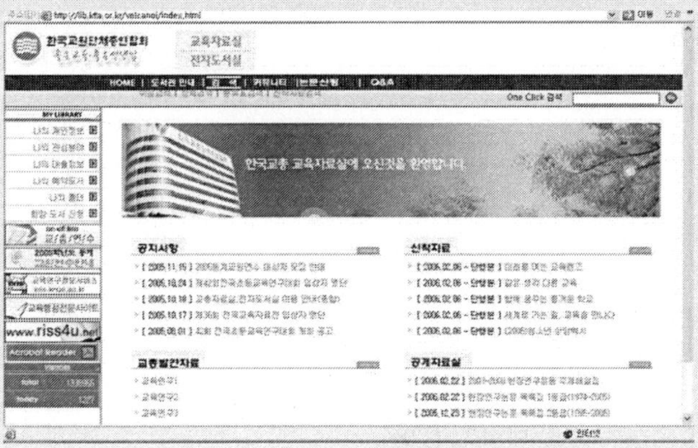

- 검색–쉬운 검색–1등급: 검색창에서 직접 검색이 가능하며 자주 검색되는 질의어에서 1등급을 받은 각 분야의 현장연구 논문을 검색하거나 다운로드 받을 수 있다.

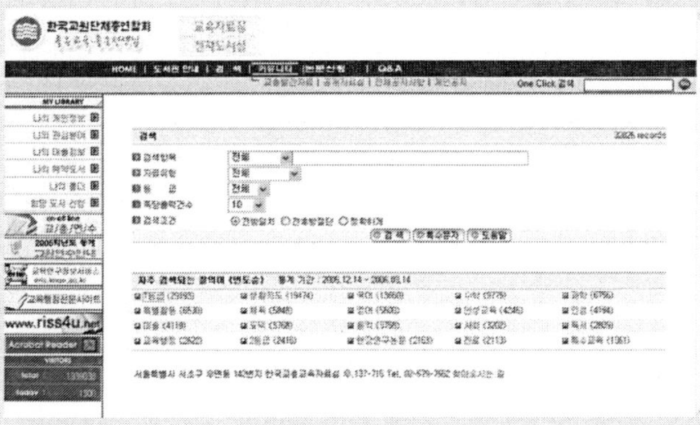

1	방과 후 원예치료 프로그램 구안.적용을 통한 맞벌이 가정 아동의 심리적 안정감 증진 : 생활지도 / 신조	광주광남초등학교
2	미술활동 프로그램 구안.적용이 초등학생 부적응 행동 감소에 미치는 효과 : 생활지도 / 문길연	대성초등학교
3	나눔사랑 체험활동 프로그램 적용을 통한 함께하는 공동체 정신 기르기 : 생활지도 / 류연자	여주경호초등학교
4	『몽둥이.존중이』 동화 프로그램 구안.적용을 통한 초등학생의 성역할 사회화 함양 : 생활지도 / 전남숙	인주초등학교
5	현실공감 교실체험 프로그램 구안.활용을 통한 고등학교 2학년 학생의 책임의식 공유하기 : 생활지도 / 강순상	진주명신고등학교
6	생활장면 릴레이 역할체험활동을 통한 책임지기.배려하기의 생활화 : 생활지도 / 윤란자	마산호계중학교
7	인성 모델링 프로그램 구안.적용을 통한 초등학생의 올바른 인성 함양 : 생활지도 / 이희열	반포초등학교
8	독서 계약제 운영 모델의 구안.적용을 통한 초보 독서가 아동의 독서 능력 신장 : 특별활동 / 김정중	통영충렬초등학교
9	'e-Business반' 운영을 통한 경제리더십 고취 방안 : 특별활동 / 김기수	용인포곡중학교
10	인형극 협동학습을 통한 긍정적 자아개념 신장 : 특별활동 / 이명숙	신양초등학교

8단계 연구 평가하기

사실 여러 면에서 훌륭한 현장연구의 평가는 보다 도전적인 입장을 취한다. 현장연구자들은 모든 교육연구 평가에 적용되는 일반적인 준거에 관심을 기울일 필요가 있을 뿐만 아니라 현장연구 결과가 갖는 의의(consequence)에도 관심을 기울여야 한다. 현장연구는 변화의 촉진을 의도하는 것이기 때문에 그 영역의 연구자들은 단순한 연구 수행, 결과에 대한 이득, 지속적 연구 등을 할 여력이 부족하다. 또한 연구자들은 자료가 정책적 · 실천적 맥락에 미치는 의미 등을 고려할 필요가 있다. 예를 들어, 성인 문해 프로그램의 평가자는 어떤 집단은 그 프로그램에 이롭고 어떤 집단은 그렇지 못하다고 아는 것만으로 충분하지 않다. 연구자는 연구의 자료가 사용되는 방식에도 민감해야 한다. 즉, 가치판단에 활용되는 정보는—무엇이 효과적이고 무엇이 효과적이지 않은지—정치적이며 윤리적인 의미를 동시에 지닌다.

이처럼 문헌에서 현장연구를 평가하는 가장 좋은 준거는 연구 제목과 연구문제에 포함되어 있는 가치 함축적 표현을 찾는 것이다. 예를 들어, '교육적 개입으로 표준화 검사점수를 향상시켰는가?' 보다는 '어떠한 기법이 특정 수업에서 학생들의 교육적 수행을 개선하는 데 효과적이었는가?' 와 같은 것이 현장연구의 문제가 될 수 있다.

1) 현장연구의 평가 준거

현장연구를 평가하기 위한 준거를 찾아내기 위해 필요한 질문을 제시하면 다음과 같다.

- 현장연구는 실제에 정확한 정보를 제공하는가?
- 현장연구자는 관련자들의 요구에 부응하는가?
- 현장연구는 현실적이며 경제적으로 수행되었는가?
- 현장연구는 합법적이고 윤리적으로 수행되었는가?

이러한 현장연구를 평가하기 위한 질문을 바탕으로 현장연구의 질을 판단하는 데 활용할 수 있는 준거로는 연구 수행 시간, 협동적 노력, 자료 수집과 분석의 질, 변화에의 개방성, 실천을 통한 영향력 등을 제시할 수 있다. 이 평가 준거들은 현장연구를 촉진하는 조건이기도 하는데, 각각의 내용을 설명하면 다음과 같다.

(1) 연구 수행 시간

가장 중요한 준거는 현장연구 수행자가 연구를 실천하는 데 전념할 수 있는 충분한 시간이다. 문제의 인식 및 가능한 해결책, 자료 수집 방법의 설계, 자료의 수집과 분석 등에는 시간이 필요하다. 동료들에게 연구 결과를 보고하는 데도 시간이 필요하다. 만일 다른 업무 때문에 현장연구를 바쁘게 서두르면 연구의 질은 떨어지기 쉽다.

(2) 협동적 노력

2인 이상이 현장연구를 수행한다면 협동의 질을 검토할 수 있다. 적합한 동료나 고객이 포함되었는가? 연구의 각 단계에서 의사소통 및 상호 협조가 이루어지고 있는가? 동료와 고객은 연구에서 이로움이 있는가? 이 같은 질문에 자신 있게 답할 수 있다면 현장연구는 성공적이라고 할 수 있다.

(3) 변화에의 개방성

현장연구는 체계적인 실험을 통해 일상적인 것에서 벗어날 수 있는 환경에서 수행될 필요가 있다. 따라서 현장연구는 창조적인 해결책을 자유롭게 시도해 볼 수 있는 정도를 기준으로 평가해 볼 수 있다. 개방적인 환경이 현장연구를 설계하고 수행하는 창조성을 보장하지는 못할지라도 교육자의 전문적 성장과 혁신적 해결책에 대한 가능성이 폐쇄적인 환경보다는 낫다.

(4) 자료 수집 및 분석의 질

현장연구를 포함하여 대부분의 연구에서 중요하게 다룰 것은 연구문제를 명확히 하는 것과 그 해결을 위한 정보의 체계적인 수집과 분석이다. 따라서 현장연구를 평가할 때 연구자들이 획득하는 정보의 유형, 획득원, 신뢰성과 타당성 등을 검토한다. 현장연구자들이 새로운 적용을 한 전후 학생들의 바람직한 행동을 나타내는 백분율 도표 등과 같은 기술통계치는 현장연구의 설득력 있는 지표가 될 수 있다. 또한 그 같은 정보에서 도출된 결론이 합리적인가도 검토해야 한다.

(5) 실천을 통한 영향력

효과적인 현장연구는 현장의 실제적 문제를 개선하는 결과를 가져와야 한다. 따라서 현장연구를 평가할 때는 연구자들의 실제를 변화시키기 위해 자료로 확인되는가, 그러한 변화는 실천가, 동료, 고객 등에게 이로운 효과가 있는가 등을 검토한다. 현장연구의 질을 판단하는 데는 필요한 정보가 거의 없을 수도 있다. 이러한 한계는 현장연구의 절차가 어떻게 수행되었는가를 알기 위해 연구자, 동료, 고객 등을 면담함으로써 해결할 수 있다. 또한 현장연구자들이 수집한 자료를 검토하는 것으로도 가능하다.

이와 같은 현장연구에 대한 질을 판단할 때 무엇보다 중요한 점은 교육자로서 자신의 실천을 개선하기 위해 나름의 연구를 하는 것이다. 현장연구는 교육현장에서 문제가 야기되면 먼저 연구문헌을 읽고 그에 대한 잠정적인 해결책을 가지고 그 해결책을 실천에 옮기는 것이다. 현장연구를 실시함으로써 효과적인 해결책에 대한 증거를 수집할 수 있다.

2) 현장연구의 심사 기준

현장연구를 실행하고 나면 연구의 결과물로 현장연구 보고서를 작성한다. 완성된 현장연구 보고서를 통해 현장연구가 일정한 형식과 단계적 절차에 따라 바람직하게 연구가 진행되었는지를 평가해 보고, 잘된 점과 잘못된 점을 찾아내어 수정하고 보완하는 일이 무엇보다 필요하다. 앞에서 언급하였던 현장연구의 평가 준거에 바탕을 두고 현장연구를 평가해 볼 수 있다.

이렇게 현장연구의 평가 준거에 바탕을 두고 현장연구를 통해서 얻은 산출물인 현장연구 보고서를 평가할 수 있지만, 현재 실시되고 있는 여러 주요 현장연구대회에서 평가 기준으로 삼고 있는 현장연구 심사 기준을 살펴보면 현장연구가 어떻게 평가되고 있는지를 알 수 있다. 일반적인 현장연구의 심사 기준을 제시하면 다음과 같다.

1. 연구의 현장 적용성(50점)
   ① 연구가 현장교육 발전에 기여할 수 있는 내용인가?
   ② 연구 내용은 교육현장에서 얼마나 활용할 수 있는가?
   ③ 현장문제 해결을 위해 얼마나 노력하였는가?

2. 연구 내용(25점)
   ① 연구 내용을 일선 교원들이 쉽게 이해할 수 있는가?
   ② 연구 내용의 분석력과 논리는 적절한가?
   ③ 연구 내용이 현장교육 문제를 객관적으로 분석하고 그 결과를 정확히 기술하고 있는가?

3. 연구방법(15점)
   ① 연구방법이 연구 내용에 적절한가?

② 연구의 도구 및 자료 분석이 연구 내용에 적합한가?

③ 연구의 체제 및 형식이 창의적인가?

4. 연구 주제의 접근성(10점)

- 연구 주제 및 내용이 한국교총이 설정한 연구 주제에 얼마나 접근하고 있는가?

현장연구대회에서 심사 기준을 삼고 있는 기준은 크게 네 가지로서 연구의 현장 적용성, 연구 내용, 연구방법, 연구 주제의 접근성이다. 이 기준 중에서 가장 중요하게 생각하는 심사 기준은 연구의 현장 적용성으로, 현장에서 발생하는 문제를 해결할 수 있는 방안이 되거나 현장교육을 질적으로 개선할 수 있는 연구가 되는지에 대한 평가다. 그리고 연구 내용에 대한 이해와 전달, 논리적 서술에 대한 부분이 다음으로 중요한 기준이 된다.

이러한 현장연구대회의 일반적인 심사 기준을 통해서 현장연구가 어떠한 목적을 가지고 어떻게 진행되어야 하며, 어떠한 결과를 가져올 수 있어야 하는지에 대한 구체적인 목표를 확인할 수 있다. 여러분이 현장연구를 시작하고자 한다면 제시한 현장연구의 평가 준거와 심사 기준을 먼저 이해하고 연구를 시작하는 것이 바람직하다.

Tip 주요 현장연구대회 심사 기준

서울과 부산의 교육정보원 현장연구 심사 기준과 한국교원총연합 현장연구 심사 기준을 살펴보자.

▷ 서울 교육정보원 현장연구 심사 기준

- 연구문제의 파악
  - 연구 주제가 서울 교육의 현안문제로서 연구의 가치나 필요성이 있는 과제며, 연구 주제와 관련된 현행 제도, 규정, 실태 등 현황 파악을 올바로 하고 있는가?
- 연구방법의 적절성
  - 연구의 절차, 자료의 수집 및 분석, 결과의 해석 등 연구방법이 적절하며, 논리 전개에 합리성, 객관성, 타당성이 있는가?
- 개선방안의 제시
  - 연구 결과 제시한 해결방안의 실천 가능성 및 교육현안 문제해결에 대한 기여도는 어느 정도인가?
- 연구자의 창의성
  - 연구 주제, 연구방법 및 해결방안 제시 등에 연구자의 창의성이 나타났는가?

▷ 부산 교육정보원 현장연구 심사 기준

- 연구 내용 및 방법(45%)
  - 연구 주제에 관한 문제의식이 뚜렷하며 현장교육에 알맞은 내용인가?
  - 연구 내용이 교육현장을 객관적으로 관찰하고 진솔하게 기술하고 있는가?
  - 연구문제 해결을 위한 연구 계획과 절차가 적합한가?
  - 문제의 원인과 분석 · 진단이 합리적인가?
- 현장 공헌도(35%)
  - 연구 내용이 현장교육 문제해결과 교육 발전에 도움을 줄 수 있는가?
  - 연구 내용을 교육현장에 실천하여 활용할 수 있는가?
  - 주제 해결을 위한 자료로서 일반화할 수 있는가?
- 창의성(20%)
  - 연구자의 독창적인 착상이 있는가?
  - 연구 내용이 교육현장에서 나온 것이며, 선행연구에 비하여 얼마나 새로운 것인가?

–연구 내용이 교육개혁 과제 해결과 현장 개선을 위해 얼마나 창의적으로 접근하고 있는가?

순	심사 관점	배점
1	주제의 적절성(현장 실험 · 실천 사례연구 여부 및 서울 교육의 현안문제로서 연구의 가치나 필요성이 있는 주제인가?)	20
2	논문의 체계(연구 논문으로서의 체계를 갖추었으며 논리 전개에 합리성, 객관성, 타당성이 있는가?)	20
3	연구의 창의성(연구 주제, 연구방법, 연구 결과 등에 연구자의 창의성이 나타나 있는가?)	20
4	연구의 심도(연구 주제에 대한 현행 제도, 규정, 실태 등 현황 파악을 올바로 하고 있으며, 얼마나 폭넓고 깊이 있는 연구인가?)	20
5	현안문제 해결의 기여도(연구 결과에서 제시한 해결방안의 실천 가능성 및 문제해결의 기여도는 어느 정도인가?)	20
합계		100
종합 의견		

▷ **연구자 발표 심사 기준**

- 연구 내용의 현장성(6점)
  –발표자가 연구 내용, 방법, 절차, 결과 등을 정확히 파악하여 발표하고 있는가?
- 연구 내용의 진실성(2점)
  –발표자의 연구 과정은 얼마나 진지하게 진행되었는가?
- 연구의 일반화 실현성(2점)
  –연구 결과를 교육현장에 얼마나 폭넓게 적용할 수 있는가?

▷ **연구자 발표 심사방법**

- 대상자: 본심사 결과 각 분과별 1등급 후보자(1.2배수)로 선정된 자
- 1인당 배정 시간: 15분(발표 10분, 심사위원 질문 5분)
- 방법: 공개 발표. 본인이 발표할 내용을 A4 용지 3~5쪽 분량으로 요약 · 작성하여 발표

Tip 현장연구 보고서 평가하기

자신이 작성한 현장연구 보고서를 자기평가하여 보자.

▷ 연구 주제

- 연구 주제는 구체적으로 진술되었는가?
- 연구 주제는 교육 실천 개선에 직접적인 공헌을 할 수 있는가?
- 새롭고 독창적인 주제인가?
- 자신의 능력, 학교의 물리적 환경(시설 여건), 연구 기간를 고려하여 해결할 수 있는 주제인가?
- 연구 주제 선정 과정이 공동 사고를 거쳤는가?
- 연구 주제 진술은 간단명료한가?
- 연구 주제에 따른 부제가 붙어 있을 때 부제는 적절한가?
- 독립변인과 종속변인의 관계가 잘 나타나 있는가?
- 연구 주제가 가치 중립적으로 진술되었는가?

▷ 연구문제

- 연구 주제 해결을 위한 하위 문제로 진술되었는가?
- 연구를 통해 무엇을 연구하고자 하는 것인지 명백한가?

▷ 연구 가설(실행 가설)

- 관계적인 가설인가?
- 가설의 근거가 명시되어 있는가?
- 연구 가설의 서술방법(선언적 또는 가정법적 문장)이 적절한가?
- 연구 가설이 검증 가능하도록 명백한 용어로 진술되었는가?
- 연구문제와 일관성이 있는가?
- 연구방법과 결과가 함께 진술되었는가?
- 실행 계획과 검증 계획이 분명하게 진술되었는가?
- 현대 교육철학에 기초를 둔 실행 가설인가?
- 목적으로 진술할 것을 가설로 진술하지는 않았는가?

▷ 연구 도구

- 연구 해결을 위해 적절한 도구를 선택 또는 제작하였는가?

- 연구 도구는 타당도가 높은가?
- 연구 도구는 신뢰도가 높은가?
- 연구 도구는 객관도가 높은가?
- 연구 도구는 실용도가 높은가?
- 표집을 한 경우 적절한 표집방법을 선택하였는가?
- 자료의 통계처리 방법이 적절한가?
- 자료의 해석은 논리적인가?

▷ 연구 설계

- 연구 대상은 분명한가?
- 연구 기간과 추진 계획은 적절한가?
- 연구 추진을 위한 인적 조직은 합리적인가?
- 실태 분석 설문은 적절한가?
- 실태조사 결과 처리는 적절한가?
- 실행 계획은 세부적으로 실현 가능한가?
- 실행 계획에 대한 검증 계획은 적절한가?

▷ 이론적 고찰

- 주제 해결에 필요한 이론을 탐구하였는가?
- 이론적 근거가 논리적으로 정리되었는가?
- 선행연구 고찰에서 본 연구와 관련을 지어 탐색하였는가?
- 정의가 필요한 용어는 적절히 정의하였는가?

▷ 결과 및 논의

- 결과는 가설 또는 실행 목표별로 기술하고 있는가?
- 결과는 객관적인 자료를 근거로 제시하고 있는가?
- 결과는 발견된 사실을 솔직하게 제시하고 있는가?
- 논의 부분에서 연구자의 의견이 잘 나타나 있는가?

▷ 요약 및 결론

- 효과적으로 요약되었는가?
- 요약에서 중요한 부분이 누락되지 않았는가?

- 결론은 간결하고 분명한가?
- 제언은 연구 결과에 기초하고 있는가?
- 제언에서 앞으로 연구 과제에 시사점을 제시하고 있는가?
- 객관적인 사실과 의견을 구별하여 진술하고 있는가?

▷ 부록 및 참고문헌

- 부록은 정선되었는가?
- 참고문헌의 제시 순서는 적절한가?

▷ 보고서 체제

- 표지의 글자 배열, 색도는 적절한가?
- 목차, 표 목차, 그림 목차, 표와 그림의 제목 등은 적절한가?
- 제목의 기호 붙이기는 적절한가?
- 문장 스타일은 일관성이 있는가?
- 인용과 각주 다는 방법은 적절한가?
- 문장의 서술방법과 맞춤법은 틀림이 없는가?

참고문헌

김석우 외(2003). 사회 과학 연구를 위한 SPSS Win 10.0 활용의 실제. 서울: 교육과학사.

김종서(1968). 교육연구의 방법. 서울: 배영사.

박완희(1999). 교과교재 연구 및 지도법: 교육실습의 이론과 실제(개정판). 부산: 경성대학교 출판부.

부산 광역시 교원단체연합회 부설 교원연수원 편(1999~2001). 현장교육연구방법론.

성태제(2002). 교육연구방법의 이해. 서울: 학지사.

이은해(1985). 아동연구법. 서울: 교문사.

이종승(1984). 교육연구법. 서울: 배영사.

이희봉 역(1996). James P. Spradley 저. 문화 탐구를 위한 참여 관찰법. 서울: 대한교과서 주식회사.

임두순(2003). 현장교육연구과정. 현장교육연구과정 원격연수 보충교재. 한국교원연수원.

정선심(1997). 현장교육연구 논문 어떻게 쓸 것인가. 서울: 교육과학사.

조주행(2000). 현장교육연구 워크숍. 서울: 교육과학사.

조흥식, 정선욱, 김진숙, 권지성 공역(2005). John W. Crerwell 저. 질적 연구방법론. 서울: 학지사

황정규(1985). 교육학연구의 방법론. 교육학연구, vol.23, no.3, pp.77-90.

홍화, 김현수, 백영승 공역(1989). 사회 · 행동과학 연구방법의 기초. 서울: 성원사.

한국교원연수원 편(2003). 현장교육 연구 과정. 서울: 성광기획.

한국심리학회 편(1988). 실험심리 연구법 총론-가설설정, 설계, 실험 및 분석-. 서울: 성원사.

Campbell, D. T., & Stanley, J. C. (1963). *Experimental and quasi-experimental design for research.* Chichgo: Rand McNally.

Fraenkel, J. R., & Wallen, N. E. (1996). *How to design and evaluate research in education* (3rd ed.). New York: McGraw-Hill. Inc.

Gall, M. D., Gall, J. P, & Borg, W. R. (1996). *Educational research: An introduction* (6th ed.). New York: Longman Publishers.

Glanz, J. (1998). Action research: *An educational leader's guide to school improvement.* Norwood, MA: Christopher-Gordon.

Kemmis, S. (1994). Action research. In T. Husen & T. N. Stlethwaite (Eds.), *International encyclopedia of education* (2nd ed., pp. 42-49). Oxford and New York: Pergamon and Elsevier Science.

Kemmis, S., & McTaggart, R. (1988). *The action research planner.* Geelong, Victoria, Australia: Deakin University Press.

Kemmis, S., & Wilkinson, M. (1998). Participatory action research and the study of practice. In B. Atweh, S. Kemmis, & P. Weeks (Eds.), *Action research in practice: Partnerships for social justice in education* (pp. 21-36). London and New York: Routledge.

Padak, N., & Padak, G. (2002). *Guidelines for Planning Aciton Research projects.* http://archon.educ.kent.edu/Oasis/Pubs/0200-08.html.

Mills, G. E. (2000). *Action research: A guide for the teacher researcher.* Upper Saddle River, Nj: Merrill.

Schmuck, R. A. (1997). *Practical action research for change.* Arlington Heights, IL: IRL/SkyLight Training and Publishing.

Stringer, E. T. (1999). *Action research* (2nd ed.). Thousand Oaks, CA: Sag.

Zeichner, K., & Noffke, S. (2001). The new scholarship in teacher education. *Educational researcher,* 28(9), 4-15.

현장연구의 실제. http://myhome.naver.com/hoon4160/research.html

연구학교. http://mydreamwiz.com/gkdnjs/B1.html

부 록

현장연구 논문 사례(중등 사례 포함)

1. 뇌 친화적 언어활동 프로그램 구안 · 적용을 통한 아동의 언어 사용 기능 신장방안

한국교원총연합회 현장교육논문 국어분과(2000, 김영진)

Ⅰ. 서 론

1. 연구의 필요성

1) 언어 사용 기능 신장을 위한 뇌 친화적 학습활동 전개 측면에서

국어과 교육은 말과 글을 통하여 생각과 느낌을 바르게 표현하고 이해하게 하는 언어 사용 기능 신장을 궁극적 목표로 삼고 있으며, 아동의 바람직한 언어 사용 기능은 모든 교과의 효율적인 학습활동에 뒷받침되는 도구로서 매우 중요한 의미를 지니고 있다. 이와 같이 국어과에서는 전통적으로 학생들의 언어 사용 기능의 신장을 중시하였으며, 제6차 교육과정에서도 말하기 · 듣기, 읽기, 쓰기의 언어 사용 기능 신장을 강조하고 있다(교육부, 1993). 여기에서 말하는 언어 사용 기능은 문자를 해득하는 단순 기능이 아

니라 언어를 의미로, 의미를 언어로 재구성하는 복합적인 사고과정(노명완 외, 1989)으로서 합리적 문제해결을 위한 고등 수준의 사고 기능이라는 측면에서 언어 사용 기능의 의미를 재확인하여 국어과 교수-학습 활동이 이루어져야 할 것이다.

그러나 일선 교육현장은 아동 개개인의 차별화된 학습 환경 때문에 학습 도달도, 학습 속도 등 언어 사용 능력의 양적 개인차가 심화되고, 다인수 학급으로 인한 획일적인 일제학습, 아동 개개인의 학습에 대한 흥미 · 방법 · 관심도 등의 질적 개인차에 부합하는 개별화 학습의 곤란, 일선 교사의 언어교육에 대한 전문성 부족 등 여러 가지 이유로 인하여 국어과 교육에서 언어 표현과 이해 활동을 통해 아동 개개인에게 적절한 문제해결력과 창의적 사고를 신장시키는 언어 사용 기능 신장 교육활동을 적절하게 지도하지 못하고 있다.

따라서 아동 각자의 뇌 선호도에 따라 학습하는 방법과 학습 효과가 달리 나타날 수 있다(고영희, 하종덕, 1995)는 뇌 학습 이론을 바탕으로, 언어 사용 기능 신장을 위한 언어학습전략은 아동 각자의 인지 양식의 차이인 좌뇌, 우뇌의 선호 차이를 기초로 하여 학습활동을 개별화하였을 때 언어 학습 효과가 극대화될 수 있다는 것을 교육적으로 시사받았다.

2) 통합적 학습활동 전개와 뇌 친화적 학습활동 측면에서

아동의 언어 발달 흐름은 말하기 전에 듣고, 읽기 전에 말하며, 쓰기 전에 읽는 과정을 거친다. 언어 발달 과정은 말하기 · 듣기, 읽기, 쓰기 등의 영역이 독립적으로 발달되거나 완성되는 것이 아니며, 언어의 각 영역은 다른 영역에 기여하고 또 다른 영역을 강화한다(박성방, 1996). 따라서 아동의 언어교육은 말하기 · 듣기, 읽기, 쓰기 영역을 엄격히 분리하지 않고 통합적으로 지도함이 아동의 언어 사용 기능 신장에 효과적이라 할 수 있다.

그러나 교과서 중심의 교육과정을 운영하는 일선 현장에서는 언어 영역별로 구분되어 있는 말하기 · 듣기, 읽기, 쓰기 교과서를 따로 지도함으로써 효과적인 언어 사용 능력의 신장을 기대하기 어렵다.

3) 언어학습을 촉진하는 뇌 친화적 교육 환경 구성 측면에서

정보화, 세계화 시대로의 새로운 문명사적 전개에 능동적으로 대응하기 위한 교육개혁은 우리의 교육현장에 열린교육 체제로의 전환을 촉진시키고 있으며, 그동안 능동적이지 못했던 교실, 교사, 가정 · 사회 등의 교육환경에 대해 새로운 인식과 더불어 교육의 요소로 매우 중요시 하게 되었다. 즉, 교실은 단지 아동이 교사에게서 일방적으로 지식을 전달받는 좁은 의미의 공간에서 벗어나 아동들이 즐겁게 생활하고 능동적으로 탐구하며 학습하는 학습 공간이 되어야 하며, 교사 또한 부단한 연구활동을 통해 학습활동의 일방적인 지도자이기보다는 아동의 학습활동을 도와주는 조력자의 역할을 충분히 수행하며, 가정 · 사회는 아동의 학습을 적극적으로 도와줄 수 있는 학습 박물관이 되어야 한다(송용의 외, 1996)는 것이다.

현재 일선 학교 교실에서 아동의 언어 사용 기능 향상을 위한 교실 환경 구성의 한 방법으로 교실에 독서 코너와 독서 일지 등의 간단한 프로그램을 마련해 주고 있다. 그렇지만 대부분 공간 개념으로써 실질적으로 국어과 교육의 목표인 '아동의 언어 사용 기능 신장' 를 위한 교육적 방안을 제시해 주지 못하고 있다. 또한 아동 각자의 인지 특성을 무시한 독서 일지를 쓰게 함으로써 오히려 아동들이 책을 읽는 것에 대한 부담을 느끼게 하고 있다. 즉, 교실과 교사, 가정 · 사회가 아동의 언어 사용 기능 신장에 적극적인 도움을 줄 수 있는 언어학습장이 되어야 한다.

2. 연구활동을 위한 제한점

본 연구활동을 효율적으로 추진하기 위해 다음의 내용을 제한하여 실천하였다.

첫째, 본 연구 프로그램을 국어과 학습활동 영역으로 한정하여 구안 · 적용하였다.

둘째, 본 연구활동의 추진을 위한 언어활동 프로그램 등은 좌뇌와 우뇌로 구분되는 두뇌 기능 분화로 한정한 인지 특성에 근거하여 구안 · 적용하였다.

셋째, 초등학교 아동을 대상으로 한 두뇌선호도검사는 신경생리 발달 특성상 완전한 의미는 없지만(고영희, 하종덕, 1995), 효율적인 연구활동을 위해 Frender가 제작하고 김대현이 번안한 두뇌기능분화검사지를 활용하여 기초 자료를 제공받았다.

넷째, 실행과제의 실천 내용들은 아동 개개인의 두뇌 성향에 기초한 학습활동을 우선 투입하고, 점차 좌뇌 학습과 우뇌 학습을 동시에 경험할 수 있도록 좌뇌, 우뇌의 뇌 친화적인 다양한 학습 기회를 제공하였다.

II. 연구 추진을 위한 실태조사 · 분석 및 기본 방향 정립

1. 연구 추진을 위한 실태조사 및 분석

본 연구 목적을 달성하기 위하여 기초 실태를 조사 · 분석한 내용 및 결과는 다음과 같다.

1) 실태조사 내용 및 방법

본 연구를 보다 효과적으로 추진하기 위해 〈표 1〉, 〈표 2〉와 같은 연구 대상과 방법으로 조사하였다.

〈표 1〉 실태조사 대상

조사 내용	대 상
언어 사용 기능	연구반 아동 총 35명
언어교육에 대한 관심도	연구반 학부모 총 35명
언어 교수법	본교 및 타교 5학년 담임교사 총 20명

〈표 2〉 실태조사 내용 및 방법

조사 내용	도 구	결과 처리	시 기
언어 사용 기능	학습 결과물 관찰	백분율에 의한 경향 분석 및 평가척도에 의한 관찰 평가	99. 3.
언어교육에 대한 관심도	설문지	백분율에 의한 경향 분석	99. 3.
국어과 언어 교수법	설문지	백분율에 의한 경향 분석	99. 3.

2) 실태조사 및 분석 결과 (생략)

2. 연구 추진 기본 방향

본 연구활동의 목적인 아동의 언어 사용 기능 신장을 위한 실천 프로그램 구안을 위해 다음과 같은 연구의 기본 방향을 정립하였다.

첫째, 언어 사용 능력의 기초라 할 수 있는 듣기와 말하기 활동을 활성화하여 읽기와 쓰기에 대한 관심과 자발적인 언어학습 활동을 전개할 수 있도록 단계적인 학습 프로그램을 전개한다.

둘째, 본 연구활동의 실천 프로그램은 아동 각자의 뇌 성향에 근거한 뇌 친화적인 개별화 학습활동이 되도록 구안 · 적용한다.

셋째, 언어교육에 대한 흥미와 관심을 지속적으로 가질 수 있도록 하기 위해 교사 중심의 일률적 · 획일적 학습활동에서 탈피한 아동 중심의 뇌 친화적 학습활동을 전개한다.

넷째, 아동 스스로 자발적인 언어활동을 조장할 수 있는 뇌 친화적인 교실 학습 환경을 조성한다. 본 연구활동의 교육적 성과 및 추진 과정을 점검하고, 연구 결과의 검증 자료를 얻기 위해 적용 수업을 실천하였다.

다섯째, 언어는 각 영역의 상호 관련성을 통한 통합적인 활동으로 효과적으로 지도할 수 있다는 신념을 가지고 실천한다.

여섯째, 열린교육에서 추구하는 다양한 개별화 교수-학습활동을 전개한다.

3. 적용 수업 실시방안

〈표 3〉

수업일	교과서 단원명	주요 학습 내용
99. 4. 2.	2. 언어생활을 풍부하게	속담에 어울리는 상황을 다양한 방법으로 표현하기
99. 6. 1.	10. 이야기의 흐름을 따라	뜻이 통하도록 창의적으로 이야기 꾸미기
99. 9. 29.	4. 앞뒤 내용을 생각하며	이어 주는 말을 알맞게 사용하여 이야기 꾸며 말하고 쓰기
99. 11. 15.	10. 낱말들의 관계	빈 칸에 알맞은 말을 넣어 완성하기

Ⅲ. 이론적 고찰

1. 언어교육과 관련된 문헌연구 (내용 생략)

2. 뇌 학습과 관련된 문헌연구 (내용 생략)

3. 선행연구를 통한 자료 탐색

본 현장연구의 주제인 '뇌 친화적 언어활동 프로그램 구안 · 적용을 통한 아동의 언어 사용 기능 신장방안'과 직접적인 연구물은 고찰할 수 없었으나 언어 사용 기능 신장과 관련된 논문을 고찰한 결과(내용 생략) 시사점은 다음과 같다.

첫째, 말하기 · 듣기, 읽기, 쓰기의 언어 영역을 통합한 총체적 언어활동이 아동의 언어 사용 기능 신장에 도움이 되었기에 본 연구에서도 통합적인 교수-학습을 계획 · 실천할 것이다.

둘째, 다양한 총체적 언어학습 자료의 제작 및 적용은 아동 중심의 자발적 언어활동을 유도하여 아동의 언어 사용 기능 신장에 도움이 되었기에 본 연구에서도 다양한 언어학습 자료를 개발 · 활용할 것이다.

셋째, 그림 등의 삽화 자료를 활용한 언어학습이 매우 효과적이었기에 본 연구에서 우뇌를 활용한 그림, 차트 등의 시각적 학습 자료를 적극 활용할 것이다.

Ⅳ. 연구의 방법 및 설계

1. 연구 대상 및 기간

1) 연구 대상

초등학교 5학년 3반 남 20, 여 15 총 35명

2) 기간

1999년 1월 1일~2000년 2월 28일(1년 2개월)

2. 연구 추진 내용

〈표 4〉

단계	주요 실천 내용	기간													
		1	2	3	4	5	6	7	8	9	10	11	12	1	2
준비	연구 주제 설정	■													
	주제 관련 이론 고찰		■												
	실태 분석			■											
	연구 과제 설정			■											
	계획서 작성			■											
실천	연구의 실천 1단계 실행			■	■	■	■	■	■	■	■	■	■		
	연구의 실천 2단계 실행			■	■	■	■	■	■	■	■	■	■		
	연구의 실천 3단계 실행			■	■	■	■	■	■	■	■	■	■		
적용	연구의 실천 4단계 실행 적용 수업				■		■			■		■			
검증	검증 및 평가					■		■				■			
	결과 처리 및 해석												■	■	
정리	연구 결과 정리													■	
	보고서 작성													■	

V. 목표 달성을 위한 주요 실천 과제와 내용

〈표 5〉

주제	단계	주요 과제	실천 내용
뇌 친화적 언어활동 프로그램 구안 · 적용을 통한 아동의 언어 사용 기능 신장 방안	실천 1단계	뇌 친화적인 기초 · 기본 다지기 언어학습 전략을 구안하여 적용한다.	1. 뇌선호도검사 및 결과 분석 2. 듣기 영역의 뇌 친화적 언어학습전략 방안을 모색하여 실천한다. 3. 말하기 영역의 뇌 친화적 언어학습전략 방안을 모색하여 실천한다. 4. 읽기 영역의 뇌 친화적 언어학습전략 방안을 모색하여 실천한다. 5. 쓰기 영역의 뇌 친화적 언어학습전략 방안을 모색하여 실천한다.
	실천 2단계	뇌 친화적 언어학습 자료를 제작 · 활용한다.	1. 칸 만화 완성하기 학습 자료 2. 수준별 이야기 만들기 학습 자료 3. 네모 그림 카드 학습 자료 4. 문단 카드 연결 이야기 학습 자료 5. 글감-이야기 엮기 카드 학습 자료 6. 내가 꾸미는 펼쳐보기 책자
	실천 3단계	뇌 친화적 언어학습을 교육과정에 적용한다.	1. 학년 초 뇌 친화적인 언어 중심 교육과정을 구안하고 실천한다. 2. 뇌 친화적 주간 교수-학습 교육과정을 설계한다. 3. 개인별 언어 사용 기능 발달 카드를 구안 · 활용한다. 4. 뇌 친화적 학습 환경을 조성한다.
	실천 4단계	뇌 친화적 언어 교수-학습 활동을 실천한다.	1. 제1차 적용, 뇌 친화적 언어 교수-학습의 실제 2. 제2차 적용, 뇌 친화적 언어 교수-학습의 실제 3. 제3차 적용, 뇌 친화적 언어 교수-학습의 실제 4. 제4차 적용, 뇌 친화적 언어 교수-학습의 실제

Ⅵ. 연구의 실제

1. 실천 1단계의 적용 내용

뇌 친화적인 기초 · 기본 다지기 언어학습전략을 구안하여 적용한다. (내용 생략)

① 뇌선호도검사 및 결과 분석
② 듣기 영역의 뇌 친화적 언어학습전략 방안을 모색하여 적용한다.
③ 말하기 영역의 뇌 친화적 언어학습전략 방안을 모색하여 적용한다.
④ 읽기 영역의 뇌 친화적 언어학습전략 방안을 모색하여 적용한다.
⑤ 쓰기 영역의 뇌 친화적 언어학습전략 방안을 모색하여 적용한다.

뇌 친화적인 기초 · 기본 다지기 언어학습전략을 구안하고 적용하기 위해 [그림 1]과 같은 절차로 연구를 실천하였다.

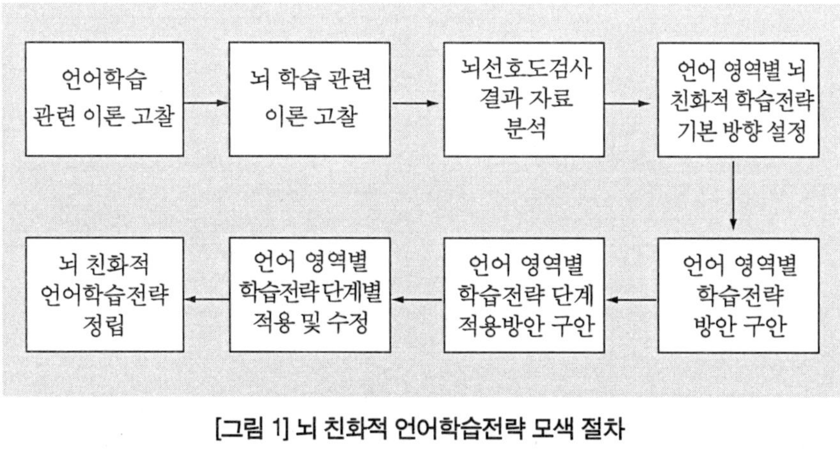

[그림 1] 뇌 친화적 언어학습전략 모색 절차

〈표 6〉 말하기 · 듣기, 읽기, 쓰기 활동 중심의 기본 학습전략 방안 (예시)

<table>
<tr><td>자료명</td><td>듣-1</td><td>뇌 성향</td><td>좌뇌, 우뇌 우세아 학습방법 선택형</td><td>언어 영역</td><td>듣기</td></tr>
<tr><td>학습전략</td><td colspan="5">동화 나라 여행!</td></tr>
<tr><td>운영의 개요</td><td colspan="5">교실 수업에서의 듣기활동은 교사의 음성을 통해 의미를 이해하고 재구성하여 행동으로 실천하게 하는 언어활동이기에 아동의 자발적 듣기활동이 기초가 된다. 따라서 아동의 흥미와 관심을 바탕으로 구체적 조작활동에 의한 아동의 자발적 듣기학습 활동전략이 필요하기에 좌뇌 성향의 아동을 위한 글과 우뇌 성향의 아동을 위한 그림을 소재로 '동화 나라 여행' 학습전략을 구안하였다.</td></tr>
<tr><td>자료의 구성</td><td colspan="5"><table>
<tr><td>구분</td><td>좌뇌 성향의 아동</td><td>우뇌 성향의 아동</td></tr>
<tr><td>선택 자료</td><td>낱말 칸 학습지(비닐 코팅)</td><td>그림 칸 학습지</td></tr>
<tr><td>내용 구성</td><td>낱말로 내용을 구성함</td><td>그림으로 내용을 구성함</td></tr>
<tr><td>공통 자료</td><td colspan="2">바둑알, 동화 나라 이야기 자료</td></tr>
</table></td></tr>
<tr><td>실제 적용 내용</td><td colspan="5">T : "지금부터 동화 나라 여행을 떠나보겠습니다. 여러분이 하고 싶은 칸 학습지를 선택하세요."
C : 좌뇌 성향의 아동은 '낱말 칸 학습지'를, 우뇌 성향의 아동은 '그림 칸 학습지'를 선택한다.
T : "선생님이 들려주는 동화를 잘 듣고 마지막으로 도착한 곳이 어디인지 말해 보도록 합니다."

〈선생님이 들려주는 동화의 내용〉
개구리들이 합창을 하던 날, 토끼와 곰돌이는 강아지와 산책을 하고 있었습니다. 길게 뻗은 오솔길을 따라가고 있었는데, 나비들이 개구리 자동차 위에서 놀고 있는 것을 보았습니다. 나비에게 가까이 다가간 토끼가 나비에게 함께 그네 타러 놀이터에 가자고 하였습니다. 놀이터에 도착한 동물 친구들은 친구들과 정신없이 장난을 쳤는데, 곰돌이가 그만 다리에 가시가 찔러 상처를 입게 되었습니다. 그래서 급히 간호사 언니에게 갔는데, 그 언니는 청진기로 곰돌이를 진찰하고는 주사를 맞도록 하였습니다. 자전거를 타고 집에 온 곰돌이는 피아노를 치다가 잠이 들었습니다.

C : 선생님이 들려주는 이야기를 들으면서 이야기에 해당되는 곳에 계속하여 바둑알을 이동한다.
T : "동화 나라에서 마지막으로 간 곳은 어디입니까?"
C : "예, 피아노입니다."
☞ 교사의 이야기 마침 부분에 해당되는 낱말 혹은 그림을 발표한다.</td></tr>
<tr><td>참고 자료</td><td colspan="5">1. 낱말 칸 학습 자료
2. 그림 칸 학습 자료
3. 동화 이야기 자료</td></tr>
<tr><td>교육적 효과</td><td colspan="5">동화를 통한 듣기활동을 전개하는 '동화 나라 여행' 학습전략은 아동에게 듣는 것에 대한 즐거움을 제공하였을 뿐만 아니라 이야기 듣기에 대한 집중력을 크게 향상시켰다.</td></tr>
</table>

<table>
<tr><td>자료명</td><td>말-1</td><td>뇌 성향</td><td>좌뇌 성향, 우뇌 성향 공통형</td><td>언어 영역</td><td>말하기</td></tr>
<tr><td>학습전략</td><td colspan="5">우리들만의 청문회</td></tr>
<tr><td>운영의 개요</td><td colspan="5">① 성인 사회의 '국회 청문회'를 아동 수준으로 각색하여 아동의 말하기 능력을 신장시키기 위한 아동 자치활동의 일환으로 활동하게 한다.
② '우리들만의 청문회 약속'이라는 제목 아래 청문회의 운영과 방법에 대한 내용과 규칙을 아동과 교사가 함께 제정한다.
③ 청문회 활동 과정안을 작성하여 활용한다.
④ 어른 사회의 '국회 청문회'를 무조건 모방하는 것이 아니라 말하기 기능의 향상을 위한 하나의 학습전략으로 활용한다.
⑤ 친구들 간에 서로를 이해하여 더 가까워지는 계기로 삼을 수 있도록 운영의 묘를 최대한 살린다.
⑥ 다양하고 창의적인 질문과 대답이 될 수 있도록 운영한다.
⑦ 모든 아동이 참여할 수 있도록 운영한다.
⑧ 좌뇌 성향, 우뇌 성향 모두에게 부합되는 청문회 활동을 전개하기 위해 글 또는 그림 자료를 활용하도록 지도한다.</td></tr>
<tr><td>운영의 절차</td><td colspan="5">청문회 신청서 제출하기
⇨청문회 신청서를 접수하여 검토하기 ⇨청문회 신청서 접수 결과 통보
⇨청문회 출석 아동 통보⇨청문회 일정 공고하기
⇨청문회 하기⇨반성
⇨보상활동</td></tr>
<tr><td>시간 운영</td><td colspan="5">① 월 2회 실시한다.
② 수요일 아침 뇌 친화활동 시간(08 : 30～09 : 10)에 실시한다.
③ 개회 및 준비 활동(약 3분)
- 청문회 출석 아동과 질문 아동 소개
- 청문회 대상 아동의 출석 소감
④ 질문 및 답변 활동(약 35분)
- 하나의 질문은 30초 내외로 한다.
- 하나의 질문에 대한 답변은 1분 내외로 한다.
- 자유 질문 및 답변
⑤ 반성 및 폐회 활동(약 2분)</td></tr>
<tr><td>유의점</td><td colspan="5">① 질문과 답변 자료는 글과 그림을 최대한 활용하도록 한다.
② 기본적인 예의를 갖추어 임하도록 한다.
③ 아동 개개인의 자존심을 상하는 질문은 삼가도록 한다.
④ '왕따' 현상이 발생하지 않도록 '청문회' 활동의 취지와 내용을 아동 모두에게 충분히 이해시킨다.</td></tr>
<tr><td>교육적 효과</td><td colspan="5">교사와 아동, 아동과 아동 간의 협의활동을 통해 이루어지는 '우리들만의 청문회' 학습전략은 언어활동에서 허용적인 심리적 환경을 조성하였고, 청문회 준비와 실제 활동에서의 자유로운 질문 및 답변 활동을 통해 말하기 활동이 매우 흥미롭다는 것을 본 활동을 통해 아동 스스로 느끼게 하였으며, 점차 논리적이고 체계적인 음성언어 표현력을 신장시킬 수 있는 계기를 마련해 주었다.</td></tr>
</table>

〈'우리들만의 청문회' 약속안〉 (예시)

1) 구안 절차

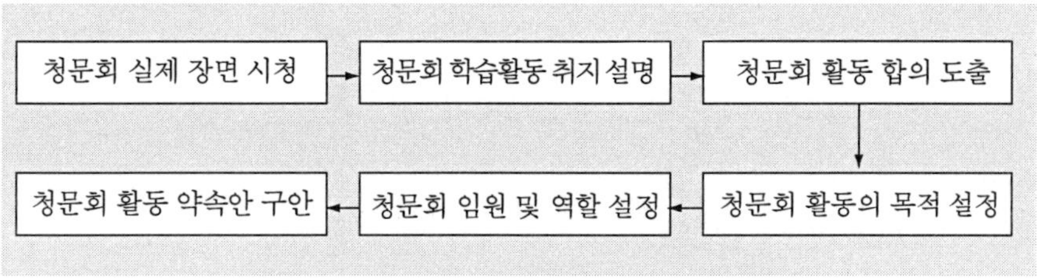

[그림 2] 우리들만의 청문회 약속안 구안 절차

2) 약속 내용

(1) 청문회 이름

이 활동은 '우리들만의 청문회' 라 부른다.

(2) 청문회 활동의 목적

'우리들만의 청문회' 활동의 목적은 친구를 험담하거나 공격하거나 자존심을 상하게 하기 위해 하는 것이 아니라 다음과 같은 목적을 가지고 한다.

- 친구들 간의 관심사항을 말하기 활동을 통해 표현하고 우리들의 말하기 능력을 키운다.
- 친구들 간 서로에 대해 잘 알고 이해함으로써 보다 친한 친구가 되도록 노력한다.

(3) 임원 구성 및 역할

'우리들만의 청문회' 활동을 전개하기 위하여 다음과 같은 임원을 구성하고 그 역할을 수행하도록 한다.

① 사회자

- 인원수: 1명으로 한다.
- 선출방법: 희망하는 아동을 선정하되, 희망이 없을 경우 출석 번호 순으로 한다.
- 역할: 청문회 사회 및 전체 진행을 맡는다.

② 준비위원(2명)

- 인원수: 2명으로 한다.
- 선출방법: 학급봉사위원 6명이 돌아가며 역할을 수행한다.
- 역할: 청문회 신청서를 접수하고, 아동들의 요청에 의해 청문회 대상(출석)자를 선정하며, 선정된 대상자에게 선정 사실을 통보하고, 질문 아동들의 질문 내용이 중복되지 않게 하거나 질문 내용을 심의하며, 청문회 활동 일지를 기록하는 역할을 수행한다.

③ 청문회 출석 아동

- 청문회에 나와서 청문회 신청자의 질문 내용에 대답하는 아동을 '청문회 출석 아동' 이라 부른다.
- 청문회 출석 아동은 본 연구반 아동 3명 이상의 동의에 의해 작성된 '청문회 신청서' 에 기록되어 있는 아동으로 한다.

④ 질문 아동

'청문회 신청서' 를 작성한 청문회 신청 아동이 질문 아동이 된다.

⑤ 방청 아동

사회자, 준비위원, 청문회 출석 아동, 질문 아동을 제외한 학급 아동으로 자유 질문과 반성활동에 참여한다.

⑥ 청문회 도우미

도우미는 담임교사가 하며, 접수된 신청서를 준비위원과 검토하여 청문회 출석 대상 및 질문 내용이 교육적인지를 검토하는 역할을 한다.

3) 운영 절차

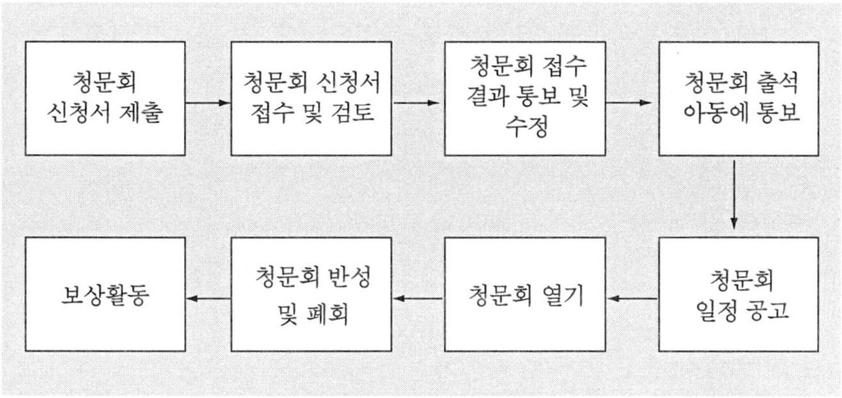

[그림 3] 우리들만의 청문회 운영 절차

(1) 청문회 신청서 제출하기

① 청문회 신청은 우리 반 친구 3명 이상이 공동으로 청문회 신청서를 작성하여 준비위원에게 제출한다.

② 청문회 신청은 청문회 개회 1주일 전에 신청한다.

③ 청문회 신청서 양식의 주요 내용

- 접수한 날
- 청문회 신청 날짜
- 신청 아동 이름
- 청문회 출석 아동 이름
- 청문회 질문 내용

(2) 청문회 신청서를 접수하여 검토하기

① 접수된 신청서의 청문회 출석 아동과 질문 내용이 본 활동의 목적과 부합되는지를 준비위원과 청문회 도우미가 검토한다.

② 질문 내용은 시간 운영상 총 10가지를 넘지 않도록 한다.

(3) 청문회 신청서 접수 결과를 신청자에게 통보하고 질문 내용 수정하기

① 청문회 신청서 검토 결과를 신청 아동들에게 통보한다.

② 질문 내용을 청문회 활동의 교육 목적에 부합되도록 준비위원과 신청 아동, 청문회 도우미들이 협의하여 최종 결정한다.

(4) 청문회 출석 아동에게 알리기

① 청문회 출석 예정 아동에게 청문회 출석 아동으로 선정되었음을 알린다.

② 청문회 신청자들의 질문 내용을 전달한다.

③ 청문회 출석 아동은 청문회 신청 아동의 질문 내용에 대한 답변을 준비한다.

(5) 청문회 일정 공고하기

청문회 일정을 학급 알림판에 공고한다.

(6) 청문회 하기

청문회 신청자의 질문 내용과 방청인들의 자유 질문에 대한 청문회 출석자의 답변으로 이루어진다.

(7) 반성 및 폐회

청문회 결과를 집단평가하여 '청문회활동일지' 에 기록하고 다음 청문회 일정을 알려 준다.

(8) 보상활동

청문회 질문 아동과 출석 아동 중 총점 우수아에게 각각 궁금박사, 만물박사라는 호칭을 주고 3회에 걸쳐 시상한다(1회: 4 · 5월, 2회: 6 · 7월, 3회: 9 · 10월).

4) 신청서 양식

'우리들만의 청문회' 신청서	
접수한 날	년 월 일 요일
청문회 신청 날짜	년 월 일 요일
신청 아동 이름	
청문회 출석 아동 이름	
청문회 질문 내용	1. 2. 3. 4. 5. 6. 7. 8. 9.

5) '우리들만의 청문회' 학습과정안

단계	활동과정	주요 활동 내용 및 활동 대상	자료 및 유의점
준비	신청서 접수 질문 내용 결정 접수 결과 통보 청문회 공고	① 청문회 신청서 접수하기 - 청문회 신청을 희망하는 아동은 청문회 신청서에 내용을 기재하여 제출한다. ② 신청서의 내용 검토하기 - 준비위원 및 청문회 도우미가 신청서의 질문 내용을 검토한다. ③ 청문회 질문 내용 결정 - 청문회 질문 내용을 신청자, 준비위원, 도우미가 협의하여 결정한다. ④ 신청자에게 통보하기 - 준비위원은 신청서 내용 검토 결과를 신청자에게 통보한다. ⑤ 청문회 출석 아동에게 통보하기 - 준비위원은 청문회 출석 아동에게 통보한다. ⑥ 청문회 일정 공고하기 - 준비위원은 청문회 일정을 공고한다.	* 청문회 신청서 * 아동의 자발적인 언어 표현활동 및 아동 자치활동으로서 청문회가 이루어지도록 함
실천	청문회 활동 전개	① 청문회 개회하기 - 사회자는 청문회를 개회한다. ② 청문회 관계자 소개하기 - 사회자는 청문회 출석 아동, 신청자 및 질문 아동을 소개한다. ③ 청문회 출석 소감 발표하기 - 청문회 출석 아동은 청문회 출석 소감을 발표한다. ④ 질문 아동 및 방청인 질문하기 - 청문회 신청 아동은 질문 내용을 질문한다. ⑤ 출석 아동 대답하기 - 청문회 출석 아동은 질문 내용에 답변한다.	* 바람직한 청문회 진행 및 참여 태도를 기를 수 있도록 지속적으로 지도
정리	반성 및 폐회	① 청문회 활동 반성하기 - 방청 아동들의 집단평가 내용을 '청문회 활동일지' 에 기록한다. ② 다음 청문회 일정 알리기 - 준비위원은 다음 청문회 일정을 공고한다. ③ 청문회 폐회하기 - 사회자는 청문회를 폐회한다.	* 청문회 활동일지 * 집단평가표

6) '우리들만의 청문회' 활동일지

<table>
<tr><td colspan="7">'우리들만의 청문회' 활동일지</td></tr>
<tr><td colspan="3">개회일</td><td colspan="4">년 월 일 요일</td></tr>
<tr><td colspan="3">준비위원 이름</td><td colspan="4"></td></tr>
<tr><td colspan="3">신청 아동 이름</td><td colspan="4"></td></tr>
<tr><td colspan="3">청문회 출석 아동 이름</td><td colspan="4"></td></tr>
<tr><td rowspan="6">집단평가</td><td rowspan="2">질문 아동의 질문 내용 및 표현 정도 평정척도</td><td colspan="3">질문 아동명(신청 아동)</td><td rowspan="2">대답 아동(출석 아동)의 대답 내용 및 표현 정도 평정척도</td><td>대답 아동명</td></tr>
<tr><td>○○○</td><td>○○○</td><td>○○○</td><td>○○○</td></tr>
<tr><td>논리적이며 정확한 발음으로 질문한다.</td><td>3×(명)= 점</td><td>3×(명)= 점</td><td>3×(명)= 점</td><td>질문의 요점에 정확하게 대답한다.</td><td>3×(명)= 점</td></tr>
<tr><td>논리적이지만 발음이 정확하지 못하다.</td><td>2×(명)= 점</td><td>2×(명)= 점</td><td>2×(명)= 점</td><td>질문의 요점에 맞게 대답하나 자신감이 없다.</td><td>2×(명)= 점</td></tr>
<tr><td>논리적이지 못하고 발음도 명확하지 못하다.</td><td>1×(명)= 점</td><td>1×(명)= 점</td><td>1×(명)= 점</td><td>질문의 요점에 맞지 않고 자신감도 없다.</td><td>1×(명)= 점</td></tr>
<tr><td>총점</td><td></td><td></td><td></td><td colspan="2">총점</td></tr>
</table>

〈집단평가 점수 산정 및 보상〉

- 평가 대상: 청문회를 신청한 질문 아동과 청문회 출석 아동으로 한다.
- 평가자: 방청 아동들이 평가한다.
- 평정방법: 평정척도에 의해 3점, 2점, 1점으로 개인별 평가하여 합산한다.
- 보상 체계: 3회(1회: 4 · 5월, 2회: 6 · 7월, 3회: 9 · 10월)에 걸쳐 일지에 기록된 총점을 산출하여 우수 아동 중 질문 아동은 궁금박사, 답변아동은 만물박사라는 칭호와 함께 보상한다.

<table>
<tr><td>자료명</td><td>읽-1</td><td>뇌 성향</td><td colspan="2">좌뇌, 우뇌 성향 학습방법 선택형</td><td>언어 영역</td><td>읽기</td></tr>
<tr><td>학습전략</td><td colspan="6">내 꼬리는 어디에</td></tr>
<tr><td>운영의 개요</td><td colspan="6">단순히 소리 내어 읽는 활동에서 벗어나 게임을 통한 읽기활동은 아동들에게 읽기에 대한 즐거움과 흥미를 줄 수 있다. 동화의 전체 줄거리를 아동 각자의 뇌 성향에 기초하여 문장 혹은 그림 카드로 재구성하여 게임활동으로 운영하는 '내 꼬리는 어디에' 학습전략을 구안하였다.</td></tr>
<tr><td rowspan="3">자료의 구성 및 제작 방법</td><td>구분</td><td colspan="2">좌뇌 성향의 아동</td><td colspan="3">우뇌 성향의 아동</td></tr>
<tr><td>선택 자료</td><td colspan="2">동화 그림 카드(소공자, 피노키오 등 2종)
☞동화책의 줄거리 주요 장면의 그림을 코팅하였음</td><td colspan="3">동화 문장 카드(소공자, 피노키오 등 2종)
☞동화책의 줄거리 주요 장면 이야기를 문장으로 재구성하여 코팅하였음</td></tr>
<tr><td>공통 자료</td><td colspan="5">동화 그림 카드, 문장 카드를 탈부착할 수 있는 학습판
☞두께가 5cm인 스티로폼에 접착 부직포를 붙임</td></tr>
<tr><td>운영의 실제</td><td colspan="6">① 품앗이별로 차례를 정한다.
② 첫 번째 차례의 품앗이 아동이 동화 그림 카드 혹은 동화 문장 카드 중 하나의 카드를 선택한다.
③ 선택된 카드를 아동이 보지 못하는 곳에서 학습판에 부착한다.
④ 첫 번째 품앗이 아동이 카드 뒤에 부착되어 있는 고유번호를 하나 부르면 그 번호를 뒤집어 어떤 장면의 카드인지를 보여 준다.
⑤ 카드 장면을 보고 그 장면 뒤에 나오는 카드를 생각하여 고유번호를 부른다.
⑥ 두 번째 부른 고유번호 뒷면의 장면 내용이 첫 번째 이야기의 바로 뒷 이야기라면 계속해서 다음 이야기의 카드 고유번호를 선택할 기회가 주어지며, 그렇지 못한 경우에는 다음 품앗이 아동에게로 돌아간다.
⑦ 모든 카드의 뒷면 이야기 카드가 나올 때까지 활동이 계속된다.
⑧ 다음 장면의 카드를 어느 품앗이가 많이 맞추었는가에 따라 우승 품앗이가 결정되며, 우승한 품앗이 아동들이 전체 줄거리를 꾸며 말한다.</td></tr>
<tr><td>자료의 실제 모습</td><td colspan="6">① 동화 그림 카드

② 동화 문장 카드</td></tr>
<tr><td>교육적 효과</td><td colspan="6">동화의 전체 줄거리를 게임을 통해 문장과 그림으로 읽어 나가는 '내 꼬리는 어디에' 학습전략은 아동들에게 읽기에 대한 즐거움을 제공함과 더불어 이야기의 의미를 이해하는 데 도움을 주었다.</td></tr>
</table>

자료명	쓰-2	뇌 성향	좌뇌 성향, 우뇌 성향 공통형	언어 영역	쓰기

<table>
<tr><td>학습전략</td><td colspan="4">주제 편지 쓰기</td></tr>
<tr><td>운영의 개요</td><td colspan="4">‘행하면서 배운다.’는 어느 교육학자의 말처럼 아동의 쓰기 기능은 쓰기활동을 통해서 익힐 수 있다는 생각하에, 무의미한 글쓰기 활동에서 벗어나 주제별 편지쓰기 활동을 통해 의미 있고 지속적인 학습전략이 필요하여 본 ‘주제 편지 쓰기’ 학습전략을 구안하게 되었다.</td></tr>
<tr><td>운영 내용</td><td colspan="4">1. 주제 내용 정하기
국경일, 학교 행사, 위인들의 탄생일, 역사적 기념일 등 기념하는 날을 맞이하여 그날과 관련된 소재로 주제 내용을 정하였다.
2. 편지 쓰기
월별 주제 내용을 바탕으로 다양한 대상과 방법으로 편지를 쓰도록 유도하였다.</td></tr>
<tr><td rowspan="11">주제 내용</td><td>월</td><td>주제 내용의 예</td><td>대상자</td><td>관련 행사(일시)</td></tr>
<tr><td>3</td><td>새로운 마음으로 다시 시작하겠습니다.
선생님, 1년 동안 이렇게 가르쳐 주세요.
내 짝지는 이런 점이 참 좋은 것 같아요.
어린 동생을 이렇게 보살피자.</td><td>자기 자신에게
선생님
짝지
1학년 동생</td><td>시업식(3/2)
반 편성
학급
입학식(3/5)</td></tr>
<tr><td>4</td><td>나무가 없는 세상은 어떨까?
자연이 우리에게 주는 편리함
건강을 지키기 위해 노력하자.
장애인은 우리의 이웃, 함께 살아가는 자세를 갖자.</td><td>나무에게
자연에게
병원 환자에게
장애인에게</td><td>식목일(4/5)
소풍
보건의 날(4/7)
장애인의 날(4/20)</td></tr>
<tr><td>5</td><td>평화롭고 행복한 나라를 만들기 위해 법을 지키자.
친구야, 사이좋게 지내자.
어머니, 아버지, 감사합니다.
선생님, 힘내세요.</td><td>친구들에게
친구에게
부모님에게
선생님에게</td><td>법의 날(5/1)
어린이날(5/5)
어버이날(5/8)
스승의 날(5/15)</td></tr>
<tr><td>6</td><td>아름답고 깨끗한 국토를 만들자.
나라를 위해 자신을 희생한 분들에게
조상들의 명절에 대한 나의 생각
6 · 25 전쟁 때 나라를 지키다 돌아가신 무명용사에게</td><td>자연에게
호국영령
조상들께
무명용사</td><td>세계환경의 날(6/5)
현충일(6/6)
단오(6/18)
6/25</td></tr>
<tr><td>7</td><td>방학을 맞이하여 선생님께</td><td>선생님</td><td>방학</td></tr>
<tr><td>8</td><td>친한 친구에게 편지하기</td><td>친구</td><td>방학</td></tr>
<tr><td>9</td><td>새 학기를 맞이한 나의 다짐
철도 교통의 중요성 알기
관광산업은 문화재 보존과 외화 획득의 지름길</td><td>자기 자신에게
철도 역사
문화재, 관광</td><td>개학
철도의 날(9/18)
관광의 날(9/27)</td></tr>
<tr><td>10</td><td>국군 장병 아저씨, 고맙습니다.
과학적인 문자, 한글을 만들어 주셔서 감사합니다.
운동회 연습, 그리고 체력은 국력이라 한다.</td><td>국군 아저씨께
세종대왕
친구들에게</td><td>국군의 날
한글날
운동회</td></tr>
<tr><td>11</td><td>불은 좋은 친구, 나쁜 친구
나무야 무럭무럭 자라라.
수출로 강국 건설</td><td>불의 사용
나무에게
수출 역군에게</td><td>소방의 날(11/9)
육림의 날(11/토)
수출의 날(11/30)</td></tr>
<tr><td>12</td><td>예수의 사랑을 배우며
방학을 맞이하여</td><td>이웃에게
친구들에게</td><td>성탄절(12/25)
종업식</td></tr>
<tr><td>교육적 효과</td><td colspan="4">기념일과 관련된 소재와 주제로 편지를 쓰는 ‘주제 편지 쓰기’ 학습전략은 생활 속의 주인공을 대상으로 의미 있는 글쓰기 학습활동을 월별로 지속적으로 전개할 수 있어서 아동의 쓰기 기능이 지속적으로 향상되었다.</td></tr>
</table>

2. 실천 2단계의 적용 내용

뇌 친화적인 언어학습 자료를 제작 · 활용한다.

① '수준별 이야기 만들기' 학습 자료
② '네모 그림판' 학습 자료
③ '문단 카드 연결 이야기' 학습 자료
④ '글감-이야기 엮기' 학습 자료
⑤ '내가 꾸미는 펼쳐보기 책자' 학습 자료
⑥ '칸 만화 완성하기' 학습 자료

뇌 친화적인 언어학습 자료들은 다음과 같은 기본 방침과 운영을 바탕으로 제작 · 활용하였다.

첫째, 아동 각자의 학습 양식을 결정하는 뇌 성향 분석을 바탕으로 뇌 친화적인 학습 자료를 구안 · 활용하였다.

둘째, 언어학습 활동에 흥미와 관심을 갖도록 하기 위해 우선 좌뇌 성향의 아동은 좌뇌 성향 학습 자료를, 우뇌 성향 아동은 우뇌 성향 학습 자료를 활용하도록 하였다.

셋째, 자료 활용 및 아동 각자의 뇌 발달을 극대화하기 위해 점차 좌뇌 성향의 아동은 우뇌 성향 학습 자료를, 우뇌 성향 아동은 좌뇌 성향 학습 자료를 활용하도록 유도하여 좌뇌와 우뇌가 균형 있게 발달하도록 노력하였다.

본 연구 목적을 효율적으로 달성하기 위해 구안 · 제작하여 활용한 뇌 친화적 언어학습 자료(내용 생략)는 〈표 7〉과 같은 뇌 친화 성향을 기초로 하였다.

〈표 7〉 뇌 친화적 학습 자료와 뇌 성향

구분	우뇌 친화적 자료	좌뇌 친화적 자료	좌뇌 · 우뇌 공통형
학습 자료명	1. 수준별 이야기 만들기 2. 네모 그림판	1. 문단 카드 연결 이야기 2. 글감-이야기 엮기 카드	1. 칸 만화 완성하기 2. 내가 꾸미는 펼쳐 보기 책자

3. 실천 3단계의 적용 내용

뇌 친화적 언어학습을 교육과정에 적용한다. (내용 생략)

① 학년 초 뇌 친화적인 언어 중심 교육과정을 구안하고 실천한다.
② 뇌 친화적 주간 교수-학습 교육과정을 설계한다.
③ 개인별 언어 사용 기능 발달 카드를 구안 · 활용한다.
④ 뇌 친화적 학습 환경을 조성한다.

4. 실천 4단계의 적용 내용

뇌 친화적 언어 교수-학습 활동을 실천한다.

① 제1차 적용, 뇌 친화적 언어 교수-학습의 실제
② 제2차 적용, 뇌 친화적 언어 교수-학습의 실제(내용 생략)
③ 제3차 적용, 뇌 친화적 언어 교수-학습의 실제(내용 생략)
④ 제4차 적용, 뇌 친화적 언어 교수-학습의 실제(내용 생략)

본 연구활동의 실천과제인 언어 영역별 뇌 친화적 학습전략 및 언어학습 자료의 활용을 극대화하고, 연구 목적인 아동의 언어 사용 기능을 신장시키기 위해 실제 단위 수업을 계획하고 실천하였으며, 수업 계획을 위해 [그림 4]와 같이 뇌 친화적 교수-학습 흐름도를 구안하였다.

과정	교수-학습 내용	학습집단	뇌 성향 투입
학습 준비	학습 준비를 위한 뇌 친화적 활동 전개	대집단	좌 · 우뇌 동시 투입
학습문제 접근	본시 학습 관련 전시 학습 상기 학습문제 생각해 보기	대집단	좌 · 우뇌 활동
문제 제시 안내	학습문제 제시 학습문제 해결 모색 학습방법 제시	대집단	좌 · 우뇌 활동
학습활동 전개	학습활동 전개 교사와 함께, 아동 간, 짝과 함께	대집단 소집단 짝과 함께	좌 · 우뇌 활용 선택
학습활동 정리	뇌 친화적 주의집중 활동 학습 결과 생각 나누기 내용 정리 및 반성	대집단	좌 · 우뇌 활동

[그림 4] 뇌 친화적 교수-학습 흐름도

1) 1차 적용, 뇌 친화적 언어 교수-학습의 실제

일 시		1999년 4월 2일(금)	
교과-단원		국어－2. 언어생활을 풍부하게	
장소	5의 3교실	차시 운영	교과서 지도 내용 재구성 3/3(60분)

학습 과정	교수-학습 내용	학습 집단	뇌 성향	뇌 친화 학습 전략 및 자료	시간 운영
학습 준비	■ 학습 준비를 위한 뇌 친화적 언어활동 T: '눈으로 말해요' 활동을 하도록 하겠습니다. 오늘은 강아지부터 시작하겠습니다. 강아지 오른쪽으로 두 칸에 가서 보니 양이 풀을 먹고 있었습니다. 잠시 후에 밑으로 세 칸 가니 토끼가 당근을 먹고 있었습니다. 당근을 맛있게 먹은 토끼는 나머지 당근을 왼쪽으로 네 칸에 버렸습니다. T: 그럼, 당근은 어디에 있습니까? C: 당근은 기린에게 있습니다. T: 맞았습니다. ○○이는 선생님의 말씀을 참 잘 듣고 있는 것 같군요.	대집단	우뇌 좌뇌 선택	듣-2 '눈으로 말해요.'	
학습 문제 접근	■ 본시 학습 관련 전시 학습 상기 T: 선생님이 보여 주는 그림을 보고 어울리는 속담에는 어떤 것이 있는지 말하여 봅시다. 【그림 자료】 친구의 이름을 거명하는 장면의 그림 C: '호랑이도 제 말 하면 온다.' 라는 속담이 있습니다. T: 다음의 상황을 잘 듣고, 이 상황과 잘 어울리는 속담을 찾아보도록 하세요. 【상황 자료】 보통 때는 잘 보이던 물건이 급히 쓰려고 하면 보이지 않는다는 상황 자료 C: '개똥도 약에 쓰려면 없다.' 라는 속담이 있습니다.		우뇌 좌뇌	【그림 자료 1】 【상황 자료 1】	2
학습 문제 제시	■ 학습문제에 대해 생각해 보기 T: 오늘은 어떤 내용에 대해 공부해 볼까요? C: 저번 시간에 상황에 어울리는 속담도 찾아보았고 여러 속담에 대해 조사학습도 했으니까, 오늘 이 시간에는 속담에 어울리는 상황을 만들어 보는 공부를 했으면 좋겠습니다. ■ 학습문제 제시 및 해결방법 모색 • 속담에 어울리는 상황을 다양한 방법으로 표현해 보자.				5

학습 과정	교수-학습 내용	학습 집단	뇌 성향	뇌 친화 학습 전략 및 자료	시간 운영
학습 방법 안내	▣ 학습문제 해결 모색 T: 오늘 공부할 학습문제를 해결하기 위해서 어떤 방법으로 공부를 하면 좋을까요? C: 속담을 그림으로 그려 보았으면 좋겠습니다. C: 속담을 글로 표현해 보았으면 좋겠습니다. C: 속담을 말로 표현해 보았으면 좋겠습니다.	대집단			1
	▣ 학습방법 제시하기 T: 오늘 공부할 학습문제를 해결하기 위해 다음과 같은 학습방법으로 공부해 봅시다.			【학습안내판】	2
학습 활동 전개	♣ 활동 1. 속담에 어울리는 상황 표현하기 - 선생님과 함께 공부하기(대집단) ♣ 활동 2. 속담 알아맞히기 놀이-게임(소집단) - 품앗이 친구들과 함께 공부하기 - 자기가 좋아하는 학습방법 찾기 과정 ♣ 활동 3. 내가 좋아하는 공부방법으로 (개별 및 소집단) - 학습방법이 같은 친구끼리(개별화) ♣ 활동 4. 학습방법 나누어 갖기(소집단) - 품앗이 친구들과 함께 공부하기				
	▣ 학습활동할 시 지킬 약속 되새기기 • 알맞은 목소리로 말하기 • 적극적으로 학습활동에 참여하기 • 상대방의 의견 겸손하게 받아들이기 • 나의 생각과 비교해 보기				
	▣ 뇌 성향에 근거한 뇌 친화적 학습활동 전개				38
	♣ 활동 1. 속담에 어울리는 상황 표현하기 - 선생님과 함께 공부하기 - 자료 제시를 통한 상황 표현하기		우뇌		
	【자료】'가재는 게 편이다.' 속담 카드 T: 이 속담을 어떤 방법으로 상황을 표현하면 좋 을까요? C: 예, 그림으로 그려 보았으면 좋겠습니다. C: 예, 글로 표현해 보았으면 좋겠습니다.			【속담 카드】	

학습 과정	교수-학습 내용	학습 집단	뇌 성향	뇌 친화 학습 전략 및 자료	시간 운영
학습 준비	T: 이 속담을 여러분의 생각으로 상황을 표현하여 보도록 합시다. C: 다양한 방법으로 표현한다. ♣ 활동 2. 속담 알아맞히기 놀이 - 품앗이 친구들과 함께(소집단 학습) - 자기가 좋아하는 학습방법 찾기 과정 【자료】 속담 카드가 가득 들어 있는 비밀상자에서 속담 카드 하나를 무작위로 꺼내 그 속담에 어울리는 상황을 자기 방법대로 표현하고, 다른 아동들은 그 상황을 보거나 들어 어울리는 속담을 말한다. ♣ 활동 3. 내가 좋아하는 공부방법으로 - 학습방법이 같은 친구끼리(개별화) ① 역할극으로 표현하기 ② 그림으로 표현하기 ③ 만화로 표현하기 ④ 노래로 표현하기 ⑤ 동시로 표현하기 ⑥ 글로 표현하기 ♣ 활동 4. 학습방법 나누어 갖기 - 원 품앗이(소집단) 친구들에게 자기 표현방법 가르쳐 주기	대집단 개별 및 소집단 소집단	좌뇌 우뇌 선택 우뇌 우뇌 우뇌 우뇌 좌뇌 좌뇌	【비밀상자】 【몸짓이니, 말로 설명하기】-읽 5	
학습 문제 접근	■ 본시 학습활동 결과 생각 나누기 T: 오늘 학습문제를 해결하기 위해 여러분이 활동한 결과물을 친구들에게 발표하고, 친구들과 생각을 나누어 보도록 합시다. C: ① 역할극으로 표현한 소집단 발표하기 ② 그림으로 표현한 아동 개별 발표하기 ③ 만화로 표현한 아동 개별 발표하기 ④ 노래로 표현한 소집단 발표하기 ⑤ 동시 및 글로 표현한 아동 개별 발표하기 T: 평가 예고하기 자기평가지에 학습활동 자기평가하기 학습 결과물 선생님에게 제출하기	대집단			10
학습 문제 제시	■ 뇌 친화적 주의집중활동 ■ 본시 학습 내용 정리하기 T: 속담에 어울리는 상황을 다양한 방법으로 표현할 수 있습니다. ■ 본시 학습활동 내용 반성하기 T: 오늘 학습한 내용 중에서 어려웠거나 잘 모르 는 내용을 이야기하여 봅시다. ■ 차시 예고			【동화 나라 여행】-듣 1	2

Ⅵ. 연구 결과 검증 및 평가

1. 검증 내용 및 방법

본 연구활동은 아동 개개인의 언어 사용 기능 신장을 목적으로, 아동 각자의 뇌 성향에 부합되는 뇌 친화적 학습전략 및 학습 자료를 구안 · 제작하여 창의적인 교육과정 및 실제 교수-학습 활동에 적용하였다. 그리고 이러한 연구활동의 교육적 성과를 검증하기 위해, 아동 자신의 언어 발달 정도를 스스로 평가하는 자기평가의 방법과 교사 관찰에 의한 태도 변화, 작품 분석 등의 경향 분석 등의 정성적 위주의 과정 중심으로 검증을 계획하고 실천하였다. 그리고 본 연구활동 결과에 대한 교육적 효과를 보다 객관적으로 검증하기 위하여 대응 비교 분석을 하였다.

1) 통계 처리

컴퓨터 시스템을 이용하여 전산 처리하였으며, 소프트웨어는 SAS를 이용하였다.

2) 통계 처리 분석방법

아동의 언어 사용 기능 신장을 위한 다양한 학습전략 및 학습 자료 적용, 적용 수업 등 창의적인 뇌 친화적 교육과정 실천 결과의 교육적 성과를 알아보기 위해 대응 비교 분석(paired comparision t-test)을 하였으며, 과제 실천 내용을 사전, 사후 검증에 대하여 대응 비교 분석을 하였다.

〈표 8〉 검증 내용 및 방법

평가 주체	검증 내용	평가도구	평가방법 및 결과 처리	평가 시기
교사에 의한 평가	뇌 친화적 학습전략 활용 결과에 따른 언어 사용 기능 신장(듣기 · 말하기, 읽기, 쓰기 영역)	언어 사용 기능 발달 카드	관찰 및 학습 결과물 평가에 의한 월별 변화의 경향 분석 및 대응 분석 비교	4, 6, 9, 11월
	뇌 친화적 언어학습 자료 활용 결과에 따른 언어 사용 기능 신장 및 조화로운 뇌 발달	언어 사용 기능 발달 카드	학습 자료 결과물 평가에 의한 월별 변화의 경향 분석 및 대응 분석 비교	4, 11월
	적용 수업 결과 분석에 따른 국어과 언어학습 능력 신장	언어 사용 기능 발달 카드	관찰 및 학습 결과물 평가에 의한 국어학습 능력 변화의 경향 분석 및 대응 분석 비교	4, 6, 9, 11월
	뇌 성향 변화 분석에 따른 조화로운 뇌 발달	언어 사용 기능 발달 카드	연구 전후의 설문지 응답 변화 비교 분석	3, 12월
아동에 의한 자기 평가	자기평가에 의한 언어 사용 기능 신장	설문지	연구 전후의 설문지 응답 변화 비교 분석	3, 12월
	가족 구성원 간의 이야기 나누기 활동 내용에 따른 언어활동에 대한 관심도	언어 사용 기능 발달 카드	연구 전후의 설문지 응답 변화 비교 분석 및 대응 분석 비교	4, 11월
	뇌 친화적 언어학습 환경 참여에 따른 언어활동에 대한 관심도	언어 사용 기능 발달 카드	학습환경 참여에 대한 자기평가 내용에 대한 경향 분석 및 대응 분석 비교	4, 11월
	언어학습 활동에 대한 관심도	설문지	연구 전후의 설문지 응답 변화 비교 분석	3, 12월

2. 검증 결과 및 분석

1) 교사에 의한 평가

〈표 9〉 뇌 친화적 학습전략 활용 결과에 따른 아동 개개인의 언어 영역별 평가

(N=35)

이름 \ 내용		언어 영역															
		듣기				말하기				읽기				쓰기			
		4월	6월	9월	11월	4월	6월	9월	11월	4월	6월	9월	11월	4월	6월	9월	11월
1	김창희	3	3	4	4	3	3	3	4	3	4	4	4	2	3	3	3
2	홍미현	3	3	3	3	1	2	3	4	3	3	4	4	1	2	2	2
3	윤석진	5	5	5	5	4	5	5	5	4	5	5	5	5	5	5	5
4	전득삼	3	3	3	4	3	3	4	4	3	4	4	4	2	3	4	4
5	김재룡	4	4	5	5	4	4	4	5	4	5	5	5	5	5	5	5
6	심제헌	3	3	4	4	2	3	4	3	3	4	4	5	1	2	2	2
7	김승주	3	4	5	5	4	5	5	5	4	5	5	5	3	4	5	5
8	최창해	3	5	5	5	3	4	5	5	4	5	5	5	4	5	5	5
9	서민욱	4	4	5	5	4	5	5	5	4	5	5	5	4	5	5	5
10	이은수	4	4	5	5	4	5	5	5	4	4	5	5	4	5	5	5
11	이상수	3	3	4	4	3	4	4	5	3	4	4	4	3	4	4	4
12	남은석	3	3	4	4	3	4	4	4	3	4	4	5	3	4	4	4
13	정찬호	3	3	3	4	3	4	4	4	3	4	5	5	4	5	5	5
14	문창민	3	2	3	3	1	2	3	3	2	3	4	4	1	2	2	3
15	박승화	2	3	4	5	3	4	5	5	2	3	3	4	4	4	4	5
16	현두용	3	3	3	4	1	3	4	4	3	3	3	4	1	2	3	3
17	오인종	3	3	3	4	2	3	3	4	3	3	3	4	2	3	4	4
18	최진현	3	4	4	5	3	4	5	5	4	5	5	5	3	4	5	5
19	박현진	3	4	5	5	3	4	5	5	4	5	5	5	3	4	4	5
20	김득주	3	4	4	5	3	4	4	4	3	5	5	5	3	4	4	5
41	김다종	4	4	5	5	4	5	5	5	4	5	5	5	4	4	4	5
43	김채현	4	5	5	5	5	5	5	5	5	5	5	5	4	5	5	5
44	김미라	4	4	5	5	3	4	4	4	4	4	4	4	4	4	4	5
45	김영희	5	5	5	5	5	5	5	5	5	5	5	5	5	5	5	5
46	최수희	4	4	4	5	4	4	4	4	4	4	4	5	4	5	5	5
47	정경순	2	3	3	3	1	2	2	4	3	3	3	3	1	3	3	3
48	조혜진	3	4	4	4	3	4	4	4	4	4	4	5	4	4	5	5
49	김지희	4	5	5	5	4	5	5	5	4	4	5	5	4	5	5	5
50	이숙영	3	3	3	4	3	4	4	4	3	3	4	4	2	3	3	3
51	김영희	5	5	5	5	5	5	5	5	5	5	5	5	5	5	5	5
52	김창순	5	5	5	5	5	5	5	5	5	5	5	5	5	5	5	5
53	김선경	3	4	4	4	3	3	4	4	3	3	3	4	2	3	3	3
54	오성옥	3	4	4	4	2	3	3	4	3	4	4	4	3	3	3	4
56	이미진	4	4	5	5	4	4	4	5	4	5	5	5	3	4	4	4
57	김영숙	3	3	3	4	2	3	3	4	2	3	3	3	2	3	3	3

(1) 뇌 친화적 학습전략 활용 결과에 따른 언어 사용 기능 신장

아동의 언어 사용 기능을 신장시키기 위한 뇌 친화적 학습전략의 구안 및 적용 활동의 교육적 성과를 개인별 언어 사용 기능 발달 카드인 '나의 언어 사용 능력 발달사'의 기재 내용을 통해 분석하였으며, 아동 개개인의 언어 영역별 평가 결과와 전체 아동의 언어 영역별 평가 결과의 내용 비교 및 분석은 〈표 9〉, 〈표 10〉, 〈표 11〉과 같다.

〈표 10〉 뇌 친화적 학습전략 활용, 전체 아동 언어 영역별 평가 내용 비교 (N=35)

언어 영역	평가 자료		월별 평가 결과		4월, 11월 간의 향상도	
	자료명	전략명	4월	11월	향상점	(1)%
듣기	듣-7	이야기 속으로	120	156	+36	30.0
말하기	말-5	주제별 이야기 나누기	110	155	+45	41.0
읽기	읽-4	신문 활용학습	124	159	+35	28.2
쓰기	쓰-4	독서 감상문 쓰기	110	149	+39	35.5

〈표 10〉의 뇌 친화적 학습전략 활용, 전체 아동 언어 영역별 결과 내용 비교표를 분석해 보면 듣기 영역은 30%, 말하기 영역은 41%. 읽기 영역은 28.2%, 쓰기 영역은 35.5%로 향상되었으며, 특히 말하기 영역에서는 41%로 가장 높은 향상을 보였다.

〈표 11〉 뇌 친화적 학습전략 활용 결과 아동 개개인의 언어 영역별 대응 비교 분석 (N=35)

변수	평균	표준오차	T 값	유의 확률
듣 기	1.0285714	0.1121652	9.1701474	0.0001
말하기	1.2571429	0.1380711	9.1050405	0.0001
읽 기	0.9428571	0.1225969	7.6907064	0.0001
쓰 기	1.1142857	0.1142857	9.7500000	0.0001

〈표 11〉과 같이 뇌 친화적 학습전략 활용에 따른 아동 개개인의 말하기 · 듣기, 읽기, 쓰기의 언어 영역별 대응 비교 분석 결과, 모두 유의확률(0.0001)이 유의 수준(0.05)보다 작아서 본 연구활동 검증 결과가 의의 있게 나타났다.

따라서 기초 · 기본 다지기 뇌 친화적 언어학습전략의 구안 및 적용은 아동 각자의 뇌 성향에 부합한 자발적인 언어활동을 유도함으로써 말하기 · 듣기, 읽기, 쓰기 등 언어 사용의 기초 · 기본 능력 신장에 교육적 효과가 있었음을 알 수 있다.

(2) 뇌 친화적 언어학습 자료 활용 결과에 따른 언어 사용 기능 신장 (내용 생략)

(3) 적용 수업 결과 분석에 따른 국어과 언어학습 능력 신장 (내용 생략)

(4) 뇌 성향 변화 분석에 따른 조화로운 뇌 발달 (내용 생략)

Ⅶ. 요약 및 결론

1. 요약 (내용 생략)

2. 결론

아동의 뇌 성향에 따른 개인차에 부합한 뇌 친화적 언어활동 프로그램 구안 · 적용을 통해 다음과 같은 결론을 내릴 수 있었다.

첫째, 기초 · 기본 다지기 뇌 친화적 언어학습전략의 구안 및 적용은 아동 각자의 뇌 성향에 부합한 자발적인 언어활동을 유도함으로써 말하기 ·

듣기, 읽기, 쓰기 등 언어 사용의 기초 · 기본 능력 신장에 교육적 효과가 있었다.

둘째, 뇌 친화적 학습 자료의 제작 및 활용은 아동 각자의 뇌 성향에 부합한 자료의 선택과 적극적인 언어활동 참여를 유도함으로써 언어 사용에 대한 개인차를 극복할 수 있었으며, 말하기 · 듣기, 읽기, 쓰기, 사고하기의 언어 과정을 관련짓는 통합적인 언어학습을 통해 아동의 언어 사용 기능 신장에 교육적 성과가 있었다.

셋째, 뇌 친화적 언어활동 프로그램을 적용하기 위해 4차에 걸친 적용 수업과 요일별 학습전략 실천 등의 교육과정 운영은 학급 교육과정을 창의적으로 운영함으로써 아동의 언어 사용 기능 신장에 매우 효과적일 수 있다는 것을 보여 준 연구활동이라 할 수 있다.

넷째, 아동 개개인의 언어 사용에 대한 지속적인 관심과 흥미를 불러일으킬 수 있었다.

다섯째, 언어의 각 영역별 말하기 · 듣기, 읽기, 쓰기 기능이 크게 향상되었다.

여섯째, 아동 각자의 두뇌 성향에 기초하여 언어 표현활동을 자유롭게 할 수 있어 언어 사용 기능 신장에 큰 도움이 되었다.

일곱째, 언어 사용 기능 신장을 위한 다양한 학습전략을 실천할 수 있는 계기를 마련해 주었다.

여덟째, 언어 사용 활동에 대한 말하기 · 듣기, 읽기, 쓰기 등의 기초학습 훈련을 체계적으로 실천할 수 있었다.

3. 제언

본 실천연구를 계획하고 실행함에 있어 제언을 하면 다음과 같다.

첫째, 아동 각자의 차별화된 교육 환경(언어 사용에 대한 가정에서의 부모 교육, 아동의 또래집단과의 사회활동, 부모의 언어교육에 대한 관심도 등)으로 인하여 언어활동에 대한 도달도, 관심 등의 개인차가 다양하다. 이러한 언어 능력에 대한 개인차를 극복할 수 있는 학교, 가정, 사회와의 언어교육 프로그램 구안이 절실히 요청된다.

둘째, 아동 각자의 적극적인 언어활동은 교사의 지속적인 관심과 배려가 그 기초가 될 수 있다. 그러나 우리의 교육 현실은 다인수 학급으로 인해 교사의 관심이 분산되고, 아동의 학습 참여에 대한 기회 또한 부족하다. 따라서 교사와 함께하는 학급당 아동 수의 적정한 배려가 요망된다.

셋째, 언어활동에 소극적이고 내성적인 성격의 아동에게는 자료 활용에 의한 의사 표현이 매우 효과적이다. 그러나 1년에 한 번씩 바뀌는 교사의 학년 배정은 언어학습 자료 제작 및 확충에 부정적인 영향을 미친다. 따라서 아동의 적극적인 언어활동을 할 수 있는 학습 자료의 제작과 확충을 위해서는 교사의 학년 중임에 대한 신중한 고려가 있어야 할 것이다.

-부록- 보고서 작성에 도움을 준 자료 (내용 생략)

2. 스스로 재능과 창의력을 키워 나가는 '과제학습활동' 수업

한국교원총연합회 현장교육연구 논문 기술 · 가정분과(2005, 서정자)

Ⅰ. 연구의 개요

1. 연구의 필요성 (생략)

2. 연구의 목적

본 연구는 교실 수업 개선을 통하여 학습자의 능동적인 학습활동을 이끌어 내고, 그 과정에서 자신의 특기와 재능을 찾아 키워 감으로써 자기주도적 학습력을 신장시켜 자신의 진로를 선택하는 데 도움을 줄 뿐 아니라 미래 사회에서 평생학습을 할 수 있는 자세를 길러 주기 위함이다. 학습자 스스로 계획하고 실행하는 다양한 '과제학습활동'을 실현하는 과정에서 자신이 가지고 있는 특기와 재능 및 창의력을 발휘함으로써 흥미로운 교실 수업을 실현하고, 더불어 시대적 요구인 교실 수업 개선을 도모하고자 하였다. 아울러 이 연구의 부수적인 효과로 더불어 살아가는 민주시민의 인성을 배양하는 데에도 기여하게 될 것이라는 기대하에서 출발하였다.

이에 따라 연간 교수-학습 지도 계획에 의거하여 계획된 일련의 '과제학습활동' 과정을 실현함으로써 교과 목표의 효과적인 달성과 함께 시대적인 요구에도 부응하고자 하였다. 따라서 '과제학습활동'을 구안 · 적용하였을 때 적용하지 않은 학습집단에 비해 교과목의 흥미도와 학습 태도를 향상시키고 재능, 창의력, 자기주도적 학습력을 신장시킬 수 있을 것인가를 밝히는 데 연구의 목적이 있다.

3. 연구문제

연구의 필요성에 따른 연구 목적을 달성하기 위하여 다음과 같은 연구문제와 가설을 설정하고 연구를 추진하였다.

1) 연구문제

첫째, '과제학습활동'을 구안 · 적용함으로써 교과목에 대한 흥미도와 학습 태도를 향상시킬 수 있는가?

둘째, '과제학습활동'을 통하여 재능, 창의력, 자기주도적 학습력을 신장시킬 수 있는가?

2) 연구 가설

〈가설 1〉 '과제학습활동'을 적용한 학습자는 그렇지 않은 학습자에 비하여 흥미도 및 학습 태도를 향상시킬 수 있을 것이다.

- 1-1. '과제학습활동'을 적용한 학습자는 그렇지 않은 학습자에 비하여 기술 · 가정 교과에 대한 흥미도에 차이가 있을 것이다.
- 1-2. '과제학습활동'을 적용한 학습자는 그렇지 않은 학습자에 비하여 학습 태도를 향상시킬 수 있을 것이다.

〈가설 2〉 '과제학습활동' 을 적용한 학습자는 그렇지 않은 학습자에 비하여 재능과 창의력 및 자기주도적 학습력을 신장시킬 수 있을 것이다.

- 2-1. '과제학습활동' 을 적용한 학습자는 그렇지 않은 학습자에 비하여 재능과 창의력을 신장시킬 수 있을 것이다.
- 2-2. '과제학습활동' 을 적용한 학습자는 그렇지 않은 학습자에 비하여 자기주도적 학습력을 신장시킬 수 있을 것이다.

4. 용어의 정의 (생략)

5. 연구의 범위와 제한점

기술 · 가정과의 교수-학습 활동에서 교과 특성과 시대적 요구에 부합하기 위해 재능과 창의력을 기반으로 한 자기주도적 학습력을 신장시키기 위하여 개별, 모둠별 '과제학습활동' 을 적용하여 그 효과성을 검증하는 데 통계적 해석과 관찰법을 병행함으로써 관찰에 따른 객관성에 문제가 있을 수 있다. 또한 개별, 모둠별 과제학습활동에 한정하여 적용하고, 그 결과를 검증하고자 하므로 모든 교과목이나 모든 단원에 적용하는 것은 무리가 있을 수 있다. 아울러 본 연구가 지니고 시작하는 몇 가지 제한점은 다음과 같다.

첫째, 태도의 변화를 측정하기 위하여 객관적인 평가방법이나 평가도구를 확보하기 어려워 교사의 주관적인 관찰에 의존할 수밖에 없다.

둘째, 단원의 특성이나 학습목표에 따라 '과제학습활동' 을 일괄 적용하기에는 적절치 못한 부분의 교수-학습 활동 결과에 대해서는 효과를 입증할 수가 없다.

셋째, 실험연구에 의거하여 효과성을 검증하기 위한 연구이므로 '과제학습활동' 결과를 평가에 반영하는 데 어려움이 따를 수 있다.

II. 기초 조사

1. 실태조사 내용 및 방법

1) 실태조사

3학년 학생을 대상으로 기술 · 가정 과목에 대한 흥미, 요구 수준, 학습 실태를 알아보기 위한 설문조사를 〈표 1〉과 같이, 교육의 관심에 관한 학부모의 실태조사를 〈표 2〉와 같이 실시하였다.

(1) 기술 · 가정 과목의 실태 관련 설문조사

〈표 1〉 실태조사 내용 및 방법

항목	세부 내용	시기	방법	대상
1. 흥미도, 참여도	• 기술 · 가정 과목에 대한 흥미도 • 기술 · 가정 수업에의 참여도	2004. 10.	자작 설문지를 이용한 조사	4개 학급, 150명
2. 학습집단	• 선호하는 학습집단(개별, 모둠별)			
3. 수업방법	• 원하거나 흥미를 가지는 수업방법 • 컴퓨터를 활용한 다양한 수업방법의 선호도			
4. 수행평가	• 수행평가 반영 비율 • 원하거나 흥미를 가지는 수행평가 방법 • 현재의 수행평가에 대한 만족도			
5. 수준별 수업	• 수준별 수업의 필요성 • 기술 · 가정과에서 수준별 수업을 한다면 어느 정도로 하는 것이 좋을까?			
6. 과제(체험) 학습	• 선호하는 과제(체험)학습 및 학습방법 • 자기주도적 학습 형태별 선호도			

(2) 교육의 관심에 대한 학부모의 실태조사

〈표 2〉 교육의 관심에 대한 학부모의 실태조사

항목	조사 내용	시기	방법	대상
교육 관심도	• 학부모님의 학교교육에 대한 관심도는 어느 정도인가요?	2005. 3.	설문 조사	학부모 100명
교수-학습방법 개선방안	• 교수-학습방법 개선에 대하여 어떻게 생각하나요? • 가장 바람직하다고 생각하는 방법은?			
수행평가	• 수행평가는 어느 정도로 하는 것이 좋을까요?			

2) 결과 분석 (생략)

Ⅲ. 이론적 배경

1. 문헌연구 (생략)

2. 선행연구

1) 선행연구 분석 (생략)

2) 선행연구의 시사점

첫째, 정광모의 연구에서 자료 중심 교수-학습이 학습 흥미도에 미치는 영향을 통하여 기술 · 가정과의 학습 흥미도 향상방안을 모색하는 데 시사를 받았다.

둘째, 유미숙의 연구에서 자기주도적 학습력의 신장방안에 대한 방향 정립에 도움을 얻었다.

셋째, 이강숙의 연구에서 기술 · 가정과 교수-학습에서 인터넷을 활용하는 방법을 강구하는 데 시사점을 얻었다.

선행연구의 시사점을 바탕으로 기술 · 가정과의 교수-학습 활동을 학습자 주도의 '과제학습활동' 으로 설정하고 이의 실행에서 ICT를 적극 활용하도록 함으로써 교과 목표 달성과 아울러 시대적 요구에 부응하고자 하였다.

Ⅳ. 실행 목표 설정

연구문제와 가설에 의거하여 본 연구 목적의 효과적인 달성을 위하여 다음과 같이 실행 과제를 세 가지로 설정하고, 각 실행 과제에 따른 세부 실천 내용을 다음과 같이 설정하여 실행하였다.

실행 과제 1

자기주도적 학습력 신장을 위한 여건을 조성한다.

【세부 실천 내용】
적절한 인성교육 프로그램을 적용하여 기본이 바로 선 학습 태도를 길러
자기주도적 학습력 신장을 위한 여건을 조성한다.

실행 과제 2

스스로 계획하고 참여하는 '과제학습활동' 을 구안 · 실현한다.

【세부 실천 내용】
재능과 적성을 살릴 수 있는 다양한 '과제학습활동' 을 구안하여
스스로 계획하고 참여하는 '과제학습활동' 을 실현한다.

실행 과제 3

심화된 '과제학습활동' 을 통하여 재능과 창의력을 신장한다.

【세부 실천 내용】
각기 다른 재능을 모아 하나로 표현해 보는 다양한 기회를 통하여
재능과 창의력에 바탕을 둔 자기주도적 학습력을 신장한다.

V. 연구방법과 절차

1. 연구의 대상

- 연구집단: 부산광역시 소재 ○○중학교 3학년 2개 학급(75명)을 연구의 대상으로 선정하였다.
- 비교집단: 부산광역시 소재 ○○중학교 3학년 2개 학급(75명)을 비교의 대상으로 선정하였다.

2. 연구의 기간

- 연구의 계획: 2004년 10월 1일부터 2005년 2월 28일까지 5개월간에 걸쳐 연구 추진을 위한 준비와 계획을 하였다.
- 연구의 실천: 2005년 3월 1일부터 2006년 1월 5일까지 약 10개월에 걸쳐 연구의 실행과 연구 결과 검증 및 연구 결과를 정리하였다.

3. 연구의 추진 절차

본 연구의 원활한 추진을 위하여 〈표 3〉과 같이 연구의 추진 절차를 계획하여 꾸준히 실행하고 결과를 검증 · 정리하였다.

〈표 3〉 연구의 추진 절차

연구 절차	연구 대상	내 용	기 간
선행연구 조사	관련 문헌	• 개별, 모둠별 과제학습활동에 의한 자기주도적 학습력 신장에 관한 선행연구 논문	2004. 11.
사전검사	실험집단, 통제집단	• 기술 · 가정 교과의 흥미도, 학습 태도의 사전검사 • 자기주도적 학습력에 대한 사전검사	2005. 3.
실험의 적용	통제집단, 실험집단	• 과제학습활동의 다양한 실천 사례 적용 –전통적인 학습활동 방법 적용 –다양한 과제학습활동 방법 적용	2005. 3. ~ 2005. 12.
사후검사	통제집단, 실험집단	• 과제학습활동에 따른 흥미도, 학습 태도 사후검사 • 과제학습활동의 자기주도적 학습력 사후검사	2005. 11.
관찰 및 설문조사	실험집단	• 과제학습활동 적용에 따른 학습 태도, 인성, 평생학습 자세 등에 관한 관찰조사 및 사후설문조사	2005. 3. ~ 2005. 12.
결과 분석	통제집단, 실험집단	• 과제학습활동의 다양한 실천 사례 적용 결과가 학습자들의 흥미도, 학습 태도, 자기주도적 학습력, 평생학습 자세 등에 미치는 효과에 대한 분석	2005. 11.
연구 보고서 작성		• 연구에 따른 구체적 실천 사례 및 결과	2005. 8. ~ 2006. 1.

VI. 연구의 실행

본 연구의 원활한 추진을 위하여 단계별 실행 내용에 따른 연구 일정을 〈표 4〉와 같이 계획하고 실행하였다.

〈표 4〉 연구의 일정

단계	내용	시기	비고
준비	• 실태조사 및 실태 분석 • 연구문제 추출 및 연구 주제 선정 • 선행연구 분석 및 문헌연구	2004. 10.~ 2004. 11.	• 설문지 • 선행연구 논문
계획	• 기초 자료 수집 • 실행 목표 설정 • 실행 과제별 추진 계획 수립 • 흥미도와 학습 태도의 사전검사	2004. 11.~ 2005. 2.	• 자료 수집 • 실천 목표 설정 • 설문지
실행	• 연간 교수-학습 지도 계획 작성 • 단원 특성에 적합한 '과제학습활동' 선정 • 재능 · 창의력, 자기주도적 학습력 신장을 위한 교수-학습 활동 구안 • 다양한 '과제학습활동' 수업 실현	2005. 3.~ 2005. 12.	• 과제학습 검증 • 누가 기록
검증	• 흥미도와 학습 태도의 사후검사 • 자기주도적 학습력의 관찰 및 설문조사 • 연구 성과의 검증 • 결과 해석 및 평가	2005. 11.~ 2005. 12.	• 사전/사후 검사지 • 설문지 및 관찰법 이용 • 통계 처리
정리	• 연구 결과 요약 및 결론 • 연구 보고서 작성	2005. 11.~ 2006. 1.	• 관찰 자료와 설문 분석 누가 기록

1. 과제 1의 실행 결과

1) 교과 특성에 적절한 인성교육 프로그램 설정

(1) 3분 묵상하기(주제: 우정, 꿈/희망, 성, 문화, 사회문제, 진로 등)

(2) 오늘 내가 고쳐야 할 잘못된 행동이나 습관은 무엇일까?

(3) 부모님께/친구야, 사랑해/친구야, 미안해

(4) 우리 것은 좋은 것이야(전통 예절)!

(5) 이 시간에 도달해야 할 학습 목표는?

(6) 학생의 능력 및 적성에 적합한 수준별 과제 제시

(7) 학생과 교사 간의 적극적 상호작용을 위한 학습활동
(8) 의사소통을 높이고 서로의 인격을 존중하는 토론문화 형성

매 시간 학습활동 도입 단계에서 인성교육과 관련된 주제 세 가지—(1) 3분 묵상하기, (2) 내가 고쳐야 할 잘못된 행동이나 습관이 무엇이며 어떻게 고쳐야 할까를 생각해 보기, (3) 부모님께/친구야, 사랑해/친구야, 미안해—중에서 한 가지를 3분 정도 실시(본 교과는 주당 3시간이므로 세 가지 주제에 대하여 시간당 한 가지씩만 실시해도 1주일에 한 번씩은 세 가지 주제를 해 볼 수 있음)하였다. 아울러 (5), (6), (7), (8)은 가능한 매 시간 실시하였다. 이렇게 함으로써 기초 · 기본이 바로 선 올바른 학습 · 생활 태도를 길러 자기주도적인 학습 태도를 신장시키기 위한 여건을 조성하였다.

1) 인성교육 프로그램의 실행 사례

(1) 실행 사례 하나(첫 시간에)

학기 초 처음 학생들을 대면할 때에 1년 동안 기술 · 가정과의 학습활동을 어떻게 펼쳐 나가면 좋을지에 관하여 학생들의 의견을 알아보고, 의견을 수렴하여 학습활동에 반영하기 위하여 다음과 같은 설문지를 제작하여 활용하였다.

(　　)학년 (　　)반 이름 (○○○)

설문지	안녕하세요. 저는 한 해 동안 여러분과 같이 기술 · 가정 수업을 운영할 계획입니다. 기술 · 가정 수업이 좀 더 흥미 있으며 여러분의 실생활이나 인생에 도움이 되도록 하고자 다음의 설문을 실시합니다. 신중하게 생각하셔서 답해 주시면 더욱 열심히 연구 · 노력하는 선생님이 되도록 노력할게요.

1. 3학년을 맞이한 소감은 어떤가요?

2. 기술 · 가정 수업에 대한 나의 생각이나 느낌은 어떤가요?

3. 나의 흥미, 적성, 장래 희망은?
(만약, 아직도 꿈이 없다면 지금이라도 생각해 보고 답하세요.)

4. 나는 올 한 해 동안 꿈을 이루기 위해 어떤 노력을 하려고 하나요?

5. 1년이 지난 후 나의 모습은 어떻게 변해 있을까요?

6. 기술 · 가정 수업을 보다 흥미 있게 하기 위한 여러분의 의견을 듣고자 합니다.
(구체적으로 적어 주시면 고맙겠습니다.)

7. 끝으로 선생님에게 바라거나 하고 싶은 말을 기탄 없이 적어 보세요.

♥ 성실하게 답해 주셔서 감사합니다.♥

• 설문조사 분석 결과: 학생들이 원하는 수업은 다양하였으나 대부분의 학생은 스스로 많이 활동할 수 있도록 하는 형태, 예를 들면 수업 시간에 컴퓨터를 활용하여 필요한 학습 자료를 웹에서 찾아보거나 토론학습을 하거나, 실험 · 실습, 특기 · 적성을 충분히 살릴 수 있는 과제학습 등을 원했다. 그리고 노트 필기는 가능한 적게 해 주기를 원했다. 따라서 학생들의 요구와 교과 특성을 감안하여 '과제학습활동' 이라는 나름대로의 학습 형태를 구안하여 적용해 보기로 하였다.

(2) 실행 사례 둘(3분 묵상: 꿈/희망, 성에 대한 태도)

주 1회 정도 정서를 순화시켜 올바른 인성을 함양하기 위하여 수업의 첫 도입 단계에서 3분 정도 기초 · 기본이 바로 선 인성을 배양하고자 하였다. 3분 묵상의 실행 사례 중에서 두 가지를 다음과 같이 제시하였다.

교과명	기초 · 기본이 바로 선 인성교육	날짜	2005년 4월 8일
주제	나의 미래를 꿈꾸어 보자.		

존 고다드라는 사람은 53년 전에 그의 생애에서 꼭 이루고 싶은 것을 번호를 붙여서 적기 시작했다. 그의 나이 겨우 15살이 되는 시기였다.

그러나 그는 그 어린 나이에도 불구하고 벌써 먼 다른 나라들에 대하여 알아보고 싶다는 욕망을 가지고 자신의 꿈을 키워 나갔다. 그리하여 학교 공부를 마치고 나면 위대한 탐험가가 되기로 작정을 했다.

고다드는 자기의 인생 목표를 적어 나가는 공책을 마련하여 '내 인생의 꿈' 이라는 제목을 달았다. 다음 글은 고다드가 세운 목표 중 몇 가지를 적은 것이다.

1~3. 나일강, 콩고강, 아마존강을 탐험하자.

4~6. 에베레스트산, 킬리만자로산, 마터호른봉을 정복하자.

7~10. 코끼리, 낙타, 타조, 야생마들을 타 보자.

11~12. 마르코 폴로와 알렉산더 대왕의 행로를 다시 밟아 보자.

13. 타잔 영화에 출연해 보자.

14. 항공모함에서 비행기로 이착륙을 시도해 보자.

15~16 세익스피어와 아리스토텔레스의 책을 읽어 보자.

17. 작곡을 해 보자.

18. 글을 쓰자.

19. 세계 여행을 하자.

20. 결혼을 해서 자식을 낳고 키우자.

21. 달나라 여행을 해 보자.

22. 잠수함을 타 보자. 윗몸 일으키기 200회 하기 등.

그는 모두 127개의 항목을 적고 차근차근 실행에 옮겨 나갔다. 현재 고다드는 23번(메킨리봉 등정), 20번(달나라 여행)을 남겨두고 있다. 올해 그의 나이는 68세다.

"나는 틀에 박힌 생활을 하고 싶지 않으며 끊임없이 자신의 한계에 도전을 하고 싶었습니다. 독수리처럼 말입니다. 127개 항목을 모두 다 이루려고 고민하지 않았습니다. 중요한 것은 내가 그렇게 살고 싶다는 것입니다. 나는 여건이 허락하는 한도 내에서 나의 꿈을 하나씩 이루어 나갔습니다.

53년에 걸쳐 꾸준히 자신의 꿈을 이루어 가기 위한 고다드의 노력이 나에게 주는 시사점을 생각해 봅시다.

(3) 실행 사례 셋(고쳐야 할 행동이나 습관)

1주일에 1회 정도 자신의 행동이나 습관 중에서 고쳤으면 좋겠다고 생각되는 것은 무엇일까를 생각해 보고 한 가지만 간단하게 적어 보고, 이를 노트에 붙여 가끔씩 실천을 잘하고 있는지를 점검해 보도록 하였다. 다음은 학생들이 실행한 사례 중 몇 가지를 옮겨 본 것이다.

♥ 지금 내가 고쳐야 할 행동이나 습관은 무엇일까 생각해 보고 간략히 적어 봅시다.

지금 내가 고쳐야 할 습관은 손톱을 물어뜯는 버릇이다. 안 좋은 일에나 긴장을 하게 되면 나도 모르게 손톱을 물어뜯고 있는 나 자신을 발견하곤 한다.

부모님에게 지적도 많이 당하고 친구들에게도 많이 놀림을 당했다. 그래서 나도 고치려고 노력은 하는데 쉽게 잘 고쳐지지 않는다. 하지만 인간의 의지와 노력으로 못 이룰 게 무엇이 있을까? 계속해서 노력하다 보면 언젠가는 고쳐질 것으로 생각한다. 그래서 나는 계속해서 이 나쁜 습관을 고치려고 노력할 것이다. 2005년은 이 버릇 하나만 고쳐도 성공한 것이 아닐까?

♥ 지금 내가 고쳐야 할 행동이나 습관은 무엇일까 생각해 보고 간략히 적어 봅시다.

나는 가끔씩 별일이 아닌데도 갑자기 화가 치밀어 친한 친구에게 심한 말을 해서 친구에게 마음의 상처를 주는 일이 종종 있다. 아마도 내 성격이 무지 급하고 좋지 않은 것이 아닐까 싶다. 빨리 이 습관을 고쳐서 서로에게 상처를 주는 일이 없도록 해야 겠다. 또한 욕설도 많이 하는 편이라 남자 친구에게서 사귀지 말자는 소리도 들었다. 정말 그때는 가슴이 아팠고 다시는 욕을 안 하겠다고 다짐을 했는데 어쩌다 화가 나면 또 욕을 하게 된다. 올 한 해는 이 버릇을 꼭 고쳐 보려고 한다. 기술 · 가정 수업 시간에 선생님께서 3분 인성교육을 한다고 하셨는데, 이 시간에라도 반성하고 노력하면 많이 좋아질 것이다.

(4) 실행 사례 넷(우리 것은 좋은 것이야!/전통 예절)

우리 고유의 전통 문화와 예절을 익힘으로써 기초 · 기본이 바로 선 인성을 함양하는 데 도움이 되고자 한복을 바르게 입는 법과 한복 입었을 때의 바른 자세 등을 익히게 하였다. 다음은 개별 · 모둠별로 실행하였던 우리 전통 예절 학습 장면이다.

[남자 한복 입은 모습]

[남자 한복 입기를 연습하고 있는 장면]

[여자 한복 입은 모습]

[고름 매기를 연습하고 있는 모습]

2. 과제 2의 실행

1) 재능과 적성에 적합한 다양한 '과제학습활동' 을 구안한다.

(1) 다양한 '과제학습활동' 의 주제 · 유형 설정

스스로 계획하고 참여하는 자기주도적 학습 환경을 조성하기 위하여 교과서를 분석하고 재구성하여 단원별로 '과제학습활동' 주제와 유형을 〈표 5〉와 같이 설정하였다.

〈표 5〉 '과제학습활동' 주제 · 유형

단원		과제학습활동 주제	학습 형태	학습 유형	차시	비고
Ⅰ. 산업과 진로	1. 산업의 이해	산업은 어떻게 연계되어 있나	개별	창의적	1/8	
		목제품 유통 경로	모둠별	토의 · 발표	2/8	
		유전공학 이용한 품종 개량방법	개별	조사 (창의적)	3/8	
		전자 상거래, 종전의 상거래 비교	모둠별	토의 · 발표	4/8	
		유전자 변형식품 섭취의 해	모둠별	창의적	5/8	
		텔레뱅킹/인터넷 뱅킹	개별	조사 · 정리	6/8	선택
		미래 유망 직업/재택 근무 직업	모둠별	창의적	7/8	선택
		되짚어보기(소단원 마무리학습)	개별	창의적	8/8	심화
	2. 진로 선택과 직업 윤리	나의 적성, 흥미 알아보기	개별	창의적 탐구	1/10	선택
		흥미, 적성, 성격에 맞는 직업	개별	창의적 탐구	2/10	
		나의 성격은	개별	창의적 탐구	2/10	
		나의 삶에서 중요한 가치는	개별	탐구 · 정리	4/10	
		직업 선정 시 고려할 요인	모둠별	토의 · 발표	5/10	
		직업에 대한 나와 부모님의 생각 차	개별	창의적 정리	6/10	
		학벌주의를 부추기는 요인들	모둠별	토의 · 발표	7/10	
		없어졌거나 새로 생겨난 직업들	모둠별	조사 · 발표	8/10	
		건전한 직업윤리/직업관	모둠별	조사 · 발표	9/10	선택
		되짚어보기(소단원 마무리학습)	개별	자유 표현	10/10	심화

	직접 해 보자(수행평가)	개별	학습지 이용	·	심화
3. 산업 재해와 안전	산업재해 발생 요소	개별	정리 · 발표	1/7	
	사고 예방을 위한 방법	모둠별	토의 · 발표	2/7	
	교통사고 줄이는 방안	모둠별	토의 · 발표	3/7	
	전기합선/전기화재/감전	개별	조사 · 발표	4/7	선택
	생활 주변의 위험 요소 제거방법	모둠별	토의 · 발표	5/7	
	안전 보호구의 종류와 용도	개별	창의적 정리	6/7	
	되짚어보기	개별	창의적 정리	7/7	

(2) '과제학습활동'의 기본 모형 구안

• '과제학습활동'의 기본 모형 구안(모둠별 활동)

모둠별 '과제학습활동'의 모형을 다음과 같이 구안하였다.

도입: 인성교육 프로그램 적용, 학습 목표 인지

⬇

기본학습(문제 파악) 및 '과제학습활동' 주제 선정

⬇

이질 소집단 편성 후 '과제학습활동' 과제 제시

⬇

모둠별 과제 해결(정보검색, 가공, 토의, 정리)

⬇

과제 발표 및 보고서 작성 제출

⬇

일제학습 및 개별학습(학습지 활용한 자기주도적 학습)

⬇

형성평가(기본, 심화) 및 정리

• '과제학습활동' 적용을 위한 교과서 분석

'과제학습활동'의 효과적인 적용을 위하여 교과서를 〈표 6〉과 같이 분

〈표 6〉 교과서 구성 요소 분석

순서	구성 요소	내용	비고
1	미리 알아보기	선수학습 요소를 스스로 짚어 보는 기회로 활용	○
2	이 단원을 공부하고 나면	학습 목표를 확인할 수 있다.	
3	만화로 여는 생각	단원의 학습동기 유발을 위한 매체로 활용	○
4	접속 인터넷	관련 단원의 내용 이해 및 자료조사에 활용	○
5	내다보는 세상/열린 생각	학습 내용과 관련 있는 시사 문제 등의 읽을거리를 학습활동 코너로 활용	○
6	해보기	간단한 실습 및 문제해결능력 측정에 활용	○
7	직접 해 보자	스스로 활동 계획을 세워 실행하는 과제들이므로 활동 중심, 사례 중심 학습에 활용	○
8	하나 더 알기/하나 더 해보기	심화학습이나 선택학습에 활용	○
9	여기서 잠깐	정보성 있는 도움말 제시	○
10	쉬어가기	학습 내용과 관련된 소재 중 가벼운 읽을거리 제시	
11	되짚어보기/마무리 탐구	학습한 내용의 탐구 및 정보의 가공 · 활용을 통해 문제해결력 신장	○

석하였다. 그중 '과제학습활동'의 적용이 가능한 요소는 비고란에 표시하였다.

• 교과서 외의 '과제학습활동' 적용 요소

교과서 이외의 '과제학습활동' 적용 요소를 〈표 7〉과 같이 설정하고 구체적인 학습 내용에 의거하여 실천하였다.

〈표 7〉 교과서 외의 '과제학습활동' 적용 요소

순서	적용 요소	학습 내용	비 고
1	신문 활용 학습	• 식품이나 영양 등 식생활 및 건강과 관련 있는 신문기사나 인터넷 자료를 수집하여 포트폴리오 작성하기 • 환경과 관련된 신문기사를 수집하여 환경신문 만들기	심화 (선택)
2	상상하여 표현하기	• 미래 산업의 발달을 상상하고 다양한 방법으로 표현해 보자. • 만약 전기가 없다면 우리 생활이 어떻게 될까를 상상하여 표현해 보자.	심화
3	가사 바꿔 부르기 이(삼)행시 짓기	• 식사 예절을 노래가사에 붙여 노래로 불러 보자. • '가족생활과 주거' 를 주제로 한 삼행시를 지어 보자.	기본
4	역할극/인형극	• 우리나라와 서양의 식사 예절을 역할극으로 꾸미고 발표하기	심화
5	실험 · 실습 · 관찰	• 폐식용유로 재활용 비누 만들기 • 창작 조리 실습(선택 실습) • 회로테스터기의 사용법을 익혀 전압, 저항을 측정해 보자. • 납땜식 전자키트로 정류기 만들기/인쇄 회로기판으로 라디오키트 만들기(선택 실습)	심화 기본 심화 심화
6	퍼즐 맞추기	• 대단원 학습 종료 후에 퍼즐로 내용 확인하기	기본
7	다양하게 표현하기/꾸미기	• 나의 방(학생 방)에 모형 가구를 배치하고 평가해 보자. • 식단 짜기의 중요성을 강조하는 포스터, 만화, 광고물 작성해 보기 • 가구 사진을 모아 가구의 구조와 사용 목적에 맞게 각 방을 꾸며 보자. • 미래에 우리가 살고 싶은 집의 평면도를 그려 보자.	기본 심화 기본 기본
8	영상매체활용학습	• TV 드라마에 나타난 식사 예절에 대해 조사하고 토론하기 • 친환경 주거와 유니버설 주거의 예를 비디오, TV, 인터넷, 잡지 등에서 찾아 발표해 보자.	심화 심화
9	ICT 활용 학습	• 모둠별 발표학습 시에 ICT를 올바르게 활용하기 • 식생활 관련 직업 정보를 검색하여 자신의 진로와 관련지어 보자. • 독신자가 개성 있게 거주할 수 있는 주거 공간을 인터넷 등에서 찾아보자.	심화 심화 심화

10	사례조사 · 발표 학습	• 최근 10년 내에 발생한 대형사고를 원인별로 조사하고 정리해 보자. • 내가 집에서 즐겨 만드는 음식의 재료와 조리법을 말해 보자. • 발전소 종류별 사용 연료가 환경에 미치는 영향을 조사해 보자.	기본 기본 심화
11	마인드맵 활용 학습	• 산업 관련 중요 낱말들을 마인드맵으로 표현해 보자. • 식단 작성과 관련된 요소들을 마인드맵으로 표현해 보자.	기본 기본
12	발표학습	• 바른 식생활 습관/음식 쓰레기와 환경/우리나라의 상차림/우리나라의 식사 예절/서양식 상차림/서양 식사 예절 중에서 선택하여 발표	심화
13	토의학습	• 농산물 개방으로 인한 수입쌀 구매에 대하여 찬반 토의하기 • 가전기기 사용 시 불편했던 점, 원하는 방식을 토의해 보자. • 미래의 주거는 어떤 방향으로 변화되는 것이 바람직할까를 토의해 보자.	기본 기본 기본
14	게임 활용 학습	• 대단원의 중요한 낱말들의 뜻 익히기를 게임으로 만들어 익혀 보자.	심화
15	학습지 활용	• 개별 · 모둠별 학습 활동지를 활용하여 학습 내용을 익혀 보자.	기본

2) 스스로 계획하고 참여하는 '과제학습활동'을 실현한다.

(1) 다양한 방법으로 표현하기

실천 내용	**중단원 끝 시간에 중요 내용 되짚어보기를 마인드맵 · 만화 · 서술형 등 자신의 흥미 · 적성에 맞게 표현함으로써 자기주도적 학습을 실현하고자 하였음**
	【중요 낱말 알기】 • 식단 작성, 가공 식품, 인스턴트 식품, 대체 식품, 계절 식품, 유통 기한, 1일 섭취 횟수, 영양소, 중학생의 1일 섭취량, 식사 구성안

【표현하기】

• 앞의 중요 낱말들과 관련하여 자신의 흥미나 적성에 맞게 다양한 방법으로 표현하여 봅시다.

만화로 표현한 사례

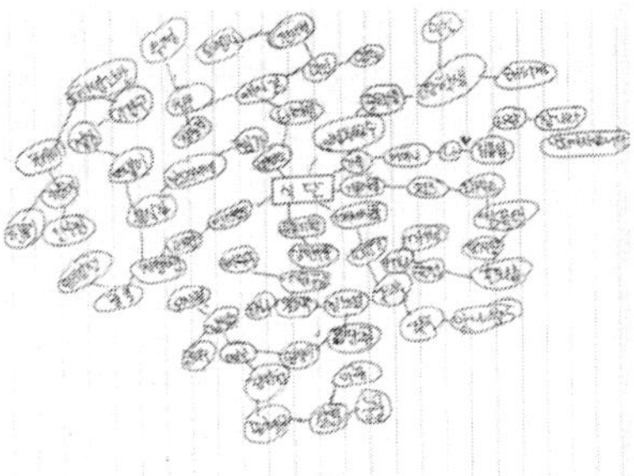

마인드맵으로 표현하기

인터넷 기사를 읽고 서술형으로 표현한 사례

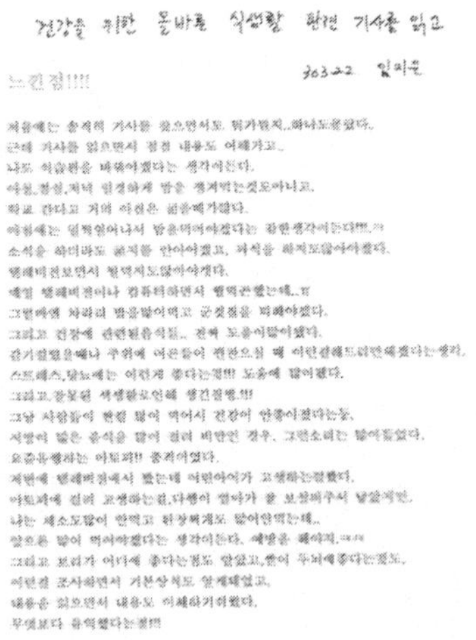

건강을 위한 올바른 식생활 관련 기사를 읽고

303 22 임미[illegible]

느낀 점!!!!

【결과】

그림에 소질이 있는 학생들은 그림(만화)으로, 글짓기를 좋아하는 학생들은 서술형으로, 때로는 마인드맵으로 표현하기도 하였다. 이제는 학생들이 어느 정도 익숙해져서 자신만의 방법으로 표현하고자 노력하는 모습을 볼 수 있었다. 그들의 능력을 계속해서 계발하고 키울 수 있도록 노력해야겠다.

학습활동

• 중요 낱말 알기
• 표현하기
• 결과

(2) ICT를 활용한 탐색 · 정리 · 발표하기 (예 생략)

(3) 모둠별 '해보기 학습' 실천 사례 (예 생략)

(가) 토의하고 발표하기	(나) 조사 · 정리하여 발표하기
(다) 조사하고 찬반 토론하기	(라) 계획하여 실험 · 실습하기
(마) 관찰하여 정리하고 발표하기	(바) 모둠별 그리기 · 꾸미기
(사) 노래가사 바꿔 부르기	(아) 학습활동 자료(학습지) 활용하기
(자) 게임으로 풀어보기	

(4) '과제학습활동' 수업 설계서 (예)

개 관

<table>
<tr><td>교과명</td><td>기술 · 가정과</td><td>학년-학기</td><td>3학년</td><td>대단원</td><td colspan="3">II. 가족의 식사 관리
X. 식단 작성과 식품의 선택</td></tr>
<tr><td>소단원</td><td colspan="3">가족의 하루 식단을 어떻게 짤까(1)</td><td>학습 주제</td><td colspan="3">식단 작성의 필요성과 고려할 사항</td></tr>
<tr><td>차시</td><td>1～3/13</td><td>교과서 쪽수</td><td>60～64</td><td>적용 모형</td><td>일반 모형</td><td>교실 환경</td><td>일반 교실
모둠학습실</td></tr>
<tr><td>학습 목표</td><td colspan="4">• 식단 작성의 필요성에 대하여 설명할 수 있다.
• 식단 작성 시 고려해야 할 사항을 설명할 수 있다.</td><td>학습 유형</td><td>교수-학습 방법</td><td>교수-학습 자료</td></tr>
<tr><td>교수-학습 활동</td><td colspan="4">▶ 도입
〈해보기〉 내가 어제 하루 동안 먹은 음식명을 학습활동지 II-1에 적어 보자.
〈생각하기〉
• 식사의 역할이란 무엇인지를 생각해 보고 발표해 보자.
• 다섯 가지 기초 식품군에 대한 선수학습 확인
• 활동지에서 다섯 가지 기초 식품군이 골고루 포함되어 있는지를 알아보자.
▶ 전개
• 식단 작성의 필요성에 대하여 모둠별로 생각하고 토의한 후 발표한다.
• 식단의 뜻을 알아보자.
• 식단 작성의 이점에는 어떤 것들이 있는지 알아보자.
• 식단을 짤 때 고려할 사항을 알아보자.</td><td>정보 탐색,
정보 분석

정보 제시</td><td>개별학습

강의식
발표학습

모둠학습,
토론학습
발표학습
강의식</td><td>학습활동지 II-1

다섯 가지 기초 식품군에 대한 그림이나 사진 자료
CD-ROM

식생활 관련 사이트 주소 목록</td></tr>
</table>

<table>
<tr><td>교수-
학습
활동</td><td>-영양적으로 균형이 잡히도록 한다.
-기호와 바른 식습관 형성에 유의한다.
-식생활 비에 맞춘다.
-시간과 노력을 고려한다.
▶ 심화 · 보충 활동
〈해보기〉 식단을 작성할 때 고려할 수 있는 식량정책에는 어떤 것이 있는지 조사해 보자.
〈해보기〉 우리 집의 하루 식단은 어떻게 결정되는지, 고려하는 점들은 무엇인지 알아보자.
▶ 정리 · 평가
• 식단 작성의 필요성과 이점에 대하여 이해하도록 한다.
• 식품 구성탑의 각층에 해당하는 식품군을 다시 한 번 확인시킨다.
• 1인 1회 섭취 횟수를 알고 있는지 확인한다.</td><td>정보 제시

정보 탐색,
정보 분석</td><td>모둠학습

토론학습,
발표학습,
개별학습

개별학습</td><td>두 가지 중 자유 선택하여 자기주도적 학습</td></tr>
<tr><td>수업 전
고려
사항</td><td colspan="4">▶ 교과 관련 선수학습 요소
- 다섯 가지 기초 식품군을 말할 수 있다.
- 식단 작성의 필요성을 이해하고 식단의 뜻을 알 수 있다.
- 식품 구성탑과 식품군별 대표 식품의 1인 1회 분량을 말할 수 있다.
▶ 선수학습능력
- 웹 브라우저를 활용하여 필요로 하는 정보를 찾아낼 수 있다.
- 찾아낸 정보를 복사하거나 전송해 올 수 있다.
- 프레젠테이션 자료를 작성할 수 있다.
▶ 평가 관점
- 식단의 뜻과 식단 작성의 필요성을 정확하게 인식하고 있는가?
- 식단을 작성할 때 고려해야 할 사항을 각 항목별로 이해하고 있는가?
- 식단을 작성할 때 고려해야 할 사항을 정확하게 조사하여 발표하는가?
▶ 교사의 사전 준비사항
- 다양한 식생활 및 식단 작성과 관련된 이미지 자료(사진, 그림 자료, 화보 등)
- 식생활과 관련된 인터넷 사이트 목록
- PPT 자료(제작한 교수-학습 과정안)
- 학습지 및 형성평가 문항
▶ 대안활동
- 인터넷 접속이 불가능할 경우에 대비하여 식단 작성과 관련된 CD-ROM 준비</td></tr>
</table>

수업 설계전략	▶ 동기유발전략 - 내가 어제 하루 동안 먹은 음식명을 학습활동지에 적게 함으로써 식단 작성에 대한 관심을 높인다. - 명확한 평가 기준을 제시함으로써 모둠별 활동이나 수행 결과물의 충실성을 유도한다. - 학습활동 결과보다 과정의 참여도를 평가하여 학습과정에 충실할 수 있도록 지도한다. ▶ 상호작용 촉진전략 - 모둠별 정보탐색 학습은 사전에 충분히 계획하여 모둠원의 역할 분담을 해 줌으로써 일부 학생에게 편중되거나 제외되는 학생 없이 모두가 참여하는 활동이 될 수 있도록 한다. - 모둠별로 탐색한 내용을 서로 비교해 보도록 유도하여 모둠 간의 상호작용 활동 촉진 및 발표 내용을 충분히 공유할 수 있도록 한다. ▶ 평가전략 - 학습이 종료된 후에 제출하는 결과물에 대한 평가척도를 미리 작성하여 제시함으로써 평가의 공정성과 객관성을 확보한다. - 학생활동 체크리스트를 작성하여 개인별 활동이나 모둠별 활동을 수업 중에 수시로 평가한다.
수업 설계의 주안점	식사 관리에 관한 단원은 학생들이 꽤 흥미를 가지는 부분이지만 이론적인 학습만으로 진행할 경우 흥미를 잃을 우려가 있으므로 다양한 교수-학습 활동을 구안하여 이론학습과 함께 학생들이 직접 해보는 '해보기 학습'(경험 발표하기, 인터넷 검색하기, 토의하기 등) 및 모둠별 학습활동을 적절히 섞어서 학습의 효과를 높이고자 하였다.

VII. 검증 및 평가

1. 검증 내용 및 방법

본 연구를 추진하고 난 후에 실천과제의 적합성과 실천 효과에 대해 다음과 같은 내용과 방법으로 설문조사 및 관찰조사, 학생의 자서전적 기록을 병행하였으며, 보다 구체적인 검증 및 평가는 〈표 8〉과 같이 계획하여 검증하였다.

〈표 8〉 검증 및 평가 계획

검증 내용	검증방법	대상(명)	시 기
1. 기술 · 가정 수업의 흥미도	설문조사지 사용	연구집단 2개 학급(75명)	2005. 03.(전)
2. 기술 · 가정 수업의 학업 성취도	사전, 사후 비교	비교집단 2개 학급(75명)	2005. 11.(후)
3. 과제학습활동의 효과 • 적성 및 창의력 신장 • 수행평가에 대한 만족도 • 자기주도적 학습력 신장	설문조사지 사용 사전, 사후 비교	연구집단 2개 학급(75명)	2005. 11.(후)
4. 선호하는 학습방법	설문조사지 사용 사전, 사후 비교	연구집단 2개 학급(75명)	2005. 03.(전) 2005. 11.(후)
5. 수업 집중도 · 참여도	교사의 관찰 누가기록	학급별 3명(6명)	2005. 03.~ 2005. 11.
6. 과제수행 능력 · 태도	학생의 자서전적 기록	연구집단 학생 5명	

2. 검증 결과

1) 설문조사

(1) 기술 · 가정 수업에 대한 사전 흥미도, 학업성취도

〈표 9〉 기술 · 가정에 대한 흥미도 및 학업 성취 사전검사

집단 구분	실험집단(N=75)		통제집단(N=75)		t
	M	SD	M	SD	
흥미도	65.70	7.21	64.82	7.78	.66*
학업성취도	72.00	13.99	74.06	12.37	1.03*

*P ＞.05

(2) 기술 · 가정 수업에 대한 사후흥미도, 학업성취도

〈표 10〉 기술 · 가정에 대한 흥미도 및 학업 성취 사후검사

집단 구분	실험집단(N=75)		통제집단(N=75)		t
	M	SD	M	SD	
흥미도	67.42	6.73	65.19	7.39	1.78*
학업성취도	75.94	5.63	73.06	7.37	1.39*

*P ＞.05

(3) '과제학습활동' 학습의 효과

• 적성 · 창의력 신장 정도

〈표 11〉 '과제학습활동' 의 효과(적성 · 창의력 신장) (N=75)

설문 내용	구 분	사전(%)	사후(%)	비 교
적성 · 창의력 신장에 도움이 되었는가?	도움이 됨	24	64	△38
	보통	57	32	▽25
	도움이 안 됨	19	4	▽15

• 수행평가에 대한 만족도 (생략)

• 자기주도적 학습력 신장도

'과제학습활동' 을 지속적으로 실천한 후에 자기주도적 학습력이 신장되었는가를 조사한 결과는 67%의 학생들이 신장되었다고 응답하여 상당한 효과가 있었음을 나타내었다.

(4) 선호하는 체험학습 종류

〈표 12〉 선호하는 체험학습 종류 (N=75)

설문 내용	구 분	사전(명)	사후(명)	비교(명)	비 고
가장 선호하는 체험학습은?	실험 · 실습	59	62	△3	
	발표학습	8	8	-	
	역할극 학습	14	18	△4	
	신문 활용 학습	8	9	△1	
	토론학습	7	7	-	
	기타(퍼즐, 게임, 꾸미기 등)	38	63	△25	

2) 교사의 관찰 누가 기록

(1) 방법

학습 태도 · 성취도가 낮은 학생을 꾸준히 관찰하여 수업 일지에 누가 기록함으로써 수업 집중도, 참여도, 과제수행능력 등의 변화를 파악하였다.

(2) 대상

연구집단 학급당 3명 정도 총 6명(남 4명, 여 2명)을 선정하였다.

(3) 관찰 누가 기록 결과

• 수업 집중도 · 참여도

다음 〈표 13〉은 '과제학습활동' 을 진행하면서 학생들의 수업 집중도, 참여도를 꾸준히 관찰하고 누가 기록한 결과다.

• 과제수행능력 · 태도

'과제학습활동' 을 진행하면서 과제수행능력 · 태도의 변화를 관찰한 결과는 다음 〈표 13〉과 같이 나타났다.

〈표 13〉 '과제학습활동' 관찰 결과(수업 집중도 · 참여도, 과제수행능력)

성명	학습 종류	'과제학습활동' 의 소감
김 O O	발표학습	발표학습은 준비 과정에서 힘이 들었지만 학습 내용 이해에 도움이 되었고, 조사를 하는 과정에서 여러 가지 자료를 모으면서 인터넷 검색 속도도 빨라졌다. 모둠 내에서 상호평가나 자기평가로 열심히 노력한 사람이 좋은 점수를 받을 수 있었던 점이 좋았다. 다른 조가 발표할 때에 가끔 이해하기가 어려웠는데, 발표가 끝난 후에 선생님께서 내용을 다시 한 번 정리해 주셔서 도움이 되었다.
		생략

3) 학생의 자서전적 기록

〈표 14〉 실태조사 내용 및 방법

시기 구분	'과제학습활동' 초기	'과제학습활동' 후기
수업 집중도 · 참여도	• 첫 수업 시간 이후 3~4차시부터 학습 태도가 산만하며 수업 중 교수-학습 활동에 집중하지 않거나 잡담 등으로 수업을 방해하는 경우가 많았다. (생략)	• 학습 태도가 산만하기는 하나 차시를 거듭할수록 수업 중 교수-학습 활동을 방해하는 정도가 조금씩 감소되었다. (생략)
과제 수행 능력	• 과제학습(알아보기, 해보기, 토의하기, 탐구 및 실험 실습 등) 및 개별 수행평가 과제에 대한 수행능력과 태도가 미흡하고 열의가 부족하여 대부분 결과물을 제출하지 않았다.	• 과제학습(알아보기, 해보기, 토의하기, 탐구 및 실험 실습 등) 및 개별 수행평가 과제에 대한 수행능력과 태도가 차시가 거듭될수록 향상되는 모습을 보였으며, 대부분 결과물을 제출하는 모습을 보였다.

4) '과제학습활동' 에 대한 실태 변화 검증 결과 분석

〈표 15〉에서 알 수 있듯이 '과제학습활동' 을 꾸준히 실행한 후에 나타난 학생들의 실태 변화를 종합적으로 검증한 결과는 다음과 같다.

〈표 15〉 '과제학습활동' 에 대한 실태 변화 검증 결과 분석

설문 내용	구 분	사전 (%)	사후 (%)	비교 (%)	설문 내용	구 분	사전 (%)	사후 (%)	비교 (%)
흥미도	재미있다	38	56	+18	적성 · 창의력 신장	도움이 됨	24	62	+38
	보통이다	42	35	-7		보통	57	32	-25
	재미없다	20	9	-11		도움 안 됨	19	4	-15
참여도	적극 참여	27	48	+21	자기주도적 학습력 신장	신장이 됨	26	67	+31
	보통이다	54	46	-8		보통	57	24	-33
	참여 안 함	19	6	-13		신장 안 됨	17	9	-8

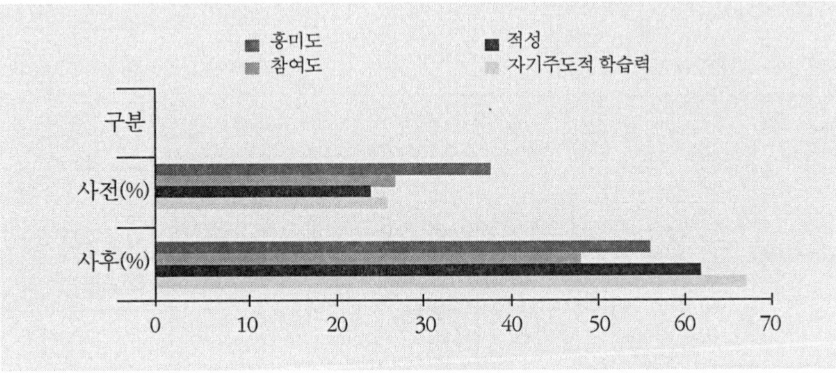

[그림 1] 실태 변화

첫째, '과제학습활동'을 실행하기 전보다 실행 후에 대다수 학생의 기술 · 가정 수업에 대한 흥미도 · 참여도가 높아진 것으로 나타났다.

둘째, '과제학습활동'의 효과로 가장 주목할 만한 것은 적성 · 창의력의 신장과 함께 자기주도적 학습력이 신장되었다.

셋째, 학습 의욕이 매우 낮고 집중도 · 참여도와 과제수행능력 · 태도가 낮은 학생들이 '과제학습활동'을 진행하는 과정에서 상당한 진전을 보인 것으로 관찰되었다.

넷째, 개별 · 모둠별 활동과제 수행에서 개인의 재능과 특성을 살리고, 상호 의견교환을 통하여 이해 · 협동 · 존중 · 배려 등 민주시민의 덕목을 배양할 수 있었다.

Ⅷ. 결론 및 제언

'과제학습활동'의 실천과정을 통하여 자기주도적 학습력을 신장시켜 미래 사회의 주역으로 당당히 살아갈 수 있는 태도를 기르고, 아울러 흥미로운 교실 수업 실현을 위하여 계획하고 실행하였던 본 연구의 성과를 요약하면 다음과 같다.

1. 요약

1) 실천과제 1의 결과

적절한 인성교육 프로그램을 매 시간 수업에 적용하여 기초 · 기본이 바로 선 학습 태도를 기르고, 자기주도적 학습력을 신장시키기 위한 여건을 조성하기 위하여 3분 묵상, 오늘 내가 고쳐야 할 잘못된 행동이나 습관은 무엇일까?, 부모님께/친구에게 등의 인성교육 프로그램을 계획하고 실천하였다. 아울러 창의력을 신장시킬 수 있는 학습활동을 도모하여 교실 수업 개선을 이루고자 하였다. 이에 따라 매 차시 개별 또는 모둠별로 문제를 해결할 수 있도록 학습활동 과제를 제시하고 이를 지속적으로 실천한 결과 사고력과 창의력 신장을 위한 기본 토대를 마련할 수 있었다.

2) 실천과제 2의 결과

'과제학습활동' 의 실현을 통하여 자기주도적 학습 환경을 제공하고자 하였으며, 이를 위하여 단원별 특성에 적합한 주제를 설정하고 지속적으로 실행하였다. 매 차시 개별 · 모둠별 '과제학습활동' 을 꾸준히 실행하는 과정에서 자기주도적으로 학습할 수 있도록 지도함으로써 자기주도적 학습 환경을 제공하였다.

3) 실천과제 3의 결과

각기 다른 재능이 모여서 하나로 표현되고 심화된 '과제학습활동' 을 통하여 자신의 재능을 적절히 표현할 줄 아는 흥미로운 교실 수업 실현과 아울러 자기주도적 학습력을 신장시키고자 하였다. 그 결과 적성, 재능, 창의력 및 자기주도적 학습력 신장과 흥미로운 교실 수업을 실현할 수 있었음이 설문조사 및 관찰 결과로 나타났다.

2. 결론

기술 · 가정과 교수-학습 활동에서 '과제학습활동' 을 지속적으로 추진한 후에 본 연구자가 추구하고자 하였던 연구의 목적을 달성하기 위하여 실천과제별로 살펴본 연구 결과는 다음과 같다.

첫째, 기초 · 기본이 바로 선 인성교육의 실천방안을 구체적으로 계획하고 실행함으로써 자기주도적 학습력 신장을 위한 토대를 마련하였다.

둘째, 단원별 특성에 적합한 '과제학습활동' 주제를 설정하고 스스로 자신에게 적합한 방법을 찾아서 지속적으로 실행함으로써 자기주도적 학습 환경을 제공하였다.

셋째, 각기 다른 재능이 모여서 하나로 표현되는 심화된 '과제학습활동' 을 통하여 재능, 적성, 창의력을 신장시키고 자기주도적 학습력을 신장시킬 수 있었다.

넷째, 모둠별 활동과제 수행에서 서로의 재능과 특성을 살리고, 상호 의견교환을 통하여 이해 · 협동 · 존중 · 배려 등의 민주시민의 덕목을 배양할 수 있었다.

3. 제언

본 연구에서 추진하고자 하였던 과제를 실천하는 과정에서 걸림돌로 작용하였던 문제를 다음의 두 가지로 정리하였다.

첫째, 본 연구의 보다 효율적인 실행을 위하여 필요하다고 느꼈던 점은 탄력적인 교육과정 운영(묶음 시간표, 통합 교과 운영 등)으로서 이 문제는 학교 교육과정 편성 시 논의되어야 할 것으로 보인다.

둘째, 학교현장에서 교실 수업 개선을 위해 많은 교사가 외롭고 힘들게 노력하고 있는 경우가 허다하다. 만약 동 교과 교사들이 교실 수업 개선에 대한 의지를 모으고 동아리를 만들어 활동한다면, 다시 말해 서로 의견교환과 정보 공유를 도모하는 활동 등이 이루어진다면 노력을 한층 절감할 수 있을 것이다.

인명

내용

저자소개

김석우 고려대학교 사범대학 교육학과 졸업,
미국 UCLA 대학원 교육학과 석사, 박사
미국 조지아 대학교 연구교수
현재 부산대학교 사범대학 교육학과 교수

조영기 부산대학교 대학원 교육학과 박사

김윤용 부산대학교 대학원 교육학과 박사수료

정흥식 부산대학교 대학원 교육학과 박사수료

전화춘 부산대학교 대학원 교육학과 박사수료

강정찬 부산대학교 대학원 교육학과 박사수료

한홍련 부산대학교 대학원 교육학과 박사수료

교사를 위한
현장연구의 이론과 실제

2007년 2월 26일 1판 1쇄 발행
2016년 9월 20일 1판 4쇄 발행

지은이 • 김 석 우 外
펴낸이 • 김 진 환
펴낸곳 • (주) 학지사
04031 서울특별시 마포구 양화로 15길 20 마인드월드빌딩 5층
대표전화 • 02) 330-5114 팩스 • 02) 324-2345
등록번호 • 제313-2006-000265호
홈페이지 • http://www.hakjisa.co.kr
페이스북 • https://www.facebook.com/hakjisabook

ISBN 978-89-5891-420-4 93370

정가 13,000원

저자와의 협약으로 인지는 생략합니다.
파본은 구입처에서 교환하여 드립니다.